DESCRIPTION

HISTORIQUE ET CRITIQUE

DE L'ITALIE.

DESCRIPTION
HISTORIQUE ET CRITIQUE
DE L'ITALIE,
OU
NOUVEAUX MÉMOIRES
sur l'état actuel de son Gouvernement, des Sciences, des Arts, du Commerce, de la Population & de l'Histoire Naturelle.

PAR M. L'ABBÉ RICHARD.

Hæc olim meminisse juvabit,
Per varios casus, per tot discrimina rerum,
Æneid. I.

TOME PREMIER.

NOUVELLE ÉDITION.

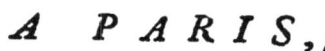

A PARIS,

Chez DELALAIN, Libraire, près la Comédie Françoise.

M. DCC. LXX.

AVERTISSEMENT.

DEPUIS que l'on parcourt l'Italie & que l'on fait des relations de ce que l'on y a vû, il est étonnant qu'on n'en ait pas encore une description assez méthodique & assez étendue pour être d'une utilité réelle aux voyageurs, & en donner une juste idée à ceux qui ne peuvent pas voyager.

Ce qui regarde les Gouvernemens des divers Etats de cette partie de l'Europe ; le commerce, l'histoire naturelle & la population, sont des objets qui ne paroissent être entrés pour rien dans le cercle des connoissances de ceux qui ont écrit le plus nouvellement sur l'Italie. Ils s'en sont tenus à des généralités très-connues, auxquelles ils ont prétendu donner un air de nouveauté, en les entremêlant de plaisanteries satyriques, ou d'anecdotes obscures, telles qu'on les débite

Tome I.

AVERTISSEMENT.

dans les caffés & les places publiques : Ces écrivains n'ont pas voulu sans doute prendre la peine de se mieux instruire.

C'est avec les hommes que l'on apprend à les connoître, il faut les voir par soi-même dans tous les états, les entendre, les examiner sans prévention ; porter ses observations depuis le sceptre jusqu'à la houlette; passer du cabinet du Ministre d'Etat, dans le comptoir du Négociant, & même dans la boutique de l'Artisan ; parler au cultivateur & au berger; assûrer ses connoissances, sur leurs réponses comparées avec l'état des choses & le spectacle de la nature. C'est ainsi que l'on parvient à connoître un pays, & à donner des mémoires fidéles sur ce que l'on y a vû. Il est vrai qu'il faut pour cela se trouver dans des circonstances heureuses, avoir des facilités, je dirois volontiers des yeux, que n'ont pas eu la plûpart de ceux qui ont écrit sur le sujet que j'ai traité.

AVERTISSEMENT.

Cet ouvrage manquoit donc essentiellement à notre langue, qui est devenue la langue commune de toute l'Europe, celle qu'ont adoptée de préférence les voyageurs de toutes les nations ; c'est un des motifs qui m'a le plus fortement engagé à mettre en ordre ces Mémoires, & à les donner au Public.

Je ne garde point l'*incognitò*, je ne me cache pas sous un nom étranger : étant sûr de ne m'être jamais écarté de la vérité, ayant des garants respectables à citer, je ne crains pas d'être démenti sur aucun fait ; on me dira peut-être que souvent mes vûes n'ont pas été assez étendues : mais, est-ce ma faute ?

On trouvera dans cet ouvrage, non-seulement ce qui a rapport à l'état actuel du gouvernement en Italie, aux mœurs & aux usages de chaque peuple en particulier ; objet qui avoit été extrêmement négligé, & que l'on ne connoissoit point ; mais encore tout ce qui peut intéres-

AVERTISSEMENT.

ser la curiosité, soit par rapport aux beaux arts, soit par rapport aux statues, tableaux, édifices, & autres Monumens antiques, découverts jusqu'à ce jour; avec ce qui regarde l'histoire naturelle, les productions propres à chaque pays, la maniere de les cultiver, & le commerce qui en résulte. Le discours Préliminaire qui suit, & qu'il est important de lire, est destiné à donner une idée générale de ces différents objets, & de l'ordre que j'ai constamment observé.

Cet ouvrage est distribué en six volumes, de 500 pages chacun au moins ; en petit caractère, avec des notes historiques & critiques : le Public devra à l'attention du libraire d'y avoir ajouté des Cartes Géographiques rectifiées sur les observations les plus exactes & les plus nouvelles ; relatives à ces mémoires, & vraiment utiles aux voyageurs.

DISCOURS
PRÉLIMINAIRE.

LE goût soutenu de toutes les nations pour les voyages d'Italie; les hommes illustres qui s'empressent de parcourir & de connoître par eux-mêmes cette belle partie de l'Europe; tout ce que l'on a écrit à ce sujet autant pour le plaisir que pour l'instruction de ceux qui ne peuvent pas quitter leurs foyers, prouve assez que l'Italie, célèbre depuis long-tems autant par les beautés naturelles que par celles que l'art y a répandues, jouit encore de ses mêmes avantages, & n'est pas moins digne d'être connue, qu'elle le fût autrefois.

La nature, si féconde en riches pro-

I. Beauté

ductions & si supérieure à l'art, lorsqu'on sçait la considérer & que l'on peut encore être sensible à ses beautés, offre par-tout en Italie le spectacle le plus varié & le plus riche; & je crois que c'est la premiere cause à laquelle on doit attribuer le goût pour les beaux arts qui y éclate avec tant de magnificence, & qui s'y est conservé mieux que dans les autres régions où ils ont été également bien accueillis lors de leur rétablissement. Les beaux modèles que la nature y offre de tous côtés, l'harmonie merveilleuse qui y regne, même parmi les objets les plus singuliers, & le plus hors de l'ordre commun, sont une source féconde où le génie va se renouveller, & puiser les idées de grandeur, de noblesse & d'agrément qui rendent ses productions si précieuses.

Avec quelque attention que l'on en examine les usages & la qualité même du sol, tout y annonce qu'il est peuplé depuis très-longtems; par-tout on y découvre des vestiges des arts & des sciences. Tous les jours, en fouillant les terres, on trouve une multitude de monumens, les uns d'une antiquité dont on ne peut fixer l'épo-

de l'Italie: tout y annonce qu'elle est très-anciennement peuplée.

PRÉLIMINAIRE.

que, les autres des siécles postérieurs, quoique déja très-reculés. Mais en même-tems que l'on y retrouve les preuves les moins équivoques pour l'histoire des arts & des sciences; que de monumens de l'ambition, de la jalousie, de l'intrigue & de la perfidie; que de scènes sanglantes & vraiment deshonorantes pour l'humanité, ne rappellent pas tous ces restes d'antiquité, sur-tout ceux dont les sujets sont les plus connus! On ne voit presque plus de bois dans ce pays où les arbres croissent si promptement, & deviennent si beaux; ce qui prouve combien il a été peuplé; la plaine de Lombardie n'a aucunes forêts; je ne mets pas dans ce rang les bois que les rois de Sardaigne conservent pour le plaisir de la chasse; à peine peut-on dire qu'il y en ait dans l'Apennin; car qu'est-ce que le bois de la Fayole, celui de Montéfiascone, ce que l'on en trouve en Toscane entre Poggibonzi & Sienne, & dans le voisinage de Livourne? Dans les terreins bas & marécageux, sur les côtes de la mer, il croît quelques taillis épais qui fournissent du grand gibier; par-tout ailleurs plaines & montagnes sont dépouillés de leur première parure; & on a cherché par-tout à tirer un plus grand profit du terrein, & à le rendre fertile en le cultivant; ce qui prouve combien la population de cette belle partie de l'Europe a dû être considérable; & combien nous sommes éloignés de ces tems, où, selon l'expression de Juvenal, la femme plus horrible encore que son mari, qui venoit de se gorger de glands, avoit au moins l'avantage d'être fidéle & chaste.

II. Motifs qui ont déterminé à écrire ces mémoires. Défaut des relations d'Italie.

Avant que d'aller plus loin, je dois rendre compte des motifs qui m'ont déterminé à mettre en ordre les mémoires que j'ai recueillis pendant le cours de mon voyage, & à en former un corps d'ouvrage qui fût également utile & à ceux qui, dans la tranquillité du cabinet, n'imaginent pas qu'il y ait de moyen plus sûr de s'instruire que la lecture; & à ceux qui pouvant voyager, veulent d'avance prendre une idée de ce qui doit faire l'objet de leur curiosité.

Mon dessein a été de faire un ouvrage nouveau dans ce genre, qui manque essentiellement, sur-tout dans notre langue, qui est devenue la langue commune de presque toute l'Europe; celle qu'apprennent & parlent de préférence les voyageurs de toutes les nations. J'ai raſſemblé autant que je l'ai pû, toutes les relations d'Italie qui ont été faites juſqu'à préſent ; & après les avoir bien examinées, je les ai trouvées ſuperficielles, imparfaites, écrites par des auteurs qui ſemblent ou n'avoir pas vû, ou n'avoir examiné qu'à la hâte les objets dont ils parlent ; ou n'avoir écrit que longtemps après les avoir perdu de vûe, lorſqu'ils n'en avoient plus que des idées confuſes ; ainſi il ne faut pas s'étonner, & des inexactitudes que l'on y trouve, & du peu de ſecours que l'on en tire lorſque l'on veut les prendre pour guide. On ne connoît bien ces défauts que lorſqu'on compare ces livres avec les objets mêmes dont ils parlent.

Je n'en excepte pas *Miſſon*, dont l'ouvrage ſe ſoutient depuis plus de ſoixante-dix ans, & eſt regardé comme la relation de l'Italie la plus curieuſe & la plus exacte que l'on ait faite. Outre qu'il paroît qu'il n'a vû, qu'en paſſant, la plûpart des grandes villes d'Italie, & trop ſuperficiellement pour en avoir pris une idée juſte ; comment a-t'il pû croire que cinq jours ſuffiſent pour voir Naples & ſes environs ; que l'on ne devoit reſter que trois jours à Florence, encore moins à Bologne ? Milan, Gênes, Parme, & quantité d'autres villes principales ont à peine fixé fes regards; & on ne trouve rien que de très-abrégé & fort trivial fur ce qui regarde ces villes; mais en revanche ce voyageur s'étend beaucoup fur certains points de critique qui tendent tous à donner quelques ridicules à la religion catholique, & prefque toujours aux dépens de la vérité; en quoi il a très-bien réuffi au gré des ignorans, que fes plaifanteries font en poffeffion d'amufer; la plûpart des lecteurs de ce genre ne fuppofant jamais qu'un auteur foit capable de débiter gravement des menfonges, & prenant toujours pour vrai ce qu'ils trouvent dans un livre imprimé.

Ce défaut effentiel n'eft cependant pas le feul de fa relation; il n'a rien dit du gouvernement, de la population, du commerce & des productions des différens états de l'Italie. J'ajoute encore qu'il avoit peu de connoiffance des beaux arts; qu'il n'avoit pas même acquis le goût de comparaifon qui fait juger du mérite d'une piéce par une autre du même genre que l'on a étudiée. Ce qu'il dit des tableaux & des ftatues, foit antiques, foit mo-

PRÉLIMINAIRE. vij

dernes, est si superficiel, qu'il ne porte aucune lumière dans l'esprit.

D'ailleurs, depuis quatre-vingt ans les choses ont presque changé de face; on reconnoît encore quelques traits principaux; mais les parties de détail ne sont plus les mêmes. Naples, Turin, Parme, Milan & plusieurs autres villes ne sont plus reconnoissables. Ce qu'il dit pour l'instruction particuliere des voyageurs, sur le prix des choses, sur les précautions à prendre, ne peut plus être d'aucune utilité ; & les additions faites dans les nouvelles éditions, n'ont pas remédié à ces manquemens (*a*).

(*a*) *Il y a plus, elles n'ont servi qu'à rendre cet ouvrage plus imparfait; presque aucunes des citations ne sont justes; les passages des anciens auteurs y sont tronqués, & la mesure ne se trouve plus dans les vers des poëtes. Cependant ce livre a joui d'une réputation établie ; on le trouve dans tous les cabinets, il est même cité dans les dictionnaires. Cela prouve combien on aime à croire sur parole, pour s'épargner la peine de s'informer par soi-même de la vérité. Ignorance & incuriosité, disoit Montagne, sont doux oreillers pour une tête bien faite...., c'est-à-dire pour végéter tranquillement ; car dès que l'on voudra se mêler de quelque chose*

a iv

La plûpart de ceux qui ont écrit dans ce siécle, ou n'ont donné que des réflexions générales, ou se sont restreints à quelques parties, soit des sciences, soit des beaux arts; ces ouvrages sont essentiellement bons, mais trop bornés dans leurs objets; tels sont, par rapport à l'état des sciences & des bibliothéques, le Journal d'Italie du P. de Montfaucon, Bénédictin; par rapport aux beaux arts, la description des statues, bustes, bas-reliefs & tableaux qui se trouvent en Italie par Mrs Richardson pere & fils; le recueil de notes sur la peinture & la sculpture donné, il y a quelques années, par M. Cochin. Ce dernier sera toujours utile aux jeunes artistes, & peut servir aux amateurs; mais on sent combien il est incommode de porter avec soi plusieurs volumes pour trouver dans l'un ce qui a rapport à la peinture & au dessein; de chercher dans un autre le détail des antiques; d'en consulter un troisiéme pour ce qui a rapport à l'état du gouvernement & des sciences; & d'être encore plus em-

―――――――――――――――――――

qui ait l'apparence seule de la raison; ce n'est qu'avec des soins & des peines que l'on pourra espérer quelques succès.

barrassé pour prendre quelque idée de la population, du commerce ou de l'industrie. Très-certainement on n'a encore donné aucune relation d'Italie, où tous ces objets soient rassemblés par ordre, sous un même point de vue, sans confusion, & relativement à chaque état ; ce qui me fait dire avec raison que jusqu'à présent, quoique l'on ait beaucoup voyagé dans ce beau pays, on n'en a rien écrit qui puisse en donner une idée juste à ceux qui ne l'ont pas vû, ou qui puisse guider sûrement ceux qui ont dessein d'y voyager. C'est donc pour contribuer, autant qu'il est en moi, à la satisfaction des uns & des autres ; & pour me rappeller plus précisément ce que j'ai vû dans ce beau pays & en conserver un souvenir fidele, que je me suis occupé à rédiger les mémoires que je faisois à mesure que je voyois, & presque toujours sur le champ (*a*).

───────────

(a) *Pendant que l'on imprimoit ces mémoires, un traducteur François a donné au public un ouvrage en trois vol. sous ce titre ;* nouveaux mémoires ou observations sur l'Italie & les Italiens, par deux gentilshommes Suédois, traduits du Suédois, *Londres*, Jean Nourse, 1764. *Mon dessein n'est pas d'en faire ici la critique;*

a v

Un autre motif encore m'y a déterminé. C'est la satisfaction réelle que j'ai eue à voir & à connoître un pays aussi riche, & qui, représenté tel qu'il est, doit nécessairement former le tableau le plus intéressant & le plus varié. A tous ces motifs, il faut ajouter la reconnoissance que je dois à plusieurs de ses plus illustres habitans, dont la politesse & les bonnes façons m'ont touché sensiblement. Je les ai vû se plaindre que les François les oublioient, dès qu'ils avoient repassé les monts ; qu'ils ne voyageoient dans leur pays que pour y trouver des ridicules, ou pour déprifer ce qu'il y avoit de plus beau ; que presque tous ceux qui en avoient écrit, en avoient parlé avec

―――――――――――――

mais je crois devoir avertir qu'il y a beaucoup d'inexactitudes & d'anecdotes imaginées à plaisir ; il paroit que l'auteur a eu plutôt le dessein d'amuser que d'instruire, quoiqu'il annonce par-tout qu'il ne dit rien que sur de bonnes autorités. Le public sçait à présent à quoi s'en tenir, il nous a jugé l'un & l'autre ; & s'il m'arrive dans le cours de ces mémoires, de relever quelqu'une de ces erreurs, c'est moins pour déprimer l'ouvrage des Suédois, que pour rétablir la vérité dans ses droits.

peu de foin, & souvent très-infidellement. J'ai vû par moi même que leurs plaintes étoient fondées; & j'ai pris avec eux une espéce d'engagement de réparer les torts dont ils se plaignoient, en présentant les heureuses contrées qu'ils habitent sous leur véritable point de vue. Je satisfais à ma promesse.

La protection & les bons offices des Ambassadeurs & Ministres chargés des affaires de France dans les différens Etats d'Italie; l'accès que j'ai eu chez les personnes en place, même chez les Ministres d'Etat; la facilité de les voir, & de converser avec eux, autant qu'il est possible à un voyageur qui est reçu par-tout; la connoissance de quelques sçavans établis dans les principales villes, m'ont donné des grandes facilités pour m'instruire de l'état actuel des choses; j'ai eu soin de voir les artistes les plus distingués dans tous les genres, les négocians, même quelques artisans connus; les conversations que j'ai eues avec eux, m'ont été de la plus grande utilité, & m'ont instruit de mille particularités qui caractérisent les différentes nations, & en font connoître le génie & l'industrie. J'ai visité avec attention les établissemens publics, les grandes

III. Pacilités que l'on a eues pour être exactement instruit.

manufactures, les fabriques de toute espéce; & je n'ai pas négligé de tirer des cultivateurs & des gens occupés aux travaux de la campagne, tout ce qui pouvoit conflater la vérité de mes obfervations: enfin, je n'ai rien omis de ce qui pouvoit me donner une connoiffance exacte & circonflanciée du pays dont j'avois deffein de donner la defcription.

IV. Plan de ce difcours. La fuite de ce difcours préliminaire eft deftinée

1°. A donner une idée géographique des différens états qui compofent actuellement l'Italie.

2°. Comme depuis le temps des premiers Romains jufqu'à nous, l'état des chofes a bien changé, & que les voyageurs qui ont la curiofité de fçavoir où habitoient les Latins, les Samnites, les Volfques, les Eques, & tant d'autres peuples de l'antiquité, ne fçavent où les placer, & qu'ils font également embarraffés pour fçavoir où étoient la Gaule Cifalpine & la grande Gréce, quand ils n'ont pas fous les yeux les cartes de l'ancienne Italie; je fais le placement de ces différens peuples, de manière qu'en lifant ce que j'en écris, on peut aifément, avec le fecours d'une

PRÉLIMINAIRE. xiij

carte d'Italie, voir précisément le pays qu'ils occupoient, & retrouver dans les ruines antiques, éparses sur-tout dans la campagne de Rome & dans la route de Naples, les vestiges de leurs anciennes habitations.

3°. Je donnerai des réflexions générales sur les mœurs, les différens états de l'Italie, les arts, & sur les précautions qui sont à observer pour y voyager avec agrément & avec fruit.

4°. Je parlerai des monnoies, des voitures qui sont à préférer, des chemins & des hôtelleries, de l'œconomie qui est à observer dans les marchés que l'on fait, soit pour les choses d'usage nécessaire, soit pour celles qui ne sont que de goût & de curiosité particuliere.

L'Italie est la région de l'Europe la plus célébre, la plus anciennement connue, la plus belle encore, la plus fertile & la plus curieuse, tant par rapport aux différens états qu'elle renferme, qui ont chacun une forme de gouvernement qui leur est propre, que par rapport aux chef-d'œuvres des arts, tant antiques que modernes, que l'on y admire, & aux curiosités de la nature que l'on y rencontre à chaque pas, sur-tout dans l'état ecclésiastique & le royaume de Naples.

V. Division générale de l'Italie.

Les Alpes la féparent depuis le comté de Nice jufqu'à l'Iftrie, du refte de l'Europe; c'eft-à-dire de la France, de la Suiffe & d'une partie de l'Allemagne. Entre les Alpes & l'Appennin, eft la plaine de Lombardie, qui s'étend de Thurin à Venife dans l'efpace de deux cens cinquante milles de longueur fur une largeur fort inégale. Le refte de l'Italie eft occupé par les Apennins qui touchent les Alpes aux confins de l'état de Gênes & du comté de Nice, s'étendent enfuite le long du Golfe de Gênes, occupent une partie de l'état eccléfiaftique au midi de Bologne, & forment d'autres branches qui tiennent la Tofcane, le refte de l'état eccléfiaftique, & prefque tout le Royaume de Naples.

La longueur actuelle de l'Italie du cap *Sparti vento* (*promontorium Herculeum apud Brutios*) à la pointe méridionale de la Calabre jufqu'aux montagnes d'Aoufte en Savoie, qui féparent le Duché de ce nom de la plaine de Piémont, eft d'environ fept cens vingt milles. Sa largeur, depuis *Capo Campana* (Populonium) fur les côtes de Tofcane, dans le Siénois, à cinq milles au couchant de Piombino, jufqu'à

PRÉLIMINAIRE. xv.

Pontefella, dans la Carinthie, est d'environ deux cens quatre-vingt milles.

On divise l'Italie en deux parties principales; l'une au septentrion, l'autre au midi. La partie septentrionale renferme la République de Venise & l'Etat de terre ferme, les Duchés de Milan & de Mantoue, le Piémont, & ce qui appartient au Roi de Sardaigne, Duc de Savoie, en Lombardie: l'Etat de Gênes, les Duchés de Parme & de Plaisance, le Duché de Modene, la Légation de Bologne & celle de Ferrare, & une partie de celle de Ravenne ou de la Romagne.

Dans la partie méridionale sont le grand Duché de Toscane, qui renferme les Etats de Florence, de Sienne & de Pise, & la République de Luques, enclavée dans la Toscane, les Principautés de Piombino & de Massa Carrara (*a*).... Les Etats de l'Eglise qui

___

(a) *Et le petit état d'Egli Présidii qui appartient au Roi de Naples où sont Orbitello, Porto Hercole, & Piombino, Places sur la Côte de Toscane, dans lesquelles il tient garnison, de même qu'à Porto-Longone dans l'Isle d'Elbe, qui est vis-à-vis.*

comprennent la campagne de Rome, la Sabine, le Patrimoine de Saint Pierre, le Duché de Castro, l'Ombrie, la Marche d'Ancône, le Duché d'Urbin, la Romagne & le pays de Bénévent, enclavé dans le Royaume de Naples.

La petite République de S. Marin, entre le Duché d'Urbin & la Romagne.

Au midi, le Royaume de Naples.

VI. Idée des Apennins & des principales rivieres qui en sortent.

L'Italie méridionale est environnée de la mer de trois côtés ; au levant par le golfe de Venise, au midi & au couchant par la Méditerrannée, & est située dans les Appennins qui s'étendent du couchant au midi dans la longueur de sept cens milles depuis les Alpes maritimes jusqu'à l'extrémité de la Calabre. Ils se divisent en deux branches principales dans la principauté ultérieure, dont l'une s'étend jusqu'à *Capo di santa Maria di Leuca*, dans la terre d'Otrante ; & l'autre jusqu'à *Capo dell'Armi*, dans la partie méridionale de la Calabre ultérieure, sur le détroit de Sicile, à douze milles de Regio au midi.

Au couchant ils divisent le Piémont de l'état de Gênes ; delà, en tirant à l'orient ayant l'état de Gênes au midi ;

au nord le Montferrat, le Milanois & le Duché de Parme; ils occupent une grande partie de la Toscane au midi, & s'étendent au nord sur les frontieres du Modénois, du Bolonois & de la Romagne. Tournant à l'orient d'hiver, entre le Duché d'Urbin & la Marche d'Ancône à l'orient d'été, ils traversent l'Ombrie au couchant d'hiver, & s'étendent dans toute la longueur du Royaume de Naples jusqu'au détroit de Sicile. Cette large & longue chaîne de montagnes n'est coupée que par l'Ofanto, riviere qui prend sa source dans la principauté ultérieure, au-dessus de la petite ville de Consa, & qui va se jetter dans la mer Adriatique, après avoir séparé la *Capitanate* de la province de Bari.

On peut regarder les collines qui couvrent la campagne de Rome & une partie du patrimoine de Saint Pierre comme des abaissemens des montagnes principales, qui ne forment avec elles qu'une seule & même chaîne. Il en est de même des montagnes que l'on traverse en allant de Marino à Velletri, de celles qui bordent les marais Potins avant que d'arriver à Piperno, de la montagne de Piperno & de toutes celles qui viennent aboutir à la mer le long de la Voie Appienne jusqu'à Gayette, d'où le chemin se fait en plaine jusqu'à Naples, & suit en partie les bords de la mer, ou la laisse à droite à peu de distance. Le sol de ces montagnes se ressemble par-tout, & est très-fertile quand il est cultivé; il est rare d'y voir de ces rochers arides qui s'élevent dans les Alpes à une si grande hauteur, & qui sont inabordables.

Les endroits les plus élevés de l'Apennin sont le passage de la Bochetta, entre Novi & Gênes, le Giogo, entre Bologne & Florence, & peu loin delà, l'élévation ou pointe de *Piétra Mala*, dans laquelle se forme un Volcan qui peut un jour devenir très-formidable, & Radicofani sur la frontiere de Toscane du côté du Patrimoine de St. Pierre, qui m'a paru l'endroit le plus élevé des Apennins. Une multitude de rivieres qui arrosent la plaine de Lombardie, sortent de l'Apennin; les plus considérables sont la Scrivia, le Tidone, la Trebia, le Taro, la Secchia, le Tanaro, le Rhenone, qui toutes se réunissent au Pô; elles coulent du midi au nord, & sont fort sujettes à arrêter les voyageurs dans leurs courses, pendant les pluies d'automne, & au printems après la fonte des neiges.

L'Arno, fleuve qui prend sa source dans l'Apennin, entre la Toscane & la Romagne, *à Santa Maria delle Grazié*, après avoir eu un cours fort tortueux dans les montagnes, & s'être en quelque façon doublé par deux lignes contraires & paralleles, va de Florence à son embouchure dans la mer, à huit milles au-dessous de Pise, par une ligne droite du midi au couchant.

Le Tibre, ce fleuve si fameux & si connu, prend sa source dans l'Apennin, sur les confins de l'Etat Ecclésiastique & de la Romagne, court par une ligne tortueuse du nord au midi, & va se jetter dans la mer entre les ruines d'Ostie & de Porto, par deux embouchures, dont il n'y en a plus qu'une, appellée *Fiumicino*, qui soit navigable, & que l'on ne peut entretenir dans cet état qu'à force d'attentions & de travaux. Le Tibre entraîne avec ses eaux beaucoup de terres sabloneuses & de matieres étrangeres, qui ne s'écoulent pas aisément, & qui, arrêtées par les vents du midi, qui font refluer les eaux contre leur cours naturel, forment des barres; &, à la suite des tems, des atterriffemens fort étendus, dont on peut juger par ceux qui ont reculé l'ancienne Oftie à plus d'un mille & demi dans les terres, ainsi que l'annoncent les ruines mêmes d'Oftie, les veftiges d'une tour qui paroît avoir fervi autrefois de fanal, & les marais Salans que l'on traverfe avant que d'y arriver, & qui ont confervé la communication avec la mer par un canal entretenu pour cet ufage.

Les autres fleuves ou rivieres confidérables qui coulent de l'Apennin dans cette même direction, font le *Garigliano*, autrefois *Liris*, que l'on paffe en barque au-deffous des ruines de l'ancienne *Minturne*, & le *Volturno*, qui baigne les murs de Capoue.

Une multitude d'autres rivieres peu confidérables coulent de ces montagnes du midi au levant & au nord dans la mer Adriatique; on en traverfe une partie dans la Marche d'Ancône & la Romagne; plufieurs forment des petits ports, à Sinigaglia, Pefaro & Rimini. La plus connue eft le *Rubicon*, fameux par le paffage de Céfar, & la victoire qu'il remporta fur les troupes de la République, commandées par

Pompée. Il séparoit autrefois l'Italie de la Gaule Cispadane. Il coule aujourd'hui entre Rimini & Césene, & va se jetter dans la mer Adriatique. Quand je l'ai traversé, ce n'étoit qu'un ruisseau bourbeux qui couloit dans un lit large & profond, dont les bords étoient escarpés. On le nomme dans le pays, *il Pisatello*. Cette barriere n'étoit pas capable de retarder la marche de César; mais le Sénat croyoit que ce général respecteroit le décret qu'il avoit fait afficher sur les bords de cette riviere, par lequel il déclaroit ennemi de l'état quiconque oseroit passer outre, les armes à la main.

Plusieurs rivieres coulent des Alpes dans le Pô, du nord au midi, & arrosent la plaine de Lombardie; les plus considérables sont les deux Doires, la Sture, le Tésin qui coule du lac Majeur, l'Adda du lac de Côme, le Mincio du lac de Guardia; & l'Adige, fleuve rapide qui vient du Tirol, traverse une partie de l'état de terre-ferme, & a son embouchure dans le golfe de Venise au levant de Chioggia. Les eaux qui viennent des Alpes sont limpides, agréables à boire, le poisson y est de bonne qualité; il n'en est pas de même de celles qui sortent de l'Apennin qui font toujours bourbeuses, épaisses, désagréables au goût, & dont le poisson, si on en excepte le brochet, n'est pas bon à manger.

VII. Division de l'ancienne Italie. État des peuples qui l'habitoient & leur position. Nom actuel des provinces où ils étoient établis.

L'ancienne Italie étoit divisée en Italie propre, qui est aujourd'hui l'Italie méridionale, située dans l'Apennin, & la Gaule Cisalpine qui comprend toute l'Italie septentrionale, c'est-à-dire la Lombardie & l'état de Gênes.

Les états principaux de la Gaule Cisalpine étoient autrefois la Gaule Cispadane, ou en deçà du Pô par rapport à l'Italie; c'étoit la partie méridionale de la Gaule Cisalpine; elle s'étendoit de la mer de Ligurie & des Alpes maritimes au golfe Adriatique, ayant la Ligurie au couchant, l'Apennin au midi, & le Pô dans toute sa longueur au nord. Les anciens habitans de ce pays étoient connus sous le nom de *Ligures*, *Boii*, *Anamanni*, *Lingones* & *Senones*. Ce pays est appellé aujourd'hui *Lombardia di quà dal Pô*, où sont situés une partie du Piémont, le Montferrat, l'état de Gênes, une partie du Milanois, Plaisance, Parme, Modene, Bologne, le Ferrarois, & une partie de la Romagne.

La Gaule Transpadane étoit la partie septentrionale de la Gaule Cisalpine, bornée au nord & au couchant par les Alpes, au levant par les mêmes montagnes & la mer Adriatique, au midi par le cours du Pô; elle fut possédée par les anciens peuples appellés *Carni, Cenomani, Euganei, Insubres, Lævi*, &c. Ces noms indiquent que ces colonies avoient été envoyées par les anciennes villes de la Gaule Transalpine dont la plûpart subsistent encore sous la même dénomination. On l'appelle aujourd'hui *Lombardia di là dal Pó*; elle renferme le Piémont, le Milanois, le Mantouan, l'état de terre erme de Venise, la Valteline, & les bailliages Suisses, frontieres de l'Italie.

La Gaule Subalpine moins étendue occupoit le vallon où coule la Doire, & étoit habitée par les peuples *Segusini, Taurini, Vagieni*, où sont aujourd'hui les Marquisats de Suze & de Saluces, Turin & une partie du Piémont.

La Ligurie, qui faisoit autrefois partie de la Gaule Cispadane, étoit divisée en deux parties, l'une appellée *Liguria littorea* bornée à l'orient par la *Magra* qui coule de l'Apennin dans la mer entre *Seſtri di Levanté & Maſſa*, & au couchant par le comté de Nice, eſt aujourd'hui la partie de l'état de Gênes, connue ſous le nom de riviere de Levant & riviere de Ponent, entre leſquelles eſt ſituée la ville de Gênes. La Ligurie méditerranée ou plaine, comprenoit une partie du pays ſitué entre l'Apennin, le Tidon, le Pô & les Alpes maritimes; la république de Gênes n'en poſſede aujourd'hui qu'une très-petite partie qui forme le territoire de Novi. Le reſte s'étend dans les montagnes dans l'eſpace d'environ quarante-cinq milles du nord au midi; c'eſt ce que les anciens appelloient *Liguria Alpeſtris*.

La partie la plus orientale de la Gaule Ciſalpine étoit occupée par une colonie des Gaulois Sénonois, que l'on appelloit alors Italiques, la terreur des Romains, *Italici, Romanorum terror*. Leurs poſſeſſions s'étendoient du midi au nord, le long de la mer Adriatique, entre l'Eſino qui prend ſa ſource dans l'Apennin, ſur les frontieres de l'Ombrie, traverſe une partie de la Marche d'Ancône, & ſe jette dans la mer au deſſous d'*Iéſi*; & l'*Utenté* qui coule dans la mer au-delà de Ravenne;

Ravenne; ils habitoient une partie du duché d'Urbin & la Romagne qui s'étend le long du Golfe; leurs villes principales étoient Ravenne, Rimini, Cesena, Forli & Forlimpopoli, qui n'est plus aujourd'hui qu'une bourgade ruinée à trois milles environ de Forli au midi. Une partie de ce pays a eu dans des tems postérieurs, le nom de Pentapole, & comprenoit les villes de Rimini, Pezaro, Fano, Osimo & Ancône.

Une grande partie de la Gaule Cisalpine a eu aussi le nom d'Emilie, de la voie ou grand chemin que fit construire le consul Emilius, qui s'étendit d'abord de Rimini jusqu'à Plaisance. Il y fit ajouter deux branches, l'une qui alloit par Milan à Aquilée, traversant toutes les villes de la Gaule Transpadane; l'autre qui commençoit à Pise, traversoit la Toscane, regagnoit la Gaule Cispadane à Tortone, & communiquoit d'un côté à la Ligurie, de l'autre à Plaisance. La voie Flaminienne reprend où finit l'Emilienne; & conduit de Rimini à Rome par Pézaro, Fano, Fossombrone, Spolette, Narni & Otricoli.

La partie méridionale de l'Italie qui seule en portoit le nom autrefois avant

b

que la puissance Romaine eût subjugué les différens peuples qui habitoient La Gaule Cisalpine, & qui formoient autant de républiques confédérées qu'il y avoit de villes principales, renfermoit :

L'Etrurie, ou le pays des anciens Toscans ou Etrusques, borné par la mer au Couchant & au midi, au levant par le Tibre, au nord par les Apennins. La partie occidentale de ce pays où sont les républiques de Florence, Sienne & Pise, est réunie sous une même domination & forme le grand duché de Toscane ; la partie orientatale où sont aujourd'hui le patrimoine de St. Pierre, le duché de Castro, le territoire d'Orviette, & celui de Pérouse, est au S. Siége.

Les Veïens, peuple d'Etrurie, si formidables à la république naissante de Rome, & qui furent enfin détruits par Camille l'an de Rome 358, avoient leur capitale entre Baccano & la Storta, près du Lac de Bracciano.

L'Ombrie, séparé au couchant de l'Etrurie par le Tibre, bornée au nord par la mer Adriatique, au levant par le Picenum ou Abruzze ultérieure, & au midi par la Sabine, tenoit une partie de la Marche d'Ancône & de la Romagne, les duchés d'Urbin & de Spolette, & la partie de la campagne où est aujourd'hui *Civita Castellana*; on voit par là ce qu'elle occupoit de plus que la province qui a conservé le même nom. Les anciens habitans de cette province étoient connus sous le nom d'Ombriens, & formoient un peuple considérable, ainsi qu'on le peut voir dans Tite-Live, l. 9 c. 41.

Le Latium, qui étoit anciennement le pays le plus célébre de l'Italie, étoit borné au couchant par l'Etrurie, qui de ce côté avoit le Tibre pour barriere ; au midi par la mer, au levant par la Campanie heureuse ou terre de Labour, au Royaume de Naples ; au nord par les Sabins qui habitoient la petite province de Sabine, & les Samnites qui occupoient la partie du royaume de Naples où sont aujourd'hui les deux Abruzzes, le Comtat de Molisi, la principauté de Benevent, & une partie de la terre de Labour ; leur pays étoit appellé *le Samnium*.

Les villes principales du Latium étoient Rome, capitale, Tivoli, (*Tibur*) Frascati, (*Tusculum*) Ostie,

Veletri, (*Velitræ*) Palestrine (*Prænefte*) Piperno (*Privernum*) Terracine, (*Anxur*) Gayeta, Fondi, Anagni.... Les Volsques habitoient la partie située entre Veletri & Antium où est aujourd'hui le petit port de *Nettuno*. Ils avoient pour capitale la ville d'Ardée, située sur une colline à seize milles de Rome, au levant d'hyver; ses ruines subsistent encore sous le nom d'*Ardea*, près d'*Antio*. Le domaine utile & le château appartiennent à la maison Césarini.

A seize milles de Rome au couchant, on trouve les ruines d'Albe la longue, la plus ancienne ville d'Italie, & dont les premiers fondateurs de Rome étoient originaires, entre la montagne & le lac d'Albano. Elle fut détruite par Tullus Hostilius, & n'a jamais été habitée depuis; ces ruines ont plus de deux mille quatre cent ans d'antiquité; on les voit sur la croupe de la montagne au bord du lac d'Albano, dans le voisinage de Palazzuolo.

Les Latins, les Eques, les Herniciens & les Rutules habitoient aussi le Latium; ce pays autrefois si peuplé, & sans doute si fertile, est ce que l'on appelle aujourd'hui la Campagne de

Rome; toute la plaine est inculte & presque inhabitée; ce que l'on attribue au mauvais air qui régne dans ce pays, & au voisinage des marais pondins. Il est divisé en deux parties; la septentrionale, que l'on appelle *la Campagna*, est montueuse, plus habitée, & très-fertile; la méridionale, *la Marina*, à quelques parties près qui sont dans les montagnes, est inculte, & ne produit que des herbages où on nourrit pendant la plus grande partie de l'année, des troupeaux immenses de moutons qui restent presque toujours parqués.

Les broussailles & taillis qui avoisinent la mer, servent à nourrir des troupeaux de buffles; & on en tire des bois à brûler, & des charbons pour la consommation de la ville de Rome.

En considérant la qualité du terrein sur laquelle on ne peut se tromper à la vûe de la forte végétation des plantes qui y croissent; on regrette véritablement que tant de terres restent incultes, & ayent acquis par la nonchalance des habitans qui ont succédé aux anciens colons, une qualité en quelque sorte pestilentielle, qui les fait regarder comme inhabitables; il est à souhaiter que le defféchement des marais Pontins, tenté depuis tant de fiécles, & auquel on dit que l'on travaille actuellement, rende à l'air son ancienne salubrité, & engage de nouveaux colons à venir cultiver des terres dont ils tireront le centuple de ce qu'ils leur auront confié (a).

Le Picenum s'étendoit le long de la mer Adriatique, occupoit les deux Abruzzes, & avoit pour frontières l'Ombrie, & une partie de la Marche d'Ancône. Il étoit au rang des régions suburbicaires.

Les Hirpins (Hirpini) étoient alliés des Samnites, & paffoient pour avoir la même origine; ils les touchoient

---

(a) *La caufe principale de la dépopulation de ce pays, eft l'adminiftration qui a toujours gêné le commerce & l'induftrie des cultivateurs, qui n'ont jamais eu la liberté d'exporter librement, & de vendre les grains à un autre prix que celui que le miniftere y fixoit. On n'a pas encore pû s'y perfuader que la liberté d'exportation eft la caufe de l'abondance intérieure & de la population. Mais ce qui eft néceffaire à préfent, c'eft de repeupler le pays.*

au nord, & occupoient une partie de la terre de Labour, & de la principauté ultérieure dans le royaume de Naples.

Les Marses occupoient une partie de l'Abruzze ultérieure, sur les frontières de l'Etat ecclésiastique où est aujourd'hui le duché de Marsi qui appartient à la maison Colonne.

La grande Gréce, cette partie de l'Europe, autrefois si célèbre, que l'on jugea à propos de lui donner ce nom par comparaison avec la Gréce proprement dite, occupoit le midi de l'Italie & la plus grande partie des provinces qui composent actuellement le royaume de Naples. Les sciences & les arts y furent portés au plus haut degré de perfection ; & la beauté du pays engagea les Romains, dans les temps les plus brillans de leur empire, à en faire leur séjour de délices.

La Lucanie étoit une partie de la grande Gréce & occupoit les provinces connues aujourd'hui sous le nom de Basilicate, de principauté citérieure, & une partie de la Calabre citérieure sur le golfe de Tarente.

Apulia Daunia, Apulia Peucetia, anciennes provinces de la grande Gréce, aujourd'hui la Pouille, province du royaume de Naples, qui comprend les terres de Bari & d'Otrante & une partie de la Capitanate.

Les Salentins occupoient une partie de la terre d'Otrante ; leurs villes principales étoient Tarente, Brindes, Otrante, & Lezzé qui subsistent encore. La voie Appienne si connue, & qui fait aujourd'hui une partie du grand chemin de Rome à Naples, conduisoit de Rome à Brindes par le Latium, la Campanie heureuse, & les Salentins. Le port de Brindes étoit célébre ; c'étoit-là que les Romains s'embarquoient pour passer en Gréce.

Les Brutiens, peuple nombreux de la grande Gréce, occupoient la partie la plus méridionale de l'Italie, où sont aujourd'hui les deux Calabres. Les Crotoniates & les Locriens si célébres dans l'antiquité, en faisoient partie. Les villes les plus connues de ce pays sont Cosence & Regio. Il y a sans doute des beautés & des restes d'antiquité considérables dans ces provinces ; mais comme il n'y a point de grands chemins & aucunes commodités pour les parcourir, peu de voyageurs vont au-delà de Naples.

Donner une idée générale des mœurs d'une nation, c'est exposer les principes fodamentaux qui les réglent, & les effets qui en résultent dans la conduite ordinaire de la vie. L'entreprise est grande & digne d'un sage ; je n'aspire point à cette éminente qualité. Qui oseroit se flatter d'en être digne ? Je ne prétends pas plus à celle de Philosophe ; ainsi que l'on ne s'attende point à trouver dans la suite de cet ouvrage, ces réflexions hardies & méchantes qui n'épargnent rien pour jetter un ridicule sur ce que la religion catholique a de respectable dans ses usages & ses cérémonies. Je fais gloire de la professer ; & je répandrois mon sang pour la défendre : mais comme elle est fondée sur la vérité, elle n'approuve point les abus, qui ne sont que trop souvent l'effet d'un zéle aveugle que ses ministres éclairés, & ses fidéles partisans n'ont jamais approuvé. S'ils sont tolérés quelque part, ce ne peut être que pour un temps, &, ou ils tombent d'eux-mêmes, ou l'autorité les fait disparoître. Je ne chercherai donc point à intéresser en me parant d'un faux air d'incrédulité, ou des sophismes d'une philosophie erro-

VIII. Idée générale des mœurs.

née qui ufurpe injuftement le nom de la fageffe. Mais je dirai la vérité telle que je l'ai vue, ou au moins telle que j'ai crû qu'elle fe préfentoit à moi ; je la dirai fans paffion, & fans autre intérêt que celui de la vérité même.

La religion, la vérité & la raifon s'accordent aifément quand elles marchent enfemble, chacune à leur rang. Ce font les guides que j'ai fuivis, & malgré leur auftere fageffe, & la circonfpection qu'elles exigent, on verra que l'on peut encore repréfenter d'une maniere nouvelle & intéreffante, un pays voifin & connu.

IX. Morale par rapport à la religion. Extérieur de dévotion.

La morale dominante, en Italie, releve beaucoup tout ce qui eft extérieur dans la religion ; on y regarde comme des moyens infaillibles de falut, des pratiques de dévotion auxquelles on peut être attaché fans que le cœur foit changé. Ces pratiques dépendent uniquement de l'homme qui fent qu'il eft toujours le maître de les obferver : mais pour l'efprit qui doit animer ces exercices extérieurs, comme on eft bien convaincu qu'on ne peut pas fe le donner avec la même facilité, il n'eft pas rare de trouver des docteurs complaifans & faciles qui enfeignent que l'on n'est pas obligé de l'avoir.

Le peuple, qui donne toujours dans les excès à proportion de sa grossiéreté & de son ignorance, offre, dans la plûpart des villes d'Italie, le spectacle le plus étonnant. A Naples, par exemple, on y est si bien persuadé que la présence corporelle aux exercices de religion suffit sans que l'esprit y soit appliqué, & même sans aucun acte d'humiliation extérieure, que le plus grand nombre de ceux qui assistent à la messe restent constamment assis ou debout, dans l'attitude qui leur est la plus commode, sans aucun autre signe de piété qu'une attention curieuse aux mouvemens du prêtre, sur lequel les dévots ont les yeux fixés, pour se frapper la poitrine à l'instant de l'élévation, lorsqu'ils entendent la clochette. Ils ont encore une autre maniere fort singuliere, c'est d'envoyer au saint dont on célébre la fête, dont le tableau ou les reliques sont sur l'autel, plusieurs baisers; ils ont la même attention pour le prêtre lorsqu'il va à l'autel. Cette espèce de geste si singulier est cependant marqué comme un acte de religion. C'est là que j'ai vu une vieille femme accabler d'injures une statue de la Vierge, à qui elle s'étoit adreſſée pour obtenir quelque grace qui lui avoit manqué. Elle étoit vraiment en fureur; & ſi la Madonne n'eût pas été dans une niche grillée, la vieille furibonde l'eût miſe en piéces. Il eſt vrai que le peuple de Naples, nourri dans les révolutions, eſt l'un des plus groſſiers de l'Europe.

A Rome & dans l'Etat Eccléſiaſtique, on peut dire dans preſque toute l'Italie, la grande dévotion eſt le chapelet; on ne fait guères que cette ſorte de priere. On eſt étonné de voir grands & petits, même pendant la meſſe, réciter continuellement la ſalutation angélique. La plûpart ont l'extérieur le plus pieux; & s'ils étoient autrement inſtruits, s'ils étoient perſuadés qu'ils doivent s'unir d'intention avec le Prêtre qui offre le ſacrifice, qu'ils doivent s'en occuper; je ne doute pas qu'ils ne s'y portaſſent avec zèle.

Quant aux ſentimens intérieurs, comme il eſt plus difficile de les réformer ſur les maximes de l'évangile, que de régler l'extérieur ſur un uſage apparent de piété, il s'enſuit néceſſairement que les paſſions ſont peu reſtreintes par les loix de la morale. Je crois que la multitude est persuadée qu'il lui suffit de bien remplir les devoirs de religion, dans l'instant même qu'elle en est occupée; mais que le moment passé, elle peut revenir à ses passions, parce que leur empire est trop sensible pour s'y souftraire entièrement.

Il est même probable que quand elle va à l'église, elle se sent pénétrée de respect pour le Dieu qu'on y adore; peut-être même ce sentiment est-il assez vif pour l'emporter sur tout autre; mais le pied une fois hors de l'église, le Chrétien disparoît, il ne reste plus que l'homme sujet à mille passions.

Ainsi l'on ne doit pas être étonné de voir quantité de jeunes femmes aimables & connues pour galantes, assister à des exercices spirituels qui se font avec grand appareil, y passer plusieurs heures dans les jours de la semaine sainte, avec toutes les apparences de la ferveur : mais elle cesse la nuit du samedi au dimanche de Pâques, parce que l'usage est de rompre le carême dans l'instant même où il finit, & de faire sabbatine, c'est-à-dire de manger de la viande. Ces sortes de parties que l'intérêt des passions lie, & qui sont fort libres, se font dans des auberges ou chez les traiteurs; chacun suivant ses facultés & avec les gens de son état.

Cependant on y annonce l'évangile dans toute sa pureté; les instructions y sont multipliées. Il y a des corps entiers d'hommes choisis pour en faire en tout tems & sur tous les points de la morale. Pareils soins doivent nécessairement porter la lumière dans les consciences, & effrayer les pécheurs d'habitude qui manquent en tout point à remplir ces devoirs que l'on ne peut s'empêcher de leur annoncer comme indispensables; mais d'ordinaire, ceux qui suivent le plus exactement ces instructions sont ceux à qui elles sont le moins nécessaires; pour les autres, outre les facilités connues d'accomoder la morale évangélique à leurs penchants, ils ont un moyen plus ignoré auquel la multitude fait peu d'attention, parce qu'il n'est communiqué qu'avec la plus grande réserve. Il y a certaines sociétés d'hommes privilégiés qui se sont séparés de bonne heure de la contagion du siécle, & qui vivent dans toute la perfection du christianisme. L'extérieur vertueux &

austére de ces hommes choisis, leur ferveur dans la prière, leur défintéreſſement, leur modeſtie, leur charité, leur humilité, ſont un ſpectacle touchant dans l'ordre de la religion. Ces hommes, en vivant ainſi, font une ample proviſion de mérites. Ceux qui veulent tirer parti de leur vertu, (probablement à leur inſçû) regardent leurs bonnes œuvres & leurs prières comme un tréſor commun dont ils peuvent faire part à ceux auxquels ils jugent à propos de les appliquer. Cette prétendue communication de mérites qui ſe fait gratuitement & ſans aucune coopération de la part des pécheurs, eſt leur grande ſauvegarde, le moyen le plus aiſé de ſalut & le plus certain, que l'on ait imaginé pour eux, & en même tems la ſource inépuiſable des richeſſes dont regorgent ceux qui, les premiers, ont oſé mettre en avant ces maximes ſingulieres.

On dira que pareille doctrine eſt trop abſurde pour que jamais elle ait pû acquérir aucune autorité ſur des peuples civiliſés, dans un pays où les ſciences ont toujours eu des établiſſemens fixes. Mais ſans m'engager dans de longues diſcuſſions pour prouver ce que j'ai avancé, qu'on y aille, qu'on ouvre les yeux, on y verra une multitude de superstitions couvertes du voile respectable de la religion, & l'erreur se donner pour l'appui & l'éclaircissement de la vérité. Tous ces abus ne sont point autorisés ; mais ils sont d'un usage si commun, ils se cachent sous tant de formes étrangeres, qu'il faudroit une très-grande révolution dans l'ordre actuel des choses pour les extirper entièrement.

Malgré toutes ces singularités, le spectacle extérieur de la religion est d'une magnificence qui éleve l'ame jusqu'à son auguste Auteur ; ce que les arts ont produit de plus parfait, les richesses des quatre parties du monde, tout ce que l'industrie & le goût ont imaginé de plus beau, de plus noble, est employé à la décoration des temples, & à les tenir dans un état de splendeur, qui l'emporte sur tous les autres édifices, & ne les rend que plus respectables. On voit ces temples remplis de supplians ; les tribunaux de la réconciliation sont fréquentés par un peuple nombreux de pénitens qui sont, pour l'ordinaire, réconciliés aussi-tôt qu'ils se présentent, pourvû qu'ils n'ayent aucune opinion opposée à la façon de penser dominante dans le pays; on croit l'effet du sacrement toujours miraculeux, & opérant la conversion du pécheur auffitôt qu'il déclare ses péchés, parce qu'il ne les accuse que pour en obtenir le pardon, auquel le juge spirituel doit contribuer par une confiance prompte au témoignage que rend le coupable de ses propres dispositions; les rechûtes fréquentes n'empêchent point cette pieuse crédulité; on les verroit comme certaines, qu'on ne les craindroit point. On ne doute pas de l'efficacité des moyens que l'on a proposés pour les éviter; & on compte pour beaucoup les dispositions naturelles de tout homme à éviter le mal & à faire le bien.

Cette morale bien appréciée tendroit à persuader que, pour s'accommoder à la foiblesse de l'homme pécheur, & conserver les intérêts de la religion, sans trop choquer les passions, on ne regarde plus l'usage des sacremens que comme les cérémonies légales, dont la seule observation extérieure suffisoit pour l'accomplissement de la loi. Il semble que ce soit assez d'accuser ses péchés sans les haïr, pour en obtenir le pardon, comme il suffit de ne pas voler par la crainte d'encourir les peines portées par la loi du prince, pour être en sûreté contre l'effet de cette même loi, quelque desir que l'on ait d'ailleurs de s'approprier le bien de son prochain.

On comprend bien que cette morale ne se débite point dans les chaires ; pareil relâchement, rendu public, tourneroit au désavantage de ceux mêmes qui l'annonceroient. C'est dans le secret que l'on se proportionne aux besoins & aux inclinations de ceux que l'on a à gouverner, & que l'on sçait se rendre cette condescendance utile. Cependant il n'est pas rare de trouver, en Italie, de grands exemples de pénitence & de vertu ; on y admire la piété jointe à la science, les mœurs les plus exactes avec la soumission la plus parfaite, l'humilité chrétienne avec le désintéressement évangélique. On trouve ces modèles dans tous les ordres & dans tous les états ; & ils ne sont que plus admirables & plus touchans dans un pays, où il est presque d'usage de concilier les intérêts des passions avec ceux du salut.

Quant à la morale purement civile, & que l'on est accoutumé de considérer séparément des intérêts de la religion, on en peut juger assez sûrement par ce principe généralement admis..... Etre & paroître, sont deux choses absolument différentes; & il est rare que les hommes, pour leur propre avantage, ne soient obligés de se montrer autres qu'ils ne sont en effet. De cette espéce de nécessité sortent le faste imposant, la dissimulation, la ruse, & tant d'autres inclinations ou vices qui en sont la suite.

X. Principes de conduite civile.

Si on peut regarder ces sentimens comme des principes fondamentaux de conduite, on peut juger de leur force sur une nation accoutumée à l'intrigue, souple, artificieuse, connoissant peu de besoins plus pressans que ceux de la vanité; & qui, pour les satisfaire, se livre sans remords & d'habitude a tous les moyens de réussir quels qu'ils soient; & d'ordinaire sous le masque de la bienveillance, ou tout au moins avec l'air de la politesse la plus séduisante. Il est vrai que quand les Italiens traitent entr'eux; ils favent à quoi s'en tenir fur les affurances qu'ils donnent ou qu'ils reçoivent; fouvent même les plus fubtils s'enveloppent fi bien dans leurs propres fineffes, qu'un concurrent beaucoup moins rufé réuffit pendant que l'on s'occupe des moyens de le traverfer & de renverfer fes projets.

On s'appercevra encore que l'habitude de diffimuler fes fentimens, & de parler prefque toujours autrement que l'on ne penfe, réduit ceux qui veulent faire quelqu'étalage d'efprit à parler beaucoup fans rien dire, & à épuifer le chapitre des chofes indifférentes, jufqu'à la fatiété. C'eft ce que l'on remarque fur-tout à Rome, & ce qui y fait trouver la plûpart des converfations générales fi infipides. Pour peu que l'on y foit habitué, on prévoit d'avance ce que dira celui qui arrive; celui qui vient enfuite dit à-peu-près les mêmes chofes; il femble que tous ces gens tournent dans un même cercle d'idées. Cette habitude eft bien plus frappante dans ceux qui font d'un rang à repréfenter, & qui ont des affemblées à certains jours de la femaine. Ce n'eft pas qu'ils manquent d'esprit & de finesse; ce n'est que pour en trop avoir qu'ils tombent dans ce défaut. Ils sont tous gens à prétentions, qui veulent passer pour être instruits, & avoir des raisons pour se taire sur des choses importantes. Il y a plus à gagner dans la conversation des femmes; outre la politesse & les agrémens qui leur sont ordinaires, on y trouve plus de franchise & d'esprit naturel. Elles n'ont pas autant d'intérêt à dissimuler leurs sentimens que les hommes, quoique souvent celles qui sont d'un rang distingué soient mêlées dans les intrigues les plus fines & les plus importantes; on dit qu'alors elles l'emportent sur les hommes les plus déliés, pour réussir dans leurs prétentions.

Malgré cette politique dominante, les étrangers, en qui on a reconnu de l'esprit, des connoissances & de la droiture, trouvent par-tout de l'agrément, parce que l'on cherche à profiter de leurs lumieres, à tirer d'eux ce qu'ils peuvent sçavoir d'intéressant, à les consulter même sur les cas embarrassans & difficiles : mais que l'on se garde bien alors de se livrer à toutes ces avances, & de parler avec toute la franchife dont on eft capable. Une telle fimplicité devient infailliblement l'objet de leurs plaifanteries, fi on n'a rien à prétendre avec eux ; fi on a qu'elqu'intérêt à démêler, c'eft un moyen inévitable d'être dupé. Il faut s'en tenir à un cérémonial d'habitude, n'accorder jamais rien au-delà de ce que l'on doit, & ne rendre qu'autant que l'on a reçû. Je parle pour le général ; car à Rome, & dans les autres capitales de l'Italie, on trouve des perfonnes honnêtes & franches qui aiment à traiter avec celles de leur caractère. Elles font rares ; la difficulté eft de les connoître avant que de s'y attacher.

XI. Ufages particuliers. Les Italiens paffent pour être fort fobres & d'une grande économie. Ils ont de bonnes raifons pour cela. Il y a par-tout un grand luxe de repréfentation, auquel les fortunes ordinaires peuvent à peine fuffire ; il leur refte encore quelque chofe de leur ancienne jaloufie & d'une défiance habituelle, qui ne leur permettent point d'admettre les étrangers avec familiarité. Pour cela on ne trouve nulle part des maifons ouvertes comme en France, dans lesquelles un étranger puisse aller souper ou dîner. Il y a quelques maisons principales à Rome, & dans les autres villes, où l'on invite quelquefois les étrangers à de grands repas de cérémonie, qui se donnent exprès en leur faveur, & on attend d'ordinaire qu'il y en ait plusieurs pour les rassembler. Les légats & vice-légats des villes principales de l'Etat Ecclésiastique reçoivent très-poliment les voyageurs qui ont des lettres pour eux, & sont remplis des attentions les plus obligeantes. Leur maison est toujours ouverte à ceux qui vont leur faire visite, & on est assuré d'y trouver bonne compagnie; c'est ce que l'on rencontre par-tout en Italie, comme en France, chez les personnes en place, chargées en quelque façon de faire aux étrangers les honneurs de la ville où ils résident. Mais il n'y a peut-être pas de ville au monde comme Milan, pour vivre avec agrément, & qui offre autant de ressources aux voyageurs connus; il y a vingt bonnes maisons ouvertes dans lesquelles on peut manger tous les jours en très-bonne compagnie; les tables y sont magnifiquement servies, & on trouve, dans la noblesse de cette ville, les attentions, les empressemens & les procédés les plus obligeans. Quiconque aura fait quelque séjour à Milan, & y aura été connu, conservera, pour la noblesse de cette ville, les sentimens de la plus juste reconnoissance. Les autres Italiens sont étonnés de ces procédés, qu'ils trouvent très-bons tant qu'ils sont à Milan; mais comme il n'est point dans leur goût de les imiter, ils les tournent en plaisanterie quand ils sont chez eux. On trouve aussi quelques ressources de ce genre chez les nobles Génois, sur-tout dans les saisons qu'ils passent à la campagne, où ils se plaisent à étaler leur magnificence, & dont ils sont charmés que les étrangers soient témoins.

Naples peut passer pour la ville d'Italie la plus brillante pour sa société. Il y a tous les jours une quantité de maisons ouvertes, & de grandes conversations où l'on trouve rassemblés des gens de toutes les parties de l'Europe. Les ministres d'état, chargés de la régence, ont les plus grandes attentions pour les voyageurs qui leur sont présentés. Ils vivent avec magnificence,

magnificence, tiennent de très-bonnes tables, en quoi ils font imités par tous les grands du royaume, & par les ambaſſadeurs des différentes nations qui réſident à cette cour. J'obſerverai à ce ſujet qu'il eſt très-heureux pour un voyageur d'avoir accès chez les perſonnes qui ſont à la tête du gouvernement de chaque pays, & chez les ambaſſadeurs. Ces connoiſſances ſont de la plus grande utilité pour s'inſtruire de ce qui regarde le pays où l'on ſe trouve. Ce n'eſt pas de ces perſonnages que l'on peut tirer le ſecret du gouvernement actuel; mais ce qui ſe paſſe chez eux, ce qui ſe dit à leur table & dans leur converſation, les liaiſons que l'on y forme, tout cela contribue merveilleuſement à inſtruire; ce que l'on ne ſçait pas de l'un on l'aprend de l'autre; un mot échappé fait former une conjecture que l'on trouve moyen d'éclaircir, & qui ſouvent ſe change en une aſſurance poſitive & réelle. C'eſt ainſi que l'on parvient à obſerver avec fruit, & à s'inſtruire ſolidement.

L'état politique de l'Italie préſente un ſpectacle plus magnifique ſans doute; ainſi je dois au moins annon-

XII. Idée de l'état politique de l'Italie.

cer ce que je donnerai ensuite dans un plus grand détail.

Piémont. Les grandes qualités, héréditaires dans la maison royale de Savoie, sont connues en Europe depuis plusieurs siécles. Ce n'est pas ici le lieu de discuter les moyens par lesquels elle s'est élevée au rang distingué qu'elle tient dans l'ordre hiérarchique des souverains. Ce que je puis en dire, c'est que la puissance actuelle du roi de Sardaigne, en Italie, peut être comparée à un arbre vigoureux qui couvriroit de son ombre tout ce qui l'entoure, & tireroit insensiblement à lui la substance des autres arbres qui se joignent, si les propriétaires voisins n'avoient soin de l'arrêter dans les bornes qu'une possession actuelle lui prescrit.

Gènes. Les Génois doivent être regardés comme un peuple qui ne ressemble plus en rien à ces fameux marins qui disputerent autrefois avec tant d'acharnement, l'empire de la Méditerrannée, & même la possession du golfe Adriatique aux Vénitiens. Les nobles Génois ne connoissent plus aujourd'hui la mer que de vue; pendant quelque tems on les a vû tenir un sang distingué dans les armées des princes étrangers. Ils paroissent encore avoir renoncé à cette espéce de service. Leur goût dominant est, disent-ils, de servir la patrie dans l'enceinte des murs de la capitale, où ils gouvernent la république en commun, & jouissent solidairement de l'honneur d'être rois de Corse. Ce petit royaume, prêt à leur échapper, est le grand objet de leur attention; rien ne les touche autant que ce qui y a rapport; comme dans toutes les républiques, les Génois mettent en avant beaucoup de prudence & de discrétion sur ce qui regarde leur état, les jours de couriers arrivans, ils aiment à débiter ce qu'ils sçavent des affaires étrangeres pour paroître instruits de premiere main, & avoir part aux affaires générales de l'Europe, affectant cependant de la réserve sur quelques objets particuliers, dont peut-être ils ne sçavent rien. Alors ils ne parlent qu'en termes obscurs, ils s'arrêtent à propos, comme s'il leur étoit échappé quelque indiscrétion; mais on sçait à quoi s'en tenir sur ces mysteres de gouvernement. L'état est petit & pauvre; la noblesse est nombreuse & riche, & fort attententive aux révolutions qui intéressent les autres états de l'Europe sur lesquels elle a de très-grosses sommes: toute la puissance de la république réside dans la capitale.

<small>Milanois.</small> Le Milanois est une des plus riches provinces de l'Italie: le roi de Sardaigne a acquis, à différens tems, près d'un tiers du pays qui formoit l'ancien duché de Milan. Ce qui en reste aujourd'hui à la maison d'Autriche, à quoi on doit joindre le Mantouan, n'est plus opprimé, comme autrefois il l'étoit, par les gouverneurs Espagnols qui y étoient despotiques. Les choses ont changé de face, sur-tout sous la domination de l'impératrice reine de Hongrie, qui en tire des impôts proportionnés à la richesse du pays; mais l'administration y est si bonne & si exacte; ceux qu'elle honore de sa confiance répondent si bien à l'équité de ses vues, que la noblesse & le peuple y sont également contens, & font des vœux sinceres pour la conservation de la puissance à laquelle ils sont soumis.

<small>République de Venise.</small> L'état de terre ferme de la république de Venise est habité par un

peuple induſtrieux & actif qui croit jouir d'une liberté entiere, tandis qu'il eſt dans la dépendance la plus exacte; mais le ſoin que l'on a de rendre la juſtice, & d'empêcher qu'il ne ſoit vexé mal-à-propos par ceux qui ſont plus puiſſans que lui, l'a accoutumé à trouver ſa ſituation heureuſe, & l'a perſuadé de ſon bonheur. La beauté & la richeſſe du pays qu'il cultive, contribuent beaucoup à l'entretenir dans cette idée. A quoi on doit ajouter la paix conſtante qui regne dans ce pays, & que le ſénat, qui y donne des loix, acheteroit, s'il ne pouvoit l'obtenir que par ce moyen: ce que l'on doit regarder comme le plus grand avantage des peuples, puiſqu'il aſſure à chacun la jouiſſance tranquille de ſon état & de ſa fortune.

Venife préſente un ſpectacle admirable: depuis une longue ſuite de ſiécles, la forme & le ſyſtême de ſon gouvernement n'ont point changé. L'autorité eſt entre les mains de plus de mille nobles qui y ont part, & qui tous dépendent les uns des autres, ou plutôt des loix dont ils ſont l'appui.

Tous ils regardent leur patrie & ſa proſpérité comme l'affaire la plus in-

Ville de Veniſe.

téreffante qu'ils ayent à procurer. C'eſt-là qu'on trouve la réalité de cet amour de la patrie, chanté depuis ſi long-temps, loué par-tout, dont par-tout on croit être animé, & qui n'a nulle part des effets plus ſenſibles qu'à Veniſe, où le citadin employé dans les affaires ſubalternes, eſt animé du même eſprit que le noble; où le peuple par une ſoumiſſion que l'on peut dire aveugle, une admiration, un reſpect & une ſatisfaction égales, ſeconde les ſoins & les travaux des uns & des autres.

Bologne. La ville de Bologne a gardé la forme d'un gouvernement ariſtocratique ſous la puiſſance des Papes qui y regnent ſouverainement. Les Bolonnois ne ſemblent avoir conſervé quelque liberté que pour la tourner entiérement au bien de la patrie, dont les avantages occupent continuellement le ſénat; cette heureuſe diſpoſition eſt ſi naturelle & ſi connue que l'on donne la qualité de *bons* aux nobles Bolonnois admis au gouvernement de l'état. Tous leurs établiſſemens, toutes leurs vûes ſont conformes à cette idée, & tendent au bien général de l'humanité. L'intérêt du public & ſa commodité semblent avoir été consultés, même dans la construction de la ville.

Le petit état de Parme se forme encore. Le Prince regnant, marchant sur les traces de son illustre pere, & secondé par un ministre habile, travaille à y établir le commerce & l'industrie, & à augmenter les ressources d'un pays renfermé dans des bornes étroites; mais heureusement situé, & partout de la plus grande fertilité. {Parme.}

Le duché de Modene ressemble à un vaste jardin renfermé entre la Secchia & le Panaro; la population n'y paroît pas si nombreuse que dans le duché de Parme; & je ne crois pas qu'il y ait autant d'industrie. {Modene.}

La Toscane, gouvernée pendant près de deux siécles par les Médicis, fut cédée à l'empereur François de Lorraine, il y a environ trente ans. Ce pays, riche par lui-même, a été longtems administré par le maréchal marquis de Botta, généralement respecté dans tout l'état, parce qu'il n'avoit en vûe que le bonheur des peuples qui lui étoient confiés, & la gloire du souverain qu'il servoit. Ce beau pays jouit actuellement de l'a- {Toscane.}

vantage d'avoir un souverain résidant, dont le gouvernement doux & tranquille, ne se fait sentir que par le bien qu'il fait à ses sujets.

<small>Naples.</small> La face du royaume de Naples change tous les jours & annonce l'avenir le plus heureux aux peuples qui l'habitent. Cet état long-temps aussi orageux que la mer qui le baigne, sembloit n'exister que par les révolutions qui l'agitoient continuellement. On en voit des vestiges sensibles dans la rudesse & la grossiéreté des peuples. La noblesse même & les gens les plus instruits, conservent encore des habitudes qu'ils ont prises dans cet esprit de faction qui les a occupés si long-temps. Dans les grandes assemblées, les hommes toujours les uns avec les autres, ont peu d'attention pour les femmes, sans doute par l'habitude où ils étoient de tramer des affaires auxquelles elles ne pouvoient prendre part. Les titres y sont très-multipliés; il n'y a point de ville au monde où il y ait autant de princes, de ducs & de gentilshommes titrés. Les différens souverains cherchoient à se faire des créatures en multipliant les honneurs. Il y a tout lieu d'espérer qu'un

gouvernement fixe fous une fucceffion non interrompue de rois d'une maifon née pour le bonheur des peuples foumis à fes loix, mettra ce magnifique pays dans l'état de fplendeur, & d'opulence qui devroit lui être naturel. Sa fertilité, la beauté de fa fituation, fa population nombreufe, en feront enfin le pays le plus délicieux de l'Europe. Le commerce, les fciences & les arts, y auront des établiffemens tranquilles & y fleuriront. On y verra renaître ces beaux jours chantés par les poëtes, qui nous femblent des fictions; mais dont la vûe feule de ce beau pays, & quelques reftes antiques de la plus grande magnificence font croire la réalité.

Je parlerai peu de l'état eccléfiaftique & de la forme de fon gouvernement. Il change fi fouvent de fouverains, & par conféquent d'officiers, que quoique le fyftême général foit à peu-près le même, cependant la maniere en eft toute différente. Les places étant poffédées par des perfonnes qui les regardent comme des moyens de s'élever plus haut; il arrive trop fouvent qu'elles ne cherchent qu'à en

Etat eccléfiaftique.

tirer tout ce qu'elles peuvent produire, & s'embarraffent fort peu du bonheur des peuples. Dans ce pays, comme partout ailleurs, un gouverneur, un magiftrat fage & défintéreffé, eft très-refpecté, & quelquefois fait fa fortune par la feule confidération dont il eft digne; on a même vû quelques pontificats fous lefquels le mérite réel, les connoiffances & les talens jouiffoient de la diftinction qu'ils devroient avoir partout; mais malheureufement pour l'humanité, la vertu folide eft auffi rare dans cet état que dans tout autre. On cherche même à y rendre le pouvoir plus defpotique, parce qu'on a moins de temps à en jouir. A chaque changement de Papes ce font des hommes nouveaux qui paroiffent fur la fcène, & qui forment de nouvelles brigues pour eux & pour leurs créatures. Ceux qui ont des prétentions & peu de moyens de les faire réuffir, à qui l'argent & les partifans manquent, & qui cependant font de naiffance à s'élever, font affidus à fe trouver par-tout où le Souverain les remarquera; ils fe font un extérieur qu'ils fçavent devoir lui plaire, & attirer sur eux ses regards & ses faveurs.

La dissimulation, le secret, l'habileté à profiter des fausses démarches d'un concurrent, les intrigues pour avoir sa confiance & s'en servir ensuite pour le supplanter, l'art de beaucoup parler sans rien dire, l'usage de mentir à propos & pour l'avantage du moment, toujours prétexter des affaires dans le centre même de la nonchalance & de l'oisiveté, donner une grande idée de son crédit, beaucoup promettre, se mêler, autant qu'il est possible, de toutes les affaires qui se présentent, ne négliger aucun emploi, se faire, à quelque prix que ce soit, une grande existence dans l'esprit des autres ; voilà à-peu-près les grands ressorts de cette politique, si vantée, que l'on a été long-temps à regarder la cour de Rome comme l'école où se formoient les ministres les plus subtils & les plus capables. J'en dirai davantage quand je traiterai en particulier de cette cour, en rendant compte de ce qui s'y est passé de mon temps, d'après ce que j'en ai appris, en suivant le fil des affaires, & la conduite de ceux qui y avoient le plus de part.

Le génie du peuple qui habite cette

ancienne capitale du monde, & que l'on doit regarder comme un corps singulier, formé de toutes sortes de piéces de rapport, c'est-à-dire de François, d'Espagnols, d'Allemands, d'Anglois même, & d'Italiens de tous les différens états d'Italie, offre des objets de consideration intéressans; eu égard sur-tout à l'habitude où ils sont de s'intéresser au systême général des affaires de l'Europe, avec une chaleur qui feroit croire qu'il leur importe beaucoup que tel ou tel parti ait le dessus; & où cependant ils n'ont pour l'ordinaire d'autre intérêt que la vanité de soutenir leurs sentimens, & de faire croire qu'ils sont encore capables de gouverner l'univers, conformément à ce que Virgile en a dit,

Tu regere imperio populos, Romane, memento.
Commander aux nations est le destin de Rome.

citation que j'ai entendu faire avec l'air même de la suffisance à un grossier Calabrois, qui se croyoit un grand personnage, parce qu'il étoit chargé d'un petit détail de l'administration ecclésiastique dans l'intérieur de Rome.
On peut juger par-là de ce que pen-

sent ceux qui ont des emplois plus relevés. (*a*).

Ce qui a soutenu pendant long-temps plusieurs villes d'Italie, & sur-tout celles de l'état ecclésiastique, dans un état brillant dont elles conservent de beaux restes, c'est la grande puissance de l'église de Rome, la dignité du Pape, &

(*a*) *En effet, plusieurs d'entr'eux ont beaucoup de cette subtilité, de ce manége, nécessaires pour traiter les affaires politiques; les premiers pas qu'un jeune prélat fait à la cour de Rome, lui apprennent qu'il ne réussira qu'autant qu'il sera souple, délié, dissimulé. Quand ces dispositions, qui paroissent plutôt l'effet d'une petite façon de penser que d'un génie vaste & relevé, sont en quelque sorte perfectionnées, & placées dans une plus grande sphére: alors elles sont très-propres à former de grands politiques. Mais que l'on ne s'y trompe pas; c'est moins à Rome que dans les Cours étrangeres qu'ils se forment. Si on a à traiter avec quelques Cardinaux, on reconnoîtra aisément ceux qui ont été employés aux grandes nonciatures, & qui y ont eu des succès distingués. C'est dans cet ordre que l'on trouvera de vrais politiques & des personnages très-capables de gouverner & de soutenir la gloire de la cour de Rome.*

sa qualité de chef visible de l'église catholique qui a toujours été reconnue & qui ne peut être séparée du siége de Rome; car dans la plus grande force des schismes, il n'est venu à l'esprit d'aucun souverain de se faire un Pape dans ses états, & de ne pas rester uni à l'Eglise; tant on a toujours été pleinement convaincu que le siége de Rome étoit le centre de l'unité catholique, & que l'Eglise ne pouvoit avoir qu'un chef visible. Les *Frédéric* & les *Henri*, à quelque point qu'ils ayent porté les choses, n'ont jamais osé penser autrement.

Beaucoup de ces villes doivent leur origine ou leur accroissement à la religion même; c'est-à-dire à quelques tombeaux de martyrs, célébres par les miracles qui s'y opéroient; à des monastères autour desquels il s'est élevé assez d'habitations pour former des villes. Le culte des reliques, pour être authentique, a toujours dû être autorisé par le Saint Siége : les monastères étoient sous sa protection & dans sa dépendance; tout ce qui leur appartenoit reconnoissoit les Papes pour premiers souverains quant au spirituel, & même quant au temporel, qu'ils ne regardoient que comme un accessoire du premier.

Ajoutons encore que les Papes, protégés par les princes étrangers, n'ont jamais souffert qu'aucun prélat s'élevât même dans le temporel au-dessus d'eux; les Archevêques de Milan qui se croyoient successeurs des comtes du palais en occident, & aux mêmes droits qu'eux, porterent bien haut leur puissance, sur-tout tant qu'ils furent à la tête des Gibelins en Lombardie; mais cette puissance ne fut regardée que comme une usurpation. Tous les états d'Italie, à l'exception de la république de Venise, se regardent encore comme feudataires du Saint Siége, preuve de sa grande puissance qui s'étendit sur toutes les isles des mers de l'Italie, & de-là sur les autres isles, & les terres nouvellement découvertes.

Mais cette grandeur tient à la résidence des Papes en Italie; s'ils fussent restés à Avignon, ils eussent insensiblement perdu leurs états & la ville de Rome même. Nicolo Rienzi, né dans l'état le plus obscur, mais avec autant d'élévation d'ame & de force que les

Gracques, rétablit le Tribunat à Rome en 1346, força les Ursins, les Colonnes & les Savelli, dont les factions étoient alors si puissantes, à reconnoître son autorité ; son grand zéle pour la justice lui avoit consilié tous les partis ; il auroit rétabli le gouvernement républicain, si lui-même n'eût abusé de son crédit, en voulant trop abaisser de grands hommes qui avoient été éblouis de l'éclat de ses vertus : entreprise qu'il n'eût jamais osé tenter, si le souverain Pontife n'eût pas résidé alors à Avignon.

Quoiqu'il reste toujours quelque idée de république à Rome, conservée par la forme même du gouvernement ecclésiastique, qui est aristocratique, il n'y a pas à craindre que les choses en viennent jamais au point de rien changer à l'état actuel : les principales familles, les plus accréditées, doivent leur crédit & leur rang au Saint-Siége même, aux Papes & aux Cardinaux de leurs maisons, dont ils sont intéressés à maintenir l'éclat & la dignité que toute autre espéce de gouvernement altéreroit beaucoup, & peut-être anéantiroit enfin.

PRÉLIMINAIRE. lxv

Chaque état, quelque petit qu'il soit, même la république de faint Marin, offre quelque chose d'intéreffant aux regards d'un spectateur attentif & curieux. On voit que chaque petite ville a fon ton particulier, & voudroit au moins le faire adopter dans le canton où elle tient quelque rang. Les unes vantent leurs tableaux, d'autres leurs antiques, tous les agrémens de leur société. On voit le foin qu'elles fe donnent pour attirer dans leur enceinte, au moins quelques jours de l'année, la nobleffe défœuvrée qui court de ville en ville pendant toute la belle faifon, pour fe trouver aux différentes foires, & aux fpectacles que l'on y donne.

XIII. Réflexions relatives à l'article précédent.

Ces foires font très-vantées en Italie, outre l'avantage du commerce qu'elles y entretiennent, elles fervent de paffe-temps d'habitude à une quantité de gens qui croyent y devoir leur préfence; elles commencent par celles de l'Afcenfion à Venife, enfuite celles de Padoue, Regio, Sinigaglia, Bergame, Alexandrie, Livourne, le carnaval de Venife, celui de Milan, les cérémonies de la femaine fainte à Rome, le printemps de Naples. Outre ces sortes de divertissemens, chaque ville principales a des spectacles fixes qui sont ouverts pendant une grande partie de l'année. On ne peut croire combien toutes ces choses, frivoles en apparence, intéressent les Italiens; ce goût de dissipation a succédé aux mouvemens violens & forcés des différentes factions, qui avoient fait de ce beau pays le centre des révolutions, & le lieu du triomphe du droit du plus fort. Le rétablissement des arts & des sciences a heureusement anéanti cette férocité de dispositions; chaque puissance y possede tranquillement les états qui lui sont échus en partage. L'esprit de conquête ne paroît plus y regner; & le véritable intérêt du pays est que la balance y soit si égale, qu'aucun souverain n'y domine de façon à faire arbitrairement la loi aux autres. C'étoit-là le grand projet du Pape Jules II, de mettre hors de l'Italie toute puissance étrangere, dont les forces & les entreprises puissent troubler la tranquillité & l'égalité qu'il vouloit établir.

Ces différents sujets, traités avec soin & d'après l'état actuel des choses, ne deviennent-ils pas intéressans, & pour

PRÉLIMINAIRE. lxvij

ceux qui connoiffent l'Italie, & pour ceux qui veulent en prendre une jufte idée fur une defcription fidéle? Croit-on qu'en fuivant ce plan, il foit plus facile d'en faire une bonne relation que de quelque ifle nouvellement découverte, ou de ces pays féparés de nous par le vafte intervalle des mers, fur lefquelles les voyageurs écrivains ont donné carriere à leur imagination, & dont on lit les defcriptions avec d'autant plus d'avidité, qu'elles ne difent rien que de merveilleux, d'extraordinaire; ce que l'on n'a jamais vû ailleurs, ce que l'on n'auroit pas imaginé? Quel fujet pour un auteur dont l'imagination eft féconde! Qui ofera le contredire? Qui fera jamais à portée de vérifier fes mémoires fur les lieux? Cependant ces voyages fervent à la philofophie moderne pour tracer le tableau des mœurs des hommes; c'eft d'après ces peintures, fouvent idéales, que l'on croit pouvoir remonter à l'origine des chofes, & peindre l'homme dans le véri able état de nature: n'eft-il donc pas plus effentiel de le connoître dans l'état de fociété où il fe trouve néceffairement, à la vérité dans un grand cahos de qualités & de défauts; mais peut-il exister autrement, & croit-on pouvoir le ramener à cette simplicité primitive dans laquelle vivent les sauvages ? Ceux même qui la vantent plus s'en accomoderoient-ils ?

XIV. Beauxarts, peinture, sculpture, musique. Les beaux arts se montrent avec plus d'éclat en Italie que dans aucune autre partie de l'Europe. C'est-là qu'ont vécû les plus grands peintres, les sculpteurs & les architectes les plus célébres; c'est-là que les musiciens les plus fameux ont fait entendre des accords admirables. Quelle quantité immense de tableaux précieux, de belles statues, à Rome, à Florence, à Naples, à Venise, à Bologne, & dans toutes les villes capitales ! Le même goût y regne encore; la nature qui en a fourni les premiers modéles n'y a point vieilli; elle y est toujours fraîche & éclatante, toujours nouvelle & riche; le peuple qui ne suit que son impression, accoutumé à avoir sous ses yeux les chefs-d'œuvres des plus grands maîtres, à entendre les concerts les plus harmonieux, semble naître dans tous les états, peintre & musicien.

Pourquoi ce goût si naturel dans

PRÉLIMINAIRE. lxix

le peuple, n'a-t'il pas entretenu la suite des grands artistes sans interruption, & n'a-t'il pas donné des successeurs aux Raphaël, aux Titien, aux Carraches & aux Guide? Carle Maratte a été le dernier grand peintre de l'école Romaine; on ne peut pas mettre dans ce rang ni le Cavalier Panini, ni Pompeio Battoni, vivants encore, quoique tous les deux ayent du mérite dans leur genre. Luc Jordan & Solimeni avoient laissé leur pinceau à Sébastien Concha de Naples. Il vient de mourir, & n'est point remplacé; le Saxon Meinss a fait à Rome quelques tableaux excellens. On voit, dans le grand plafond de la villa Albani, un tableau du Parnasse, dont l'ordonnance & le dessein sont dignes de Raphaël même, & dont le coloris est très-bon. Le roi d'Espagne a attiré Meinss à Madrid, de même que le Tiépolo de Venise, qui, tous les deux, sembloient devoir donner une nouvelle existence à la peinture, en s'élevant au degré des plus grands maîtres. Blanchet, peintre François demeurant à Rome, dessine avec la plus grande correction & hardiment; j'ai vû de lui quelques tableaux excellens;

il auroit pû faire les plus grands progrès dans son art, s'il ne se fût pas livré à une dissipation habituelle qui a toujours absorbé la meilleure partie de son temps, & a été cause qu'on n'a pas osé l'employer à de grands ouvrages qu'il auroit bien commencé, mais qu'il n'auroit pas probablement finis. J'ai encore vû à Vérone un peintre, dont j'ai oublié le nom; son coloris étoit bon, son dessein exact, mais sa maniere froide & méthodique; c'est ce que j'ai vû de peintres plus distingués (*a*). Cependant les académies de dessein & de peinture sont

───────────────

(*a*) *J'aurois pû citer encore le sieur le Pécheur, jeune peintre que je crois Lyonnois; il est venu à Rome à ses frais, pour y étudier les grands modéles & se perfectionner dans son art. Plusieurs tableaux que j'ai vû de lui, de belle ordonnance & d'un coloris gracieux, sont des garants de ses heureuses dispositions, & des succès qu'il doit en espérer.*

Le sieur Robert, Pensionnaire de l'Académie de France, connoît bien les monumens antiques; il a du génie & une promptitude étonnante dans le faire, qui ne lui permet pas de donner à ses ouvrages le degré de perfection, qu'il sera très-capable d'y mettre, lorsque le feu qui l'anime sera un peu moins vif.

PRÉLIMINAIRE. lxxj
toujours remplies d'éleves, dont on s'applique à cultiver les difpofitions avec foin; on ne leur refufe aucun des fecours qui peuvent leur procurer des fuccès, mais très-peu répondent aux efpérances que l'on en avoit conçues.

Depuis *le Bernin*, à Rome, l'*Algardi* à Bologne, & *Corradi* à Venife, il n'y a point eu de fculpteurs d'une réputation éclatante. On travaille cependant tous les jours à des monumens publics; mais on ne voit plus le goût original de ces grands hommes, on ne retrouve que le ton froid & fervile de l'imitation.

Piccini de Naples, *Traetta* de Parme, & quelqu'autres maîtres, femblent être animés de ce noble enthoufiafme qui a produit ces accords admirables qui ont perfuadé que les Italiens feuls connoiffoient véritablement la mufique. *Piccini* fur-tout commence à jouir de la plus belle réputation, & il la mérite. Son *Artaferfé*, qui fut chanté à Rome pendant le carnaval de 1762, lui gagna tous les fuffrages; il avoit avant ce tems donné aux opéra bouffons un agrément & une nobleffe dont on ne les croyoit pas fusceptibles. On peut dire qu'il a remporté la palme dans ces deux genres, & qu'il a été également goûté fur tous les plus grands théâtres d'Italie. Il paroît deftiné à confoler les amateurs de la mufique, de la perte qu'ils avoient faite par la mort prématurée de l'illuftre *Pergolèfe*.

Les concerts de Venife font admirables; c'eft-là qu'il faut apprendre la précifion, l'intelligence & la beauté de l'exécution; c'eft-là encore que l'on entend les plus belles voix de femme de l'Italie. Par-tout en général on trouve des muficiens, & on fait de la bonne mufique. C'eft de tous les arts celui qui fe foutient avec le plus d'honneur en Italie, deftiné dans fon origine à chanter les louanges de l'Être Suprême & des héros, confervé pour les mêmes ufages, & à être encore l'expreffion naturelle du contentement & du plaifir; il devoit néceffairement fe conferver parmi un peuple né fenfible, qui a toujours aimé les fpectacles & les fêtes dont la mufique eft l'ame, & fe perfectionner même à mefure des progrès de l'efprit humain dans la connoiffance générale des arts.

Mais

PRÉLIMINAIRE. lxxiij.

Mais comment peut-il se faire que la peinture qui, pendant plus de deux cens ans, a produit tant de chefs-d'œuvres que l'on trouve à chaque pas en Italie, soit tombée dans une espéce d'anéantissement, & qu'à peine à présent il y ait un peintre à citer ; je ne dis pas du premier rang, mais qui marche seulement sur les traces de Carle Maratte & de Ciro Ferri, deux peintres que l'on compte parmi les grands de l'école Romaine, parce qu'ils ont servi à entretenir la succession, quoiqu'ils fussent bien éloignés de Raphaël, de Jules Romain, & même de Pierre de Cortone leur maître.

XV. Réflexions sur la Peinture.

A quoi attribuer cette cessation de talens ? Les grands modéles sont certainement plus communs que du temps des illustres fondateurs des différentes écoles, qui pour la perfection du dessein ne pouvoient étudier que quelques morceaux antiques alors peu communs. Ces sublimes productions de leur génie, ces grandes & magnifiques compositions, où l'on trouve toutes les perfections de l'art, parurent tout d'un coup, & durent étonner ceux même, qui en étoient les auteurs. Ces beaux

d

modéles se sont multipliés partout à un point difficile à imaginer, quand on n'a pas vu les grandes collections d'Italie. Que de préceptes où les secrets de l'art sont dévoilés! Que d'académies & de professeurs! Les talens ont les plus grandes facilités pour se développer; & ils ne paroissent pas. N'en cherchons pas la raison ailleurs que dans un certain ordre de révolutions, qui tantôt fait passer les talens d'une région à une autre, tantôt les tient dans une inaction, dans un engourdissement qui en laisse à peine appercevoir le germe dans ceux qui paroissent faire le plus d'efforts, pour leur donner une nouvelle existence, & dont on est réduit à louer plutôt la bonne intention que les succès: enfin c'est qu'il y a des temps comme il y a des contrées où les yeux ne peuvent pas s'ouvrir assez pour connoître les modéles que fournit la nature, & en appercevoir les beautés réelles. Raphaël, Michel-Ange, le Titien, Paul Veronese, Annibal Carrache, le Guide avoient l'esprit plein d'idées relevées & gracieuses; un sujet qu'ils avoient à traiter, un objet qui se présentoit à eux, en recevoit un nouveau degré de beauté que seuls ils avoient été capables d'imaginer ; mais cependant si vrai, si naturel, qu'il est encore regardé comme la perfection de la nature même, par tous ceux qui sont capables de s'élever assez pour contempler d'un œil juste leurs sublimes productions.

Il y a des événemens singuliers, des façons de penser bizarres, qui semblent annoncer la décadence des arts, en même temps qu'ils mettent des entraves au goût & au génie. J'ai vû de misérables peintres employés à Rome par des ordres supérieurs, à habiller la plûpart des figures nues de la fameuse chapelle Sixtine du Vatican, peinte par Michel-Ange, où cet artiste immortel s'étoit livré à toute la fierté de son génie.

J'ai vû un bon peintre mouiller de ses larmes sa palette & son pinceau, parce qu'on le forçoit de couvrir d'un voile, partie d'un magnifique tableau de Raphaël, dans lequel un enfant Jesus paroissoit trop nud : & c'est dans la Rome de nos jours que la délicatesse sur l'article des mœurs est montée à ce point d'ostentation ! C'est-là qu'une main mal-habile couvre de plâtre & de plomb le bronze & le marbre que le ciseau de Michel-Ange faisoit respirer! Que de coups mortels porte aux beaux arts l'ignorance séduite par l'apparence d'une réforme idéale!

XVI. Utilité de l'étude des tableaux. C'est ici le lieu de parler de l'utilité de l'étude des tableaux, & de la manière de les bien voir, plus pour les amateurs que pour les artistes, dont je respecte les droits & les connoissances.

Aucun art n'est aussi propre à nous donner de nouvelles idées, aussi promptement & avec autant d'étendue que la peinture. Celles qui nous sont ainsi communiquées, ont l'avantage de porter tout d'un coup dans notre esprit, les objets qu'elles nous représentent ; elles éclairent immédiatement notre entendement, ou elles semblent les former tels qu'ils sont exprès, pour nous les faire connoître ; c'est dans cette admirable faculté que paroît consister l'essence du génie de la peinture, & qui la rend à cet égard si supérieure aux autres arts libéraux.

Quelle est la description, quelque circonstanciée qu'elle soit, qui affectera son lecteur d'une manière aussi vive que le peut faire un beau tableau ; qui re-

PRÉLIMINAIRE. lxxvij
nouvelle tout d'un coup dans l'esprit du spectateur, la plus belle suite d'idées qui élève l'ame, & qui met devant les yeux dans le même instant, le sublime de la poësie & celui de la peinture. (*a*)

On croit voir l'impétueux Achille abusant des droits de la victoire, insultant à l'humanité & à la valeur, lors-

---

(*a*) On a critiqué ce passage, on a prétendu que je m'étois laissé emporter par un enthousiasme trop vif pour la Peinture, & que j'étois tombé dans des erreurs que je désavouerois, quand je serois moins entraîné par l'ivresse de l'Art que je préconise.... Le feu de ce prétendu enthousiasme doit être actuellement éteint, & les fumées de l'ivresse bien dissipées ; cependant j'avoue que je pense toujours de même, fondé sur le précepte,

Segnius irritant animos demissa per aurem ,
Quam quæ sunt oculis subjecta fidelibus...

& sur-tout ce que je dis à l'article de ce Discours, qui suit immédiatement celui que l'on a blâmé, & qui auroit dû mettre au fait de mes intentions les Journalistes qui les ont interprétées à leur fantaisie, qu'ils lisent donc cet article, & j'ose espérer qu'ils en reviendront à mon avis.

qu'il traîne attaché à son char, le corps d'Hector, qu'il a tué plutôt pour venger la mort de son ami Patrocle que pour servir la cause des Grecs : on voit d'un même coup d'œil tout ce qui a précédé & suivi cet événement de l'histoire ancienne de Grèce ; on prend une idée plus vraie du héros ; on le connoît mieux que par la lecture du vingt-deuxième livre de l'Iliade, en considérant le grand tableau de *Solimeni*, qui est à Gênes au palais Durazzo. Le tableau de la transfiguration de *Raphaël* qui est à saint Pierre *in Montorio* à Rome, semble nous communiquer de nouvelles lumieres sur le mystere ineffable qu'il représente ; la partie supérieure qui est toute employée à donner une idée éclatante de la transfiguration, éleve l'ame, tandis que la partie inférieure qui représente les Apôtres embarrassés pour guérir un possédé qu'on leur présente, est une allégorie excellente du peu de pouvoir de l'homme sans le secours de Jesus-Christ ; il faut que les Apôtres attendent que leur divin maître soit descendu de la montagne, pour opérer la guérison qu'on leur demande avec tant d'instance. Pouvoit-on exprimer d'une maniere plus heureuse, la chûte des anges rébelles & le renversement du trône que Lucifer leur chef avoit voulu s'élever, que de la maniere dont la fait *Luca Giordano*, dans un tableau qui est à l'église de l'Ascension, au fauxbourg de Chiaïa de Naples ? Le dessus du tableau est occupé par la figure majestueuse de la seconde personne de la Trinité qui représente la puissance active de la Divinité ; au milieu sont placés dans le plus bel ordre, les anges fidéles, parmi lesquels paroît avec éclat l'Archange Michel. Plus bas les anges rébelles chargés de tous les signes affreux de de la réprobation, sont culbutés pêlemêle dans l'abîme ; leur chûte semble encore précipitée par le poids du trône renversé de Lucifer, sur lequel on lit ces mots ; *& ero similis Altissimo*.

Quoi de plus magnifique encore que les différentes allégories sous lesquelles *Paul Véronese* a représenté la puissance de la république de Venise, la sagesse de son gouvernement, l'exactitude sévére de ses loix, dans le plafond de la salle du grand conseil, & sur-tout dans celui du conseil des dix ? Que l'on jette les yeux sur l'excellent tableau de *Rubens* qui est aux palais Pitti à
d iv

Florence; & l'on fera pénétré dans un instant, de toutes les idées que pourroit donner le plus beau poëme sur les malheurs de la guerre, qui dévaste la campagne, bannit les arts, est précédée par la frayeur & le désordre, & traîne à sa suite la désolation & la ruine. Que de tableaux distingués je pourrois citer, dont on trouvera la description dans la suite de ces mémoires, & dont la seule exposition fera connoître l'utilité & l'agrément de la peinture mise devant les yeux d'un voyageur qui profite de toutes les occasions de s'instruire !

XVII. Manière de connoitre & d'étudier les tableaux.

Mais, dira-t-on, la peinture ne parle ainsi qu'à ceux qui connoissent déja le sujet représenté; s'ils n'en avoient aucune idée, ils le verroient sans intérêt, & seroient tout au plus sensibles à la beauté des couleurs, & à la justesse du dessein; encore faudroit-il qu'ils eussent quelque connoissance pratique de l'art, & qu'ils portassent leurs regards au-delà de la surface. La remarque est juste; aussi pour trouver un agrément réel à voir des tableaux, il ne suffit pas de les courir parce qu'ils ont de la réputation, & que c'est l'usage de ne pas passer sans leur avoir donné un coup d'œil, pour dire enfuite qu'on les a vûs ; il eſt à propos & même néceſſaire qu'un voyageur ait des connoiſſances bien ſupérieures à celles du vulgaire, qui ne ſçait qu'admirer ſans raiſon & ſans réflexion.

Il faut qu'il ſoit capable de juger d'un tableau ; & pour en bien juger, il doit avoir la plûpart des qualités du peintre, je veux dire celles qui ne regardent point la pratique de l'art. Il faut connoître parfaitement la nature de ſon ſujet, & ſçavoir ſi on peut le repréſenter avec plus d'avantage, & par rapport à quoi on peut le faire ; c'eſt ce qu'on appelle bien ſaiſir l'idée du peintre. Ce qu'il eſt encore très-important de connoître, ce ſont les paſſions & leur nature ; de quelle maniere elles ſe font ſentir & ſe montrent à l'extérieur.

Il faut avoir auſſi l'œil délicat pour juger de l'harmonie & de la proportion des objets entr'eux, de la beauté des couleurs, & de l'exactitude de l'artiſte. Sur tous ces objets, il faut recevoir & ranger ſes idées d'une maniere juſte, naturelle & impartiale.

La connoiſſance de l'hiſtoire n'eſt pas moins néceſſaire pour prendre quelque plaisir à examiner les tableaux, & pour en bien juger. Sans quoi on se lasse bientôt de considérer un certain nombre de figures peintes sur la même toile dans des attitudes différentes & avec diverses passions. Si l'on ne connoît pas le sujet que le peintre a traité, comment jugera-t-on & de la vérité des attitudes, & de la science avec laquelle les passions sont représentées ?

On remarque dans quelques tableaux, & dans quelques statues antiques & même modernes, une sublimité de pensée & d'expression si frappante que l'on ne sçait comment l'artiste a pû la concevoir; ce n'est pas qu'il soit sorti du naturel; au contraire, l'expression est si vraie & si juste qu'elle nous persuade aussi-tôt que nous la voyons. Mais nous n'en sommes pas moins étonnés de la science profonde & de l'heureux génie qui a pû exécuter de si belles conceptions. Comment s'y prenoient les artistes pour arriver à ce point de perfection ? Ils se livroient entiérement à la beauté de leur imagination qu'une imitation sage de la belle nature régloit toujours. Phidias, dit Cicéron, lorsqu'il vouloit représenter

PRÉLIMINAIRE. lxxxiij

Jupiter ou Minerve, ne contemploit aucun objet matériel pour y prendre une ressemblance qui ne pouvoit qu'être au-dessous de son objet. Il avoit recours à son propre esprit; il y étudioit les idées qu'il s'étoit formées de la beauté, & de la dignité; & d'après ces images qui étoient parfaites dans son ame, il donnoit au marbre la vie & l'immortalité.

Le grand Raphaël, toujours occupé de la perfection de son art, ne laissoit échapper aucune des idées nouvelles qui se présentoient à son esprit, sans les réaliser sur le champ, en les dessinant de la maniere la plus expressive pour le sujet qu'il avoit à traiter. Il formoit ainsi une multitude de parties détachées qui avoient rapport à quelque grand tout : quand il falloit le composer, il rassembloit ses desseins originaux, ses premieres conceptions, rapprochoit celles qui se convenoient le mieux, & par ce moyen composoit très-habilement ses tableaux dont toutes les parties existoient & étoient formées, avant que d'avoir une destination arrêtée. Alors il donnoit aux différentes figures, toute la force avec laquelle il les avoit d'abord conçues,

d vj

& dont ses desseins lui rappelloient l'idée. Telle fut sans doute la maniere de tous les grands maîtres; sur-tout dans ces compositions sçavantes où plusieurs parties s'unissent pour former un grand tout.

Une réponse lumineuse de François *du Quesnoy*, dit le Flamand, très-excellent sculpteur, fera mieux sentir ce que j'ai déja dit sur la maniere dont le génie sçait saisir les objets. Un de ses amis bon connoisseur, lui conseilloit de cesser de travailler à un ouvrage, qui lui sembloit être à sa perfection. Vous avez raison, lui dit l'artiste, vous qui ne voyez pas l'original ; mais moi qui l'ai dans l'esprit, je travaille à lui faire ressembler cette copie. Voilà vraiment le secret des grands artistes, cette magie charmante qui nous pénétre d'un plaisir si sensible, qui enleve nos suffrages, & nous fait sentir toute l'excellence de ces hommes habiles qui ont laissé de si belles preuves de leur génie. Combien une telle maniere n'est-elle pas plus vraie & plus noble que la routine usée des artistes vulgaires qui, pour faire une beauté, dérobent les graces à une multitude de sujets différents, les yeux de l'un, la bouche de l'autre? Les formes, les contours, les attitudes mêmes sont d'autant de sujets différens : ils croient faire des merveilles en rassemblant les parties détachées de la beauté : peuvent-ils ignorer que la nature simple dans ses productions, ne peut jamais être imitée par cet assemblage qui est entiérement opposé à ses loix ? Tous leurs efforts n'aboutissent d'ordinaire qu'à produire des ouvrages qui au premier coup d'œil ont quelque éclat : mais quand on les considére avec attention, on n'y trouve plus rien qu'une composition maniérée, froide, sans génie & sans goût, dans laquelle on peut louer tout au plus la propreté, avec laquelle tant de piéces de rapport ont été rapprochées les unes des autres.

Le paysage est une partie essentielle du tableau ; c'est le lieu de la scène où sont placés mille événemens très-différens les uns des autres ; c'est en même-temps une imitation fidéle de la nature. Il seroit à souhaiter que le peintre connût assez parfaitement le lieu même qu'il doit représenter pour le rendre dans toute la vérite dont il est susceptible. Il est vrai que les artis- XVIII. Tableaux de paysage.

tes qui méritent d'être honorés du nom de peintres sont presque toujours assez instruits, pour ne pas tomber dans des bévûes grossières à ce sujet : mais souvent ils enrichissent trop leurs paysages ; ils les chargent ou de monumens antiques, ou d'autres objets qui partageant l'attention du spectateur, sont disparates avec le reste du sujet, & forment quelquefois deux actions ; ce qui est un défaut essentiel dans un tableau.

Les tableaux purement de paysage sont à la peinture ce que sont les pastorales à la poësie : ils sont susceptibles du même dégré de mérite. *Claude le Lorrain* a parfaitement réussi dans ce genre, & tient le premier rang parmi les paysagistes. *Salvator Rosa* a représenté la nature brute & sauvage, mais d'un style noble & grand ; il connoissoit les points de vûe les plus frappans des Apennins où il paroît qu'il avoit étudié la nature. *Panini* a travaillé heureusement dans ce genre ; on voit chez le roi de Sardaigne à Turin des vûes du Piémont tirées de la hauteur de Rivoli, qui sont l'imitation la plus exacte de la nature. Il en a travaillé d'une autre genre d'après les vûes de l'Italie méridionale & fort chargées de ruines antiques. On connoît les tableaux de payſage du *Pouſſin*, de même que ceux de *Rubens*; celui-ci a toujours repréſenté heureuſement la nature; il l'a encore enrichie & rendue plus piquante, en y plaçant à propos les phénomenes les plus brillans, comme l'arc-en-ciel, les éclairs, &c. De nos jours M. *Vernet* a fait des tableaux admirables en ce genre, & doit être mis au premier rang parmi les payſagiſtes. Ce qu'il a peint au palais Borghéſe à Rome eſt excellent, vrai, & parfaitement colorié. L'attention de l'artiſte dans ce genre d'ouvrage eſt de prendre garde que la figure ne domine trop & ne tende à faire un tableau d'hiſtoire de ce qui ne doit être qu'un payſage; inconvénient dans lequel le Pouſſin eſt tombé quelquefois, en plaçant dans ſes payſages, des traits d'hiſtoire qui y ſont hors d'œuvre.

On ne lit qu'avec le plus grand étonnement ce que l'on raconte de la perfection de la peinture antique; elle devoit être portée à un dégré d'expreſſion que l'on imagine à peine. Le fameux tableau du ſacrifice d'Iphigénie, par Thiman-

XIX. Réflexions ſur la peinture antique.

the, étoit le chef-d'œuvre de l'art. Pline l'ancien en parle comme d'un ouvrage au-dessus de tout éloge ; & cela sans doute sur la foi des auteurs Grecs. Je crois devoir observer à ce sujet que les Grecs, extrêmement sensibles à tous les genres de beauté, sur-tout à celle des arts qu'ils croient leur appartenir exclusivement, les vantoient beaucoup & les louoient avec hyperbole, c'étoit le style des Orientaux ; ils l'ont conservé, & leurs voisins les imitent. On a été long-temps que l'on n'avoit aucune peinture antique qui pût faire juger de leur perfection. À la fin du seiziéme siécle, sous le pontificat de Clément VIII, on trouva sur le mont Esquilin dans les ruines des jardins de Mécénas, le tableau qui représente un mariage & qui est connu sous le nom de nôce Aldobrandine, du nom même de ce Pape. Tous les connoisseurs s'extasièrent à la vûe de ce monument unique : ils lui donnerent deux mille ans d'antiquité, & n'hésiterent point à le regarder comme une production du pinceau d'Apelles qu'il prétendirent être venu à Rome : ce fut sans doute le respect pour la vénérable antiquité qui détermina les bons artistes de ce temps à

PRÉLIMINAIRE. lxxxix
regarder cette peinture comme une merveille de l'art, eux qui avoient fous les yeux les chefs-d'œuvres de Raphaël, du Corrège, du Titien, & de tant d'autres dont les moindres productions font fort au-deſſus de cette pièce; ſon premier mérite eſt d'avoir été ſi long-temps conſervée.

Depuis quelques années on a trouvé dans les ruines d'Herculée, fous Portici, des tableaux de tous les genres, dont pluſieurs pourroient ſoutenir la comparaiſon avec la nôce Aldobrandine; & certainement ils n'ont rien ni pour le deſſein, ni pour l'ordonnance, ni pour l'exécution, qui approche de l'art des grands peintres modernes. Cependant ils font inconteſtablement des peintres Grecs. Quoique cette ville fût ſoumiſe à l'empire Romain, tous les monumens que l'on y a trouvés, prouvent que non-ſeulement on s'y ſervoit de la langue Grecque, mais que les mœurs & les uſages y étoient les mêmes qu'à Athénes, ainſi que je le prouverai en parlant du *Muſeum Herculanum* de Portici, & des tréſors qu'il renferme. Ce que je trouve d'admirable dans ces tableaux, c'eſt qu'ils ayent réſiſté ſi long-temps d'abord à la chaleur, ensuite a l'humidité, fans être détruits; leur état actuel prouve que les artiftes de ce temps fçavoient bien préparer leurs couleurs, & donnoient à l'enduit fur lefquel ils peignoient, une folidité à toute épreuve.

Ce n'eft donc pas fur les peintres antiques que fe font formés les peintres modernes; on pourroit dire plutôt que c'eft d'après leur propre génie, aidé de l'imitation de ces bas reliefs admirables, de ces ftatues antiques fi parfaites que l'on voit à Rome & à Florence, & qui prouvent à quel point de perfection la fculpture & le deffein avoient été portés chez les anciens.

Ce que l'on a tiré de bronzes & des ftatues des ruines d'Herculée n'eft pas moins parfait.

XX. Etude de l'antique. L'étude de l'antique eft un objet intéreffant pour un voyageur curieux. On aime à voir & à reconnoître les ftatues des perfonnages les plus célébres de l'antiquité. On fe plaît à fe rappeller leurs ufages & leurs mœurs dans les monumens affez bien conservés, pour conftater l'idée que les écrivains contemporains nous en ont donnée. C'eft fur-tout à Rome que l'on peut s'en inftruire; que cette ville devoit être ornée dans les beaux temps de la splendeur, avant que Constantin en eût enlevé ce qu'il y avoit de plus beau pour décorer sa nouvelle ville; avant que les barbares l'eussent saccagée tant de fois, & que le zéle mal entendu de la religion, eût regardé la plûpart de ces chefs-d'œuvres comme des objets d'abomination, parce qu'ils avoient servi au culte des payens! La précipitation aveugle avec laquelle les uns & les autres ont cherché à les anéantir, en les culbutant pêle mêle avec les temples & les bâtimens dont ils faisoient l'ornement, est ce qui les a conservés dans les entrailles de la terre d'où ils n'imaginoient pas qu'on les tireroit jamais.

On en retrouve encore tous les jours, peu d'entiers, beaucoup de mutilés; mais il y a à Rome des artistes qui s'entendent très-bien à les restaurer, & qui s'y occupent uniquement. Ce que l'on a trouvé à Herculée est de la plus grande perfection, sur-tout en fait de bronze. La riche collection des Médicis est connue; celle du Capitole s'enrichit tous les jours; les Vénitiens ont apporté de Gréce quelques morceaux précieux & bien confervés. C'eft d'après ces chefs-d'œuvres que les artiftes modernes fe font formés; les plus excellens d'entr'eux ont crû être arrivés à la perfection, quand ils ont eu fait quelpiéces que l'on pût oppofer à l'antique. Il en faut excepter Michel-Ange qui dans le genre fublime s'eft élevé au-deffus de tout concurrent : le Moïfe fait pour le tombeau de Jules II eft d'une nobleffe & d'une force à laquelle on ne peut rien comparer. Quelques ftatues faites pour les tombeaux des Médicis à Florence, que l'on voit dans l'églife S. Laurent, font d'une fublimité d'expreffion qui étonne; la fcience de cet artifte incomparable y eft d'autant plus marquée, que la plûpart de ces ftatues ne font pas achevées.

Le Bandinelli, Jean de Boulogne, l'Algardi ont couru la même carriere avec les plus grands fuccès. Le Bernin, dans un goût différent, moins élevé, mais toujours élégant & gracieux, eft original dans plufieurs de fes ouvrages. La ftatue de fainte Thérèfe dans l'églife de la Victoire à Rome eft une piéce admirable qui a tout le charme poffible de l'expreffion, & à laquelle je ne connois aucun antique que l'on puisse opposer. J'en parlerai plus au long à l'article de Rome.

Je reviens à la sculpture antique ; & je crois ne rien avancer de trop, en disant que l'on y trouve des modéles excellens dans tous les genres. Les anciens artistes après avoir bien réussi dans un sujet chercherent les mêmes succès dans tous les autres. Ainsi on voit d'excellentes statues d'hommes, de femmes, d'enfans, d'esclaves & même d'animaux ; dans plusieurs on trouve le choix de la plus belle nature, les expressions les plus vraies & les plus nobles, des contours purs & élégans, une variété, un ordre & une simplicité admirables dans les ajustemens. Les anciens n'y admettoient rien que ce qui y étoit nécessaire.

Ce sont ces qualités qui font justement passer leurs ouvrages pour la régle la plus sûre du goût ; il est vrai que l'on ne trouve pas cette perfection dans tout ce qui nous reste d'eux : mais dans leur médiocrité même on voit encore une élégance, une pureté de style qui les rapproche de la belle nature.

Quant aux ouvrages de décoration, on sçait quelle étoit la beauté des formes qu'ils employoient; leurs vases sont encore les plus beaux modéles que l'on puisse imiter, & l'on n'a rien imaginé dans ce genre que l'on puisse comparer à ces urnes antiques que l'on voit à Rome & dans les autres villes où l'on a fait des collections d'antiquités. C'est l'étude de ces beaux monumens qui a formé tant de grands artistes; la différente façon de les voir a produit les manieres différentes, parce que chacun se les est appropriés sous le point de vûe le plus convenable à son génie. On en trouve la preuve dans la comparaison des tableaux des modernes avec les bas-reliefs antiques qui y ont quelque rapport. On pourroit distinguer ceux qui ont le plus frappé les Carraches, le Guerchin, le Guide; car du temps de Raphaël & de Michel-Ange, il y avoit encore si peu de monumens antiques découverts, que ces deux grands restaurateurs des arts doivent plus à leur propre génie qu'à l'imitation de l'antique.

Quelqu'étendues que paroissent ces réflexions, elles le seroient beaucoup plus, si c'étoit ici le lieu de dire tout ce que la vue de tant de beaux monumens inspire; mais mon intention est moins de les faire connoître que de donner une idée de la maniere de les voir avec utilité; on en jugera mieux lorſque j'en parlerai dans la ſuite de ces mémoires, en rapportant ce qui ſe trouve de plus remarquable dans chaque ville où j'ai fait des obſervations.

L'architecture n'a pas été négligée en Italie. Les princes qui ont regné à Rome, à Florence, à Ferrare, à Mantoue & pluſieurs ſeigneurs particuliers, ont ſignalé leur magnificence & leur goût par des conſtructions qui ſubſiſtent encore. L'antique n'a aucun monument auſſi entier que le Panthéon d'Agrippa que l'on voit à Rome. Ce qui reſte des autres édifices antiques donne l'idée de la plus grande magnificence & d'une nobleſſe de compoſition extérieure que l'on ne retrouve dans aucun édifice moderne. Rien n'a jamais été auſſi grand & auſſi-bien exécuté que le fameux amphithéâtre de Rome. Il n'en reſte plus que des ruines, mais elles ſont ſi majeſtueuſes, l'art s'y montre avec tant de ſublimité, que l'on voit qu'il n'y a eu que les Empereurs maîtres du monde qui ayent pû imaginer & faire conſtruire auſſi promptement & avec autant de grandeur, cet édifice immenſe ſeu-

XXI. Architecture.

lement destiné aux plaisirs du peuple, & avec tant de solidité qu'il eût triomphé du ravage des temps, si la fureur des barbares, l'ignorance, le mauvais goût & un orgueil mal entendu n'eussent réuni leurs efforts, pour mettre ce monument superbe dans l'état où il est aujourd'hui. On juge par-là de ce que devoient être les édifices publics où s'assembloit le sénat ; cette place que Trajan avoit décorée avec tant de soin dans le temps que Rome étoit encore remplie des dépouilles les plus magnifiques de toutes les nations ; les temples où les triomphateurs se rendoient en pompe pour faire des sacrifices solemnels ; les palais des Empereurs ; tous ces monumens n'existent plus que dans les descriptions des anciens auteurs. On sçait où ils étoient situés ; on en voit quelques vestiges ; mais cette multitude de colonnes antiques, des plus beaux marbres d'Afrique, qui décorent les églises & les palais de Rome ; la quantité de marbres précieux que l'on trouve épars dans cette grande ville, & sur la plûpart desquels on reconnoît encore quelques marques de leur premiere destination, prouvent quelle fut jadis la magnificence de ces édifices.

On

PRÉLIMINAIRE. xcvij

On trouve encore dans les environs de Rome quelques morceaux précieux de constructions antiques, qui sont dans le goût de l'architecture Grecque, entr'autres le petit temple qui est au-dessus de la grande cascade de Tivoli, & que l'on appelle dans le pays le temple de la Sibille Tiburtine. Les restes du palais d'Adrien, au-dessous de Tivoli, quoiqu'absolument ruinés, donneront une idée de la magnificence de ce prince, protecteur des beaux arts; sa vaste enceinte est couverte de débris de colonnes, de chapiteaux, de corniches, d'un excellent travail & des plus beaux marbres. On voit dans les environs de Naples plusieurs temples antiques de la meilleure forme, & d'après lesquels on peut prendre une idée de l'Architecture Grecque; on y admirera sur-tout les restes du petit temple de Sérapis découvert depuis peu d'années à côté de Pouzzols, & que Vanvitelli, architecte Romain employé par le roi de Naples, a destiné si habilement & si heureusement à faire le vestibule de la grande chapelle du château royal de Caserte. L'amphithéâtre de Verone conservé dans son entier, débarrassé de toute construction étrangere, est très-capable de donner une idée de ces édifices destinés uniquement aux spectacles.

e

Les arcs de triomphe de Rome, de même que ceux qui restent à Ancône, à Verone, à Suze, sont autant de monumens de la grandeur Romaine, & du goût des temps où ils ont été construits, par lesquels on peut juger du progrès des arts. Je le repete : il y a peu de monumens antiques conservés dans leur entier ; mais les parties qui en restent font regretter qu'ils soient détruits. Par-tout on voit que les Grecs qui ont donné les premieres régles & fourni les plus beaux modèles, avoient porté cet art à sa perfection, & que l'on n'a réussi qu'autant que l'on s'est rapproché de leur maniere.

Dans les siécles d'ignorance & de barbarie, cet art si beau & si utile sembloit s'être perdu ; on étoit alors plus occupé à détruire les beaux édifices de l'antiquité qu'à les imiter. Les maisons des princes & des grands seigneurs n'étoient, pour la plûpart, qu'un amas confus de tours réunies par de fortes murailles sans symmétrie, sans goût, sans aucune idée d'architecture. Ces sortes de forteresses étoient les asyles où la violence s'assuroit l'impunité ; les temples n'étoient que de longues voûtes massives & obscures sans aucun ornement & de l'aspect le plus triste ; tel étoit le gothique ancien. On trouve peu de monumens remarquables du gothique moderne en Italie, excepté quelques églises de Pavie, la cathédrale de Milan, saint Pétrone à Bologne, le palais ducal à Venise. Ces édifices prouvent que l'on peut bâtir solidement, hardiment & d'un goût bizarre qui n'offre rien de plus remarquable que la difficulté de l'ouvrage & la patience des ouvriers. L'église de la chartreuse de Pavie, les cathédrales de Pise & de Sienne, quoique dans le goût gothique, sont si supérieures aux édifices de cet ordre, pour la richesse des ornemens & la beauté de la construction, que l'on oublie, en les considérant, les irrégularités gothiques qui y sont.

Mais lorsqu'enfin on eut ouvert les yeux sur les véritables beautés de l'architecture, avec quel éclat elle reparut tout d'un coup! Rien n'est comparable à la magnificence de l'église de saint Pierre de Rome. Ce monument admirable est le chef-d'œuvre du génie des artistes les plus célébres. Ceux qui les ont suivis & qui ont travaillé à la décoration intérieure de ce superbe édifice, étoient dignes de marcher sur les traces des grands hommes qui les avoient précédés. Les ornemens y sont distribués par-toût avec autant de richesse que de goût, l'or, les marbres les plus précieux & le bronze affurent une durée immortelle à ces ornemens. Le Cavalier Bernin qui femble avoir mis la derniere main à ce chef-d'œuvre, en faifant l'autel principal, le grouppe magnifique de la chaire faint-Pierre qui eft au fond de l'abfide, & la belle colonnade qui regne autour de la place, a rendu ce monument élevé à la gloire du vrai Dieu, achevé dans toutes fes parties. Il ne refte plus qu'à faire des vœux pour que fa durée foit immortelle; pour cela il eft entretenu avec le plus grand foin, & on ne néglige aucune des réparations qui y font à faire. On doit regarder cet édifice comme le premier objet de curiofité qui foit à Rome & dans toute l'Italie. Il mérite feul que l'on faffe ce voyage, fur-tout fi on veut prendre l'idée d'une conftruction magnifique, à laquelle je ne crois pas qu'il y ait jamais rien eu de comparable dans le refte de l'univers. On voit à Rome beaucoup d'autres églifes de la plus belle conftruction; on y voit des façades d'une beauté finguliere, plufieurs imitées de l'antique, dans lefquelles on retrouve la majefté, la nobleffe & la fimplicité de la maniere grecque. On admirera fur-tout dans la petite églife de faint André du noviciat

PRÉLIMINAIRE. cj

des Jésuites, que le Bernin regardoit comme son chef-d'œuvre, un modéle excellent d'une construction sage, décorée du meilleur goût, & exécutée d'après l'antique même; on y retrouvera les proportions de ces temples antiques dont on admire les restes aux environs de Naples.

Que de beautés, tant à l'intérieur qu'à l'extérieur, offrent encore aux curieux, les palais de Rome, les galeries & les colonnades qui en décorent les cours! Les palais Farnese, Borghese, Pamphile, Altieri, Colonne, Barberin & tant d'autres, réunissent la grandeur & la majesté de l'antique avec toutes les aisances des bâtimens modernes. Que de belles choses à remarquer à Frescati & à Tivoli, dans ces palais délicieux où les princes Romains vont passer une partie de l'été! L'architecture a été plus négligée à Naples; on y voit de grands édifices, mais la plûpart sans goût. Il y a quelques belles églises; le palais du roi & celui de l'académie sont les constructions les plus remarquables.

On trouve beaucoup plus de goût dans les édifices de Florence; Léonard de Vinci & Michel-Ange ont laissé des modéles excellens que l'on a imités avec succès. On y remarque plusieurs palais de la plus belle construction; mais l'architec-

e iij

ture ne se montre nulle part avec autant d'agrémens qu'à Venise & à Vicence. On y retrouve par-tout le goût & le génie des Grecs. On doit cette magnificence au sçavant Palladio, le plus grand architecte de son siécle, celui qui a le mieux connu les vraies proportions de l'architecture grecque, & qui les a mises en pratique avec le plus de succès. Plusieurs palais à Venise décorés à l'extérieur d'un double ordre de colonnes ; les églises de saint Georges le Majeur & du Rédempteur, les façades de plusieurs autres, sont des monumens durables de sa science & de son goût. La ville de Vicence, qui étoit la patrie de ce grand homme, est remplie de chef-d'œuvres de son génie. Le théâtre olympique qu'il y a fait bâtir est la preuve la plus convaincante que personne n'avoit étudié le goût des Grecs, & ne le possédoit comme lui. Les villes de Turin, Milan, Gênes, Bologne, Parme, Verone, &c. ont des édifices dignes de l'attention des voyageurs ; il en sera parlé à leurs articles.

Mais on trouvera peu de plaisir à voir ces beaux monumens; on n'aura pas ce goût piquant de curiosité, ce discernement qui met en état d'examiner avec profit, & d'étendre la sphère de ses connoissances, si l'on commence par les voir, sans avoir acquis quelques-unes de ces notions préliminaires qui mettent en état de distinguer un ordre d'un autre; de sçavoir comment il convient qu'ils soient placés, quand on en emploie plusieurs dans la même construction; de ne pas confondre les goûts différens & les âges : ces connoissances ne sont pas tellement particulieres aux artistes, qu'elles ne soient très-convenables, au moins en un certain degré à un voyageur, qui veut tirer quelque utilité de sa peine & de sa dépense; c'est à quoi on doit faire attention, pour trouver dans les voyages, un plaisir que l'on doit s'assurer d'avance: sans ces soins il arrive que l'on voit sans aucun goût tout ce que l'art a de plus curieux & de plus rare, on regarde froidement ce qu'il est d'usage de voir dans chaque ville; on s'ennuye de considérer des objets desquels on ne peut pas juger; enfin on revient chez soi plus ignorant peut-être que l'on n'en étoit parti, parce qu'on a passé un tems considérable dans une dissipation continuelle, à voir rapidement une multitude d'objets, dont on ne peut avoir pris qu'une idée confuse qui n'a servi qu'à porter le désordre dans l'imagination au lieu de l'enrichir.

C'eſt pour prévenir, autant qu'il eſt en moi, ces inconvéniens ſi ordinaires à la plûpart des voyageurs, que j'ai écrit ces mémoires aſſez circonſtanciés, pour leur inſpirer quelque goût pour les beaux arts, dont le ſpectacle détermine en partie à faire le voyage d'Italie, & même pour les guider & leur ouvrir les yeux ſur les principaux objets de curioſité. Il verront par le compte que je rends, quel parti un amateur qui n'a jamais manié ni le pinceau ni les crayons, peut tirer d'un examen réfléchi des tableaux, des ſtatues & des édifices, tant antiques que modernes.

XXII. Gravure. Eſtampes.
C'eſt ici le lieu de dire quelque choſe de la gravure. Cet art utile & agréable eſt aux autres arts ce que l'imprimerie eſt aux ſciences & aux belles lettres; il multiplie les productions des peintres, des ſculpteurs & des architectes, en faiſant connoître le génie, le goût & la maniere des grands maîtres.

Cet art, né à Florence dans le milieu du quinzième ſiécle, paſſa en Flandres, où il fit des progrès rapides; il n'a pas eu autant de ſuccès en Italie qu'en France, où il ſemble avoir été porté à ſa perfection dans ce ſiécle. Mais on eſtime les gravures à l'eau forte & quelques

PRÉLIMINAIRE. cv

planches en bois des Italiens, dans lesquelles on trouve une légereté & une hardiesse de dessein qui les rapprochent des desseins originaux. C'est ainsi que les Carraches, le Guide, le Parmesan, ont gravé, soit d'après leur composition, soit d'après celles des grands maîtres qui les avoient précédés ; ces estampes sont très-recherchées ; elles sont touchées avec une intelligence & une liberté qui rend avec exactitude la maniere de dessiner des maîtres mêmes ; voilà pourquoi les connoisseurs préférent les estampes à l'eau forte, à celles qui sont gravées au burin ; les finesses du burin affoiblissent souvent & changent le goût de l'original, dont le trait à l'eau forte rend mieux l'esprit & le caractère. On trouve à Rome, à Venise, à Bologne, chez les petits marchands d'estampes, plusieurs morceaux précieux dans ce genre, & se sont ordinairement ceux dont ils font le moins de cas, que l'on trouve abandonnés sans soin comme estampes de rebut & de nulle valeur.

Ce siécle voit refleurir cet art en Italie. On connoît la suite des gravures données d'après les originaux qui sont dans la galerie de Florence. Le roi de Naples a fait commencer un magnifique recueil fait d'après les peintures antiques trouvées dans les ruines d'Herculée, qui se continue & qui sera très-considérable. Les artistes de Venise qui préviennent le ravage du tems, en conservant autant qu'il est en eux les grandes & sublimes idées du Giorgion, du Titien, de Paul Veronese, du Tintoret & des autres grands peintres de leur école, ont déjà fait assez de progrès dans cet art, pour qu'on puisse mettre *Marco Pitteri* au rang des premiers graveurs de l'Europe. Les *Fréis* à Rome travaillent avec plus de succès que ceux qui les ont précédés, & forment une suite de belles estampes d'après les tableaux d'histoire qui sont à Rome; on trouve à la Calcographie ou magasin de la chambre apostolique, plusieurs morceaux précieux; le malheur est que ceux que l'on recherche avec le plus d'empressement, sont ceux qui sont le moins bien rendus.

Plusieurs particuliers, amis des arts, contribuent à leur progrès, & font passer leur nom à la postérité à côté de celui des grands artistes, dont ils multiplient les ouvrages en les faisant graver; c'est ce que fait actuellement le Marquis Gérini à Florence. M. le bailli de Breteuil, ambassadeur de Malthe à Rome, a fait graver une suite de belles estampes, d'a-

PRÉLIMINAIRE. cvij

près le Parmesan, le Guide le Correge, André de Sarte, Rubens, le Poussin, Solimene, Battoni & plusieurs autres dont il a les originaux dans son cabinet, à la suite desquels il mettra sans doute les antiques précieux & choisis avec goût qui ornent ce même cabinet. Combien il seroit à souhaiter que l'on formât un recueil d'estampes, d'après la magnifique collection de tableaux qui est au palais Borghese à Rome, composée de plus de douze cens originaux des meilleurs maîtres, à compter depuis le rétablissement de la peinture jusqu'à Carle-Maratte! On rassembleroit sous un même point de vûe, le goût & la maniere de tous les peintres les plus célébres.

La quantité de statues antiques qui subsistent encore & que l'on conserve avec assez de soin pour donner lieu d'espérer que la postérité la plus reculée les admirera comme nous, tranquillisent sur leur conservation à l'avenir; mais il n'en est pas de même de la peinture; combien d'accidens imprévûs ont fait périr de tableaux précieux! Le temps seul suffit pour les détruire; on s'apperçoit tous les jours de ses ravages. La gravure sauvera du naufrage une partie de ces richesses, c'est-à-dire la beauté de l'ordonnance,

e vj

le goût du deſſein, & de la compoſition; on n'aura à regretter que le coloris enchanteur de la plûpart de ces maîtres, qui ont ſi parfaitement imité la nature en l'embelliſſant; mais on peut eſpérer qu'il y aura toujours d'heureux obſervateurs qui trouveront dans la nature même le grand art de bien colorier.

XXIII.
Etat des ſciences & des belles lettres.

Les ſciences & les belles-lettres n'ont plus en Italie cet éclat avec lequel elles y parurent dans les beaux jours de Léon X. & de quelques-uns de ſes ſucceſſeurs; cependant elles ont par-tout des établiſſemens diſtingués; rien n'eſt plus beau que ce qui a été fait, pour leur progrès, à l'Inſtitut de Bologne. Son univerſité a encore des profeſſeurs habiles; il en reſte quelques-uns à celle de Padoue, ſi célébre autrefois qu'elle mérita à cette ville le nom de docte. Les univerſités de Turin & de Milan ſont encore fréquentées; l'étude du droit ſe ſoutient à Naples avec honneur; Rome que l'on doit regarder comme le centre du goût & des ſciences en Italie, a une multitude de colléges où l'on enſeigne toutes les ſciences. Celui de la Sapience tient le premier rang; la plûpart de ſes profeſſeurs ſont connus dans la république des lettres; les peres *Jacquier & le Sueur*, Minimes François, y tiennent un rang distingué; le premier y a occupé successivement les chaires de mathématique, de philosophie & de théologie. Il y fait honneur à sa nation, autant par les qualités de son cœur que par l'étendue de ses connoissances, & y jouit de la plus grande considération. Le P. Torre, clerc-régulier-Somasque, bibliothéquaire du roi de Naples, célébre par son érudition, & sur-tout par la direction de l'ouvrage, que ce prince continue de faire donner sur les antiques découverts dans les ruines d'Herculée, est de la plus grande ressource pour prendre une idée juste des phénomenes extraordinaires qui rendent les environs de Naples si curieux. Enfin il y a peu de villes en Italie où on ne trouve des sçavans dans tous les genres. On doit dire à leur avantage, qu'ils sont remplis d'attentions pour les voyageurs qui les consultent, d'un commerce doux & facile, qu'ils n'affectent point un secret mystérieux sur leurs connoissances & leurs découvertes particuliéres, sur-tout s'ils s'apperçoivent que l'on est en état d'en profiter; mais il faut les chercher & les connoître, sçavoir les démêler dans la foule; ce dont on ne viendra à bout qu'autant que l'on aura soin de ménager les premieres connoissances de ce genre que l'on aura faites, de façon à s'en procurer de nouvelles.

XXIV. Académies.

Il semble, à lire le catalogue immense des académies d'Italie, que l'on doit trouver à chaque pas des hommes illustres dans tous les genres; mais que l'on ne s'y trompe pas; elles n'ont rien de plus célébre que le nom bizarre & singulier qu'elles ont adopté; & ce nom les fait plus connoître dans les pays étrangers que dans le lieu même où elles devroient être florissantes, & où d'ordinaire elles sont très-ignorées. Les poëtes qui ont toujours été fort nombreux dans cette partie de l'Europe, se formerent en société sur la fin du seiziéme siécle & dans le dix-septiéme; ils tâcherent de se donner quelque célébrité, plutôt par leur nombre, & les titres burlesques qu'ils prirent, que par l'importance de leurs ouvrages. Il se peut faire encore que la plûpart de ces académies, lors de leur naissance, eussent quelque mérite qui leur attira les regards des souverains & leur protection; mais à présent ce ne sont plus que des êtres imaginaires, qui n'ont d'existence que dans les anciens catalogues; elles n'ont ni séances fixées, ni lieu d'assemblée déterminé: l'académie même des Arcades, dont le chef-lieu est à Rome, dans le *Bosco Parhasio* & qui a plusieurs colonies dans d'autres villes de l'état ecclésiastique, ne s'assemble que pour des occasions extraordinaires, sur-tout lorsqu'il est question de recevoir quelques étrangers, ou d'inscrire sur ses fastes le nom de quelque personnage illustre par son rang ou par sa naissance ; alors les poëtes y déclament quelques sonnets, odes ou autres piéces de vers de leur composition à la louange du récipiendaire, qui, s'il est présent, d'ordinaire ne dit rien, & est reçu sur la caution de celui qui le présente. C'est à quoi se bornent ces sortes d'assemblées & de réceptions dont quelquefois nos gazettes font mention. Ainsi, outre les universités connues, il n'y a de véritable académies que l'institut de Bologne, l'académie de Cortone en Toscane, dont les membres s'appliquent réellement à la connoissance de l'antiquité, & donnent des recueils excellents sur ces matières, & l'académie *della Crusca*, établie à Florence qui a travaillé utilement à perfectionner la langue Italienne.

L'Italie fourmille de poëtes ; outre que la langue Italienne est très-favorable à la poësie, les esprits y sont naturellement portés. Ainsi il n'arrive aucun événement qui ne soit célébré sur le champ par les auteurs du pays qui ont un moyen certain de rendre leurs productions publiques en les faisant afficher, parce que la plûpart se bornent au sonnet, qui est la piéce de vers à la mode. Le coq d'un village, ainsi que le gouverneur de province, ont un droit acquis sur les productions des poëtes dès qu'il leur arrive quelque chose de marqué, chacun dans leur sphère. Il ne faut qu'ouvrir les yeux pour voir qu'il n'y a pas même de village où il n'y ait une fabrique de sonnets.

XXV. Goût général pour la musique & le théâtre.

Le goût de la musique & celui du théâtre sont aussi généralement répandus; outre la disposition naturelle pour le chant que l'on remarque même dans les habitans de la campagne, & qui aux jours solemnels exécutent dans leurs paroisses, une sorte de chant assez harmonieux, accompagné d'instrumens, ils naissent presque tous acteurs; & chaque communauté un peu nombreuse, éleve un théâtre pendant le carnaval & y représente des piéces Italiennes; la plûpart ne sont que des farces qui s'exécutent sur des canevas que les acteurs remplissent sur le champ; dans les villes principales on représente les comédies de Goldoni ou celles d'autres auteurs qui ont fait des piéces de caractère ou de morale. On trouve par-tout des acteurs ; comme la profeſſion de comédien n'a rien de deshonnête en Italie, ceux qui ſe ſentent quelque diſpoſition pour le jeu du théâtre, ſe préſentent aux entrepreneurs, qui d'ordinaire ſont les principaux des villes ; on les éprouve & on les retient pour tout le temps que doit durer la repréſentation, à un prix très-médiocre, parce qu'ils ſont toujours domiciliés dans la ville où ils repréſentent, & ont un autre état. La plûpart connus pour être de très-bonnes mœurs, jouent pour leur plaiſir ; & le public leur a obligation de vouloir bien les amuſer de leurs talens. Les trois principaux acteurs de la comédie de Florence, étoient un marchand bijoutier, ſa femme & leur garçon de boutique. Le marchand étoit l'homme le plus ſérieux dans ſa boutique, & le plus plaiſant ſur le théâtre où il jouoit les rôles d'Arlequin ou de valet. Au reſte, il ne ſe donnent aucun ſoin pour apprendre leurs rôles qu'on leur ſouffle en entier. Ils trouvent au théâtre les habits dont ils ont beſoin ; on ſçait ſeulement ce qu'on doit leur payer pour le temps qu'ils emploient à cet exercice. En général, tous ces acteurs jouent de très-bon sens & avec une grande vérité ; il est vrai qu'ils ne sont propres que pour la comédie, il ne faut pas qu'ils s'élevent plus haut; il est très-rare de trouver en Italie un bon acteur pour la tragédie. Le goût pour les représentations théâtrales est si fort au gré des Italiens, qu'il n'y a point de ville où pendant l'hyver il n'y ait plusieurs théâtres arrangés. Il y en avoit (en 1761) plus de vingt, tant à Florence que dans les environs, sur lesquels on représentoit plusieurs fois la semaine. Si la plûpart de ses acteurs ne se promenoient pas barbouillés de lie dans des tombereaux, comme au temps de Thespis, leurs décorations, leurs salles d'assemblées, & leurs piéces tenoient beaucoup de la grossière naïveté de ces premiers temps.

A Rome les femmes ne montent jamais sur le théâtre ; ce qui dans la représentation de la comédie cause un effet souvent ridicule. J'ai vû un acteur intelligent faire le rôle de Paméla dans une comédie de Goldoni, avec une barbe épaisse & une voix rauque. Il jouoit avec beaucoup de sentiment & de vérité ; mais sa figure & le son de sa voix étoient toujours en contradiction avec ce qu'il débitoit. Il n'en est pas de même des Castrats qui jouent les rôles de femme dans les opéra; leurs figures & leurs voix font très-capables de faire illusion; & le tableau général a l'air de vraisemblance qu'il doit avoir.

Pour entrer à ces spectacles, on peut se contenter d'un billet de parterre qui coute fort peu; mais comme il n'est pas toujours décent de s'y trouver, il faut alors retenir une loge, ce qui est plus dispendieux; c'est l'usage de toutes les principales villes d'Italie, à l'exception de Turin, où il y a tant d'ordre & si peu de faste, qu'il est aussi honnête d'aller au parterre que d'avoir une loge: on y voit les premiers seigneurs de la cour assis à côté du plus mince bourgeois. Quant à la description particulière des théâtres les plus célébres d'Italie, on la trouvera avec celle des villes où ils sont situés.

Je n'ajouterai rien ici sur l'article des mœurs à ce que j'en ai déjà dit & qui peut en donner une idée générale; on lira les remarques que j'ai faites sur chaque ville principale, & sur les usages qui y sont particuliers & qui distinguent les uns des autres. On trouvera également ce que le commerce & les arts d'industrie offrent de plus intéressant, & on verra que tous les Italiens ne sont pas aussi indolens sur cet objet qu'on le suppose.

XXVI. Réflexions générales sur le peuple d'Italie.

Il est certain que la beauté & la richesse du pays, le caractère des habitans analogue à la molle température du climat; les nombreux établissemens de charité qui se trouvent dans toutes les villes, & qui offrent une ressource certaine aux enfans, aux vieillards, aux malades, & à ceux qui éprouvent quelque malheur imprévû; l'habitude où l'on est de ne rien accumuler, mais de vivre au jour la journée, ralentissent cette activité pour le gain & cette ardeur de s'enrichir que l'on remarque dans les négocians & les ouvriers de la plûpart des autres contrées de l'Europe, qui se refusent tout pour assûrer la fortune de leurs enfans, & les placer dans un rang plus élevé que le leur. Les vrais Italiens n'ont point cette ambition; ils se contentent de jouir du présent sans s'embarrasser de l'avenir; & ils croient avoir beaucoup fait pour leurs enfans, quand ils les ont nourris & entretenus chez eux, ou qu'ils leur ont procuré quelque talent, au moyen duquel ils peuvent vivre & s'entretenir dans leur état. Cette façon de penser si désintéressée ne peut réussir que dans un pays où on trouve tous les secours dont je viens de parler, & où il regne toujours une abondance à-peu-près égale: mais dès que cette égalité est altérée, dès qu'il arrive quelque dérangement dans les récoltes, il n'y a point de peuple plus misérable au monde, parce que les établissemens de charité ne pouvant plus fournir à l'entretien de la plus grande partie de la nation; les particuliers n'ayant pourvû à rien pour l'avenir, ils éprouvent toutes les horreurs de la misere la plus affreuse dans des contrées où, avec un peu de prévoyance, il seroit si aisé d'entretenir une abondance perpétuelle. Quiconque a vû le royaume de Naples avant la récolte, est étonné de la fertilité des terres & de leur produit, & ne peut pas imaginer comment de cet état d'abondance, il est possible de tomber dans une disette si extrême que les pauvres y périssent de faim; c'est cependant ce qui vient d'arriver (en 1764).

Il est nécessaire d'apprendre la langue que l'on parle dans le pays où l'on veut voyager : il faut en sçavoir les principes & en connoître le génie ; sans cette précaution il y a quantité de désagremens à éprouver ; car on se trouve dans l'impossibilité de satisfaire sa curiosité sur mille objets sur lesquels on ne peut souvent consulter que le peuple qui nulle part n'est habitué qu'au langage de son

XXVII. Nécessité d'apprendre la langue Italienne. Moyens de réussir dans cette étude.

pays. On est privé des douceurs de la conversation dans laquelle on trouve de fréquentes occasions de s'instruire, & que l'on ne prévoit pas ; enfin on en est réduit à la fréquentation habituelle de ses nationaux, que l'on a cependant moins intérêt de connoître & de fréquenter, que les étrangers chez lesquels on voyage. Si l'on veut au moins jouir du tableau des assemblées auxquelles on est admis, on y est aussi tristement que si on étoit sourd ; on entend des sons dont on ne sçait pas la valeur : s'il se débite quelque nouvelle intéressante, on ne peut y prendre aucune part ; enfin on y est comme un véritable automate, dont les ressorts sont assez bien disposés pour répondre aux signes ordinaires de politesse.

On compte beaucoup sur l'usage où l'on est de parler la langue Françoise dans toute L'Europe ; & on a quelque raison : par-tout on trouve des gens auxquels elle est familiere ; mais outre que la plûpart de ceux qui l'ont étudiée, ont eu plutôt en vûe de s'en servir pour lire nos auteurs, que de la parler habituellement ; on verra qu'ils ne l'emploient avec les étrangers qu'autant qu'ils y sont forcés, & qu'ils s'en tiennent aux complimens communs. Ils aiment beaucoup mieux s'expliquer dans leur langue naturelle, surtout ce qui demande quelque discussion; les termes leur en sont plus familiers, & ils rendent leurs idées avec plus de précision & de netteté. Il me paroît encore que c'est un devoir de politesse auquel on est obligé à l'égard des peuples chez qui l'on va voyager, de prendre le moyen le plus sûr de vivre avec eux en société, qui est d'adopter leur langage.

J'entends dire par-tout que rien n'est si facile que d'apprendre promptement l'Italien, parce qu'on s'imagine qu'il y a une grande analogie entre cette langue & la Latine, dont on croit mal-à-propos qu'elle dérive absolument, parce que dans l'Italien comme dans le Latin il n'y a point de syllabes muettes, & que les consonnes n'y sont pas multipliées comme dans toutes les langues septentrionales. On reconnoît combien on s'est trompé sur cette facilité, lorsque l'on commence à entendre parler Italien, & que l'on veut essayer de répondre de même; les termes ne se présentent plus; on se trompe sur la prononciation, & l'on ne parvient à se faire entendre qu'avec beaucoup de peine; & plutôt par des signes qui indiquent ce que l'on demande, que par les sons que l'on forme, & qui très-souvent n'ont aucune valeur pour ceux à qui on les adresse.

Il faut donc faire une étude sérieuse de l'Italien au moins quelques mois avant que de sortir de chez soi ; s'appliquer surtout à la prononciation qui est essentielle pour se faire entendre. Outre les secours que l'on trouve à ce sujet dans la plûpart des grammaires imprimées, l'élocution des personnes qui par état parlent purement, sert beaucoup à former quand on est en état de les bien entendre. On tirera sur-tout une grande utilité de la prononciation théâtrale, si on a devant les yeux les paroles de la piéce à laquelle on assiste. Dans les opéra il y a beaucoup de scènes de récitatif, qui écoutées avec attention & pour s'instruire de la langue, dans laquelle elles sont écrites, servent plus que la plus longue leçon du meilleur maître ; il est vrai que pour profiter de ces secours, il faut être bien au fait des principes de la langue.

Rien ne sera aussi utile à l'exécution de ce projet que la lecture réfléchie des comédies de Goldoni qui sont dans le style ordinaire des conversations, &

qui,

qui, par la multiplicité de leurs sujets, fournissent des termes sur tout ce qui peut en être la matière. Les François ont la plûpart de leurs bons auteurs traduits en Italien; ceux qu'ils connoissent le mieux & qui sont entre les mains de tout le monde. Le Télémaque, l'histoire des oracles, les mondes & les lettres de M. de Fontenelle, les lettres Péruviennes & plusieurs autres, semblent plutôt avoir été traduits en Italien pour nous servir à apprendre cette langue, que pour faire connoître aux Italiens la finesse & les beautés réelles de ces ouvrages.

Les dialectes différentes embarrassent quelquefois, moins pour se faire entendre que pour entendre les autres; car le peuple d'Italie entend généralement par-tout l'Italien pur & correct. Mais quand on sçait la langue & sa prononciation, on est bientôt au fait de ces variations locales. On parle bien dans tout l'Etat eccléfiastique & la Toscane, quoique la prononciation gutturale de Florence ait quelque chose de désagréable. Dans la plus grande partie de la Lombardie, le peuple qui est assez grossier, s'est fait un jargon qui lui est particulier; on trouve même des gens de

f

la campagne qui n'entendent que ce jargon, & pour qui le pur Italien est presque aussi étranger que le François. On est fort embarrassé pour s'en faire entendre, lorsqu'on veut faire quelque information auprès d'eux. Mais pour en être à ce point de grossiereté, il faut qu'ils n'ayent jamais perdu de vue le clocher de leur village ; car tous les marchands domiciliés dans les villes, tous ceux qui y ont quelque commerce, même les Bergamasques, entendent le bon Italien, & sçavent s'exprimer assez bien pour faire comprendre tout ce qu'ils veulent dire. A Venise, les nobles même dans le sénat, & le peuple ne se servent que d'une dialecte qui leur est particuliere, & qui a des tournures singulieres & agréables pour ceux qui l'entendent. On peut en prendre une idée dans une comédie nouvelle de Goldoni, qui a pour titre *i Rusteghi* : elle est entiérement dans la dialecte Vénitienne ; & on fera bien de la lire avec un Vénitien. Au reste, cette étude est moins de nécessité que d'agrément, parce que le langage poli & celui des sciences à Venise est le bon Italien. Le peuple à Naples est très-grossier ; le langage y est dur ; cependant on s'y accoutume plus aifément qu'au Lombard. Je ne dis rien du Génois : il est si barbare & il est si peu important de le sçavoir, que personne ne sera tenté de se mettre au fait de ce grossier jargon, à moins qu'il ne veuille faire un long séjour à Gênes.

On croit que l'on ne parle Italien nulle part aussi bien qu'en Toscane, & sur-tout à Sienne ; c'est une erreur. Ce n'est qu'à Rome que l'on parle bien la langue Italienne, & où on en apprend la belle prononciation. Quand on est arrivé au point de parler Romain, on a acquis dans ce genre tout le succès que l'on pouvoit espérer.

Il est encore nécessaire de connoître les différentes monnoies, ce qui ne demande pas une longue étude & s'apprend par l'usage. Les monnoies de France ou celles des autres royaumes de l'Europe, peu connues en Italie, sont embarrassantes pour les payemens journaliers qui sont à faire. Il faut donc se pourvoir de monnoies qui ayent par-tout un cours réglé. Dans la partie méridionale d'Italie, il faut avoir, autant qu'il est possible, des sequins de Florence ; ce sont ceux que l'on estime le plus, & ils ont cours par-tout pour leur valeur,

XXVIII. Connoissance & usage des monnoyes d'Italie.

Dans la partie septentrionale, il est aussi aisé de faire ses payemens en même monnoie ou en sequins de Venise. Les sequins de Rome ou du Pape ont cours dans ces mêmes états; mais ils y perdent quelque chose de leur valeur; ainsi il n'est pas prudent d'en porter hors de l'Etat éccléfiastique, où ils sont préférables à toute autre monnoie. Le sequin, par rapport aux étrangers, n'est pas toujours de même valeur; son prix ordinaire est de dix à onze livres; en tems de guerre, lorsque le change est plus haut, il passe onze livres. (*a*)

TARIF DES MONNOIES.

*T*URIN. La monnoie de France est reçue par-tout, le peuple la connoît, & ne fait aucune difficulté de la prendre en payement, elle perd un sixiéme de sa valeur.

	llv.	sols	den.
GÉNES. Le Louis d'or de France vaut	29	6	

(*a*) Pour rendre cet article tout-à-fait intelligible, je vais ajouter ici un Tarif des monnoies qui ont cours dans les différens *Etats* d'Italie.

PRÉLIMINAIRE.

	liv.	sols.	den.
Le Sequin de Gênes.	13	10	

On y donne aussi en paye-ment des Portugaises ou Lisbonines, pieces d'or qui valent 50 10

mais qu'il ne faut point porter ailleurs, on trouve-roit difficilement à les chan-ger au pays.

Monnoies d'argent.

	liv.	sols.
La genoüine vaut	9	
La demie genoüine . . .	4	10

Pieces à la marque de la Vierge. Il y en a de deux livres, d'une livre & de dix s.

Pieces à la marque de St. Jean-Baptiste.

	liv.	sols.	den.
Piece	5		
Demie	2	10	
Quart	1	4	
Huitiéme		12	6
Seiziéme		6	3

Monnoies de Billon.

	sols.
Doubles parpaïoles . . .	4
Simples	2
Dotté	8
Moitié du sol	6

MILAN. Toutes monnoies d'Italie, & même de France y ont cours à peu près pour leur valeur, les sequins de Florence de Venise, & les écus de six livres de France y sont reçûs de préférence.

         liv. sols. den.

VENISE. Le sequin

	liv.	sols.
de Venise	22	
De Florence	21	10
De Rome	21	
Louis de France	48	

Monnoies d'argent.

	liv.
Ducas Venitien	8
Moitié	4
Quart	2

Monnoie de Billon.

	liv.	sols.
Piece de	1	10
Moitié		15
Tiers		10
Sixiéme		5
Petites pieces		1

FLORENCE ET TOSCANE.

Sequin de Florence vingt paules ou jules.

Sequin de Venise, même valeur.

Sequin du Pape. 19 paules & demi.
Piece de trois fequins.. foixante paules.
Louis de France.... quarante-trois paules.

Monnoies d'argent.

Pieces de 10 paules... moitié.. 5 p.
Pieces de trois.... de deux & d'un paule & demi.
Le paule ou jule... le demi paule... le quart de paule.

Monnoie de Billon.

Cratzo vaut cinq quatrins, il en faut quatre pour un demi paule... mezo cratzo.
Soldo vaut trois quatrins... piece de de deux quatrins... quatrino petite monnoie courante.

NAPLES. On y compte par ducats qui eft une monnoie de compte, par carlins & grains.

Monnoies d'or.

Piece de fix ducats ou foixante carlins.... de quatre ou 40 carlins... de trois ou 30 carlins... de deux ou 20 carlins.
Les fequins de Rome ont cours pour 25 carlins, ceux de Florence & de Ve-

nife pour 26 carlins, & le Louis de France pour 60, ainfi le carlin eft une petite piece d'argent qui vaut huit fols.

Monnoies d'argent.

Pieces de douze carlins... de 6... de 4... de 2... d'un carlin ou 10 grains. Il y a d'autres pieces de vingt-fix grains... de 20... de 12... qui font anciennes, les nouvelles font monnoies de billon, & le grain courant a la valeur d'un fol de France.

ROME.

On y compte par écus Romains, & livres qui font valeur de compte, paules, ou jules & baïoques.

Monnoies d'or.

Les fequins du Pape, de Florence & Venife valent vingt paules & demi... le demi fequin vaut dix paules trois quarts... le quart ou quartin vaut cinq paules & fept baïoques & demi.

L'écu d'or eft une monnoie rare qui vaut feize paules & demi.

Le Louis d'or de *France* vaut 45 paules.

L'écu Romain qui eft une valeur de compte, vaut cent baïoques.

Monnoie d'argent.

	liv.	fols.	den
Le Teston vaut 3 paules ou............... argent de France.	1	14	
Le Papet ou piece de deux paules.........	1	1	4
Le paule...........		10	8
Le demi-paule.....		5	4
Le quart de paule...		2	8

Monnoie de billon.

Mezo Testoné ou piece de deux carlins vaut un paule & demi.

Quarto ou piece d'un carlin... trois quarts de paule, les piece de quatre, deux & un baïoque; le baïoque, le demi baïoque & le quatrin dont il faut cinq pour un baïoque.

A Bologne, on se sert des mêmes monnoies qu'à Rome. On frappe peu de monnoies à Parme & à Modene; celle des Etats voisins y ont cours pour toute leur valeur.

La maniere de compter par livres change beaucoup; à Venise la livre de compte est de dix sols; à Parme, de cinq; à Milan, de seize à dix-sept;

à Gênes à peu-près de même; à Rome on compte par écus & baïoques; l'écu Romain est le demi-sequin; il y a cent baïoques dans un écu. A Naples on compte par carlins; le carlin est de huit sols. Il est aisé de s'informer de ces variations, pour se régler dans les marchés que l'on a à faire. Pour connoître la petite monnoie nécessaire dans le détail journalier, quand on arrive dans une capitale, il faut avoir soin de faire changer un sequin dans toutes les espèces de monnoies qui y ont cours, ainsi on en connoît l'empreinte & la valeur. Autant qu'il est possible, il ne faut pas porter de la petite monnoie d'un état dans un autre, où elle devient inutile ou de peu de valeur; il faut en excepter les paules ou jules, petite monnoie d'argent de Rome, valant dix sols huit deniers, ou environ.... qui ont cours dans toute l'Italie pour leur prix. A Milan on reçoit presque toutes les monnoies de l'Europe, surtout les écus de France qui n'y perdent absolument rien. L'argent de France perd un sixiéme de sa valeur dans tous les états du roi de Sardaigne, & un douziéme environ dans tout le reste de l'Italie, excepté à Naples où il est au pair avec la monnoie du pays. Mais, comme je l'ai dit, le prix du change étant très-variable, on ne peut rien avancer de bien juste à ce sujet; on ne peut que donner des notions qui servent à guider, & à faire prendre les précautions convenables.

Ainsi la façon la plus commode de voyager n'est pas de porter avec soi beaucoup d'argent ; mais d'avoir une lettre de crédit d'un banquier qui ait une correspondance établie dans toutes les villes principales d'Italie, sur-tout dans celles où l'on se propose de faire le plus de séjour, afin d'y pouvoir toucher l'argent dont on a besoin; cette maniere est dispendieuse à cause des droits de remise qui sont à payer aux banquiers ; mais c'est la plus sûre.

Il y a différentes manieres d'aller; celle de la poste est la plus prompte ; mais elle a ses fatigues & ses embarras, outre la dépense qu'elle occasionne; les postes étant dans les états du roi de Sardaigne, de la reine de Hongrie, & de Venise, plus chères du triple au moins qu'en France, & partout ailleurs du double. La Lombardie est cependant le pays où l'on court le plus commodément, les chemins étant presque par-

XXIX. Chemins, voitures, douanes.

tout entretenus, & dans un terrein plat. La campagne également fertile dans le même genre de productions, offre peu d'objets variés & intéreffans aux regards d'un voyageur curieux.

Dans toute l'Italie méridionale qui eft très-montueufe, excepté de Florence à Livourne où l'on côtoie toujours l'Arno, il eft incommode & même dangereux de courir la pofte, fur-tout en voitures Françoifes à quatres roues, que les poftillons Italiens font peu accoutumés à conduire, dans des chemins difficiles, tels que ceux de Bologne à Florence, & à Venife, de Florence à Rome, de Rome à Naples & à Lorette.

Il faut ajouter encore que les chemins ouverts dans les Apennins, & la route de Rome à Naples le long de la voie Appienne, offrent à chaque pas le fpectacle le plus curieux à un voyageur attentif, foit par rapport aux fituations pittorefques, aux phénoménes de la nature, & aux beautés de la végétation particuliéres à chaque contrée, foit par rapport aux reftes d'édifices antiques & à d'autres objets de curiofité que l'on n'a pas le temps d'examiner, & dont il n'eft pas poffible de prendre une idée en courant la pofte.

Ainsi la maniere la plus commode, la moins dispendieuse & peut-être la plus utile, est d'avoir des voitures & des chevaux dont on puisse disposer, & qui ne faisant d'ordinaire par jour qu'environ dix lieues ou trente milles, laissent le temps de voir tout ce qui est remarquable le long des routes. On trouve dans toutes les villes principales de ces sortes de voitures; ordinairement ce sont des chaises attelées de chevaux ou de mulets qui portent aisément chacune trois cent pesant d'équipage. Le prix ordinaire de ces sortes de voitures est d'un sequin par jour par personne; plus la traite qu'on a à leur faire faire est longue moins elles sont chères, sur-tout si on va d'une grande ville à une autre, où les voituriers sont presque assurés de trouver des voyageurs qu'ils ramenent par contre-voiture.

On commence à trouver de ces voituriers à Lyon, qui vont de-là jusqu'à l'extrémité de l'Italie, si on le veut; il faut que sur le prix principal, ils s'obligent de payer tous les péages, droits de bacs, passages de rivieres & autres, & notamment ce qu'il en coûte pour le passage du Mont-Cénis. Ils se chargent encore, quand on le veut, de nourrir ceux qu'ils conduifent; mais c'eſt un ſoin qu'il faut ſe réſerver; il en coûte quelque choſe de plus qu'aux voituriers, mais on eſt mieux reçu dans les auberges & mieux nourri. Les voituriers Piémontois ſont préférables à tous les autres; d'ordinaire leurs équipages ſont meilleurs; & ils conduiſent ſûrement & hardiment.

Les douanes ſont fort ſévères en pluſieurs états d'Italie; celles de Piémont ſur-tout viſitent avec la plus grande exactitude. La premiere que l'on rencontre eſt à la Novaleſe au bas du Mont-Cénis, où il ne faut point laiſſer ouvrir les malles; il ſuffit de les faire plomber, parce que la viſite qui ſe fait en cet endroit n'exempte pas de celle de Turin. A l'entrée du Milanois on eſt ſujet à être viſité; il faut avoir ſoin d'emporter le billet du premier bureau qui exempte d'être arrêté à la porte de Milan.

A Rome il faut ſurtout ſe garder d'avoir des livres prohibés ou ſuſpects, & des étoffes en piéce, même pour ſon uſage. Les douanes de Naples ſont fort incommodes; la premiere eſt à Mola, près de Gaëtte, la ſeconde à Capo di

PRÉLIMINAIRE. cxxxv

China, à un mille & demi au dessus de Naples; les commis sont d'une sévérité étonnante, & ne passent pas la plus légere provision de tabac ou aucune marchandise neuve : on est également sujet à la visite au retour, & on ne peut s'en dispenser qu'au moyen d'un passeport du Ministre qui a l'intendance du commerce & des douanes, que l'on obtient aisément par le moyen de l'ambassadeur national, s'il a du crédit à la cour. A Venise, à Florence & à Gênes, de même qu'à Parme & à Modéne, on en est quitte pour déclarer que l'on ne fait aucun commerce, & que l'on n'a rien de prohibé; cette simple déclaration, appuyée de quelque libéralité faite aux gardes des portes, & aux commis des douanes, suffit pour n'être point retardé; s'il s'en trouve quelqu'un qui s'opiniâtre, il faut lui proposer d'aller droit au bureau de la douane; alors la crainte de perdre ce qu'il est d'usage de lui donner, fait qu'il qu'il se désiste de son droit de visite.

Il est utile & même agréable de voyager, autant qu'il est possible, de compagnie avec d'autres voyageurs connus.

Quoique les chemins soient assez sûrs, & que je n'aie remarqué aucun passage qui parût infesté de brigands que les bords du Téfin fur les frontières refpectives du roi de Sardaigne & de l'impératrice-reine de Hongrie, & les abords du lac majeur dans le Milanois; cependant il n'eft pas douteux que plufieurs voyageurs réunis n'aillent plus fûrement qu'un ou deux. Aurefte, cette précaution intéreffe plus ou moins, à proportion du train avec lequel on voyage & du nombre de domeftiques que l'on a.

Je crois qu'il eft inutile de donner ici une notice abrégée de ce qu'il y a de plus curieux à remarquer dans le voyage d'Italie. Comme dans le cours de ces mémoires, je parle des différens états dans l'ordre à peu-près que fuivent les voyageurs; que je fuis exact à marquer les objets de curiofité qui fe trouvent le long des grandes routes & à leur portée, on n'aura qu'à ouvrir le volume qui traitera du pays où l'on fe trouvera, pour fçavoir ce qu'il renferme de plus intéreffant. Il en eft de même pour le fpectacle général du pays, fa pofition, fa fertilité, & fes productions. J'en parle dans le même ordre, c'eft-à-dire, à mefure que mes obfervations peuvent faire ouvrir les yeux fur tous ces différens objets.

J'ai cru devoir mettre à la fuite de ce difcours, la chronologie des Empereurs

& des rois d'Italie ; il eſt utile de l'avoir ſous les yeux, ſoit par rapport aux monumens antiques de leur tems, aux médailles, & aux révolutions qui ſont arrivées en Italie, & dans leſquelles ils ont néceſſairement influé. Les Empereurs Romains, comme ſouverains abſolus pendant près de quatre ſiécles ; les Empereurs Grecs après le partage de l'Empire y conſerverent un ombre d'autorité qui ſervit de prétexte à beaucoup de factions, & de moyens de s'élever, à de nouveaux ſouverains, qui, ſous la prétendue protection de ces Empereurs, s'établiſſoient dans une indépendance entière. Les rois Goths & Lombards qui ſuccéderent aux premiers Empereurs d'Occident, après avoir renverſé leur trône, firent aſſez de maux en Italie, & y ont regné aſſez long-temps, pour que l'on doive les compter parmi les ſouverains de ce pays ; ainſi on en trouvera la ſuite à côté de celle des Empereurs d'Orient.

Les Empereurs d'Allemagne ou d'Occident, ſucceſſeurs de Charlemagne, ont été regardés pendant une longue ſuite de ſiécles, comme premiers ſouverains d'Italie ; pluſieurs états conſidérables ſont encore fiefs de l'Empire ; leurs noms feuls & la date de leur regne rappelleront ceux qui ont le plus influé dans les affaires d'Italie, fur-tout pendant la fameufe querelle des inveftitures qui divifa fi long-temps les deux puiffances, & occafionna tant de fchifmes dans l'églife Romaine.

par rapport aux beaux-arts, il ne fera pas moins utile d'avoir fous les yeux l'ordre chronologique des peintres des différentes écoles d'Italie, avec la date de leur naiffance & de leur mort; une idée de leurs diverfes manieres & du rang qu'ils ont tenu. Je citerai auffi les fculpteurs & les architectes les plus célébres. Ainfi je croirai remplir exactement mon projet, & avoir donné des mémoires fur l'Italie, plus fidéles & plus utiles que toutes les relations que l'on en a faites jufqu'à préfent.

TABLE

Du discours préliminaire.

I. BEAUTÉ de l'Italie, tout y annonce qu'elle est très-anciennement peuplée, j

II. Motifs qui ont déterminé à écrire ces mémoires; défaut des relat. d'Ital. iv

III. Facilités que l'on a eues pour être exactement instruit, xj

IV. Plan de ce discours, xij

V. Division générale de l'Italie, xiij

VI. Idée des Appennins & des principales rivieres qui en sortent, xvj

VII. Division de l'ancienne Italie. Etat des peuples qui l'habitoient & leur position. Nom actuel des provinces où ils étoient établis, xxij

VIII. Idée générale des mœurs, xxxiij

IX. Morale par rapport à la religion; extérieur de dévotion, xxxiv

X. Principes de conduite civile, xliij

XI. Usages particuliers, xlvj

XII. Idée de l'état politique de l'Italie. Piémont. Génes. Milanois. République de Venise. Ville de Venise. Bologne, Parme, Modéne, Toscane, Naples, Etat ecclésiastique, xlix

TABLE DU DISCOURS PRÉL.

XIII. *Réflexions relatives à l'article précédent,* lxv
XIV. *Beaux arts, peinture, sculpture, musique,* lxviij
XV. *Réflexions sur la peinture,* lxxiij
XVI. *Utilité de l'étude des tableaux,* lxxvj
XVII. *Maniere de connoître & d'étudier les tableaux,* lxxx
XVIII. *Tableaux de paysage,* lxxxv
XIX. *Réflexions sur la peinture antique,* lxxxvij
XX. *Etude de l'antique,* xc
XXI. *Architecture,* xcv
XXII. *Gravure, Estampes, &c.* civ
XXIII. *Etat des sciences & des belles-lettres,* cviij
XXIV. *Académies,* cx
XXV. *Goût général pour la musique & le théâtre,* cxij
XXVI. *Réflexions générales sur le peuple d'italie,* cxv
XXVII. *Nécessité d'apprendre la langue Italienne. Moyens de réussir dans cette étude,* cxvij
XXVIII. *Connoissance & usage des monnoies d'Italie,* cxxiij
XXIX. *Chemins, voitures & douanes,* cxxxj

Fin de la Table.

CHRONOLOGIE

Des Empereurs Romains d'Orient & d'Occident, des Rois Goths, des Empereurs d'Allemagne, depuis Jules Céfar, jufqu'à François I de Loraine.

1. Jules Céfar, après avoir foumis à la république Romaine, la Germanie, les Gaules & l'Angleterre, triomphe de Pompée à la bataille de Pharfale en Macédoine, de Scipion en Afrique, de Caton & Juba en Mauritanie, fe fait élire dictateur perpétuel, titre dont il jouît près de quatre ans Il eft affaffiné à l'âge de 59 ans, le jour des ides de Mars, dans la cour du fénat, au pied de la ftatue de Pompée, que l'on croit être celle qui eft encore au palais Spada à Romo, l'an du monde 3960, de la fondat. de Rome 729.

2. Octave Augufte lui fuccede, moins dans l'empire que dans le partage de la puiffance fouveraine avec Antoine & Lépide, auxquels il refte uni pendant quelque tems. La treiziéme année après la mort de Céfar, il gagne la bataille d'Actium qui le débarraffe d'Antoine, le feul concurrent qui lui reftât. Alors le fénat & le peuple lui décernent folemnellement le titre d'Empereur qu'il conferve jufqu'à fa mort Il détruit les reftes du parti de Pompée, & ayant établi une paix générale dans l'empire Romain, qui s'étendoit alors fur prefque tout l'univers connu, il fait fermer le temple de Janus, & ordonne que l'on faffe le dénombrement de l'em-

ANN. DE J. C.

⸺pire. Jesus-Christ naît l'an du monde 4000, quoique l'on n'ait commencé à compter l'ére chrétienne que quatre ans plus tard. Auguste regne 57 ans depuis la mort de César, & 44 après la bataille d'Actium.

17   3. Tibère adopté par Auguste regne 22 ans & meurt à Capri, isle délicieuse, située vis-à-vis de Naples.

39   4. Caïus Caligula, fils de Germanicus petit-fils d'Auguste, regne trois ans & dix mois; il est assassiné par ses domestiques.

44   5. Claude Néron regne 13 ans & 8 mois. Il est empoisonné dans un ragoût de champignons.

54   6. Domitius Néron regne près de 14 ans. Sa cruauté, sa folie & ses crimes engagent le sénat à le déclarer ennemi de la patrie. Il fuit & se tue lui-même.

68   7. Sergius Sulpitius Galba fut élû par les soldats en tumulte, & est tué après sept mois de regne.

69   8. Othon élû par l'armée n'a le titre d'empereur que trois mois; il est défait par Vitellius, & se tue.

69   9. Aulus Vitellius regne huit mois & trois jours; il est tué à Rome par les troupes du parti de Vespasien qui avoit été proclamé Empereur lorsqu'il commençoit la derniere guerre contre les Juifs.

70   10. Flavius Vespasien regne dix ans.

80   11. Titus Vespasien, l'honneur du sceptre & de l'humanité, ne regne que deux ans deux mois & vingt jours, il meurt empoisonné par son frere Domitien.

82   12. Flavius Domitien tué par ses domestiques après quinze ans & six mois de regne.

97   13. Cocceius Nerva regne un an quatre mois & onze jours.

14. Ulpius Trajan, Espagnol, adopté par Nerva; ses vertus civiles & militaires rendirent à l'Empire son éclat & sa majesté. Il protégea les beaux arts. Son regne fut de dix-neuf ans six mois.

15. Elius Adrien, adopté par Trajan, regne 21 an & dix mois; il reste encore des monumens de sa magnificence & de son goût pour les arts.

16. Antonin le pieux, adopté par Adrien, regne 22 ans & 8 mois.

17. Marc-Aurele Antonin le Philosophe, regne 19 ans & 11 mois. Il s'associe Lucius Verus son frere, adopté comme lui par Antonin le pieux. Lucius Verus meurt après neuf ans de regne, & Marc-Aurele après 19 ans & 11 mois.

18. Commode succede à son pere Marc-Aurele; il regne 12 ans 9 mois & 14 jours. Lœtus, préfet du prétoire, le fait étrangler, & proclamer Elius Pertinax.

19. Elius Pertinax accepte l'empire contre son gré. Il est mis à mort par les soldats, après deux mois & 28 jours de regne, par les intrigues de Didius Julien.

20. Didius Julien acheta l'Empire des soldats qui le tuerent deux mois & cinq jours après l'avoir reconnu.

21. Septime Sévère est élû par le sénat pendant qu'il commandoit les armées Romaines en Pannonie. En même tems Albin & Niger se firent proclamer Empéreurs par leurs soldats, l'un en Syrie, l'autre en Bretagne. Niger fut tué peu après sur les bords de l'Euphrate. Albin se défendit plus long tems dans les Gaules & ne fut tué à Lyon que cinq ans après son élection.

ANN. DE J. C.
98
117
138
161
180
193
194

ANN.
DE
J. C.
211

Sévère regna 17 ans & 8 mois, & mourut à Yorc en Angleterre.

22. Antonin Caracalla & Géta, fils de Septime. Géta fut tué un an après par ordre de son frere; & l'odieux Caracalla par un capitaine de sa garde, après six ans & deux mois de regne.

217   23. Macrin & Diadumene son fils, sont proclamés par les soldats qui peu de tems après élurent le jeune Eliogabale. Macrin fut défait dans une bataille qu'il livra à son competiteur, & tué à Archelaïde en Cappadoce, après un an & deux mois de regne.

218   24. Marc-Aurele-Antonin Eliogabale, Prêtre du Soleil à Emése, se rend méprisable par ses débauches, il est tué après un regne de trois ans & neuf mois.

222   25. Alexandre Sévère, prince vaillant & sage, succede à Eliogabale son cousin. Il regne 13 ans & 9 mois & est tué par les soldats révoltés qui élisent....

236   26. Jules Maximin, pendant que le sénat qui n'approuvoit pas l'élection de Maximin reconnoît pour Empereurs....

27. Gordien I. le pere, & Gordien II. son fils, ils ne regnerent l'un & l'autre qu'un an. Maximin est tué deux ans & deux mois après son élection.

238   28. Maximin Pupien & Balbin, élûs par le sénat regnent à peine un an & sont tués par les soldats prétoriens qui reconnoissent....

29. Gordien III. fils & petit-fils des deux Gordiens, âgé d'environ treize ans, il regne six ans & est tué par ses troupes.

244   30. Philippe & son fils que quelques auteurs

disent

DES EMPEREURS. cxlv

disent avoir été chrétiens regnent cinq ans & cinq mois. Philippe périt à Verone.

ANN. DE J. C.

31. Décius proclamé Empereur par ses troupes est tué dans un combat contre les Goths après deux ans & six mois de regne. 249

32. Gallus & Volusien son fils, furent élus par les soldats, Gallus s'associe d'abord Hostilien fils de Décius qu'il avoit adopté; ensuite il le fait tuer, & proclame Auguste son fils Volusien. Peu après ils sont tués l'un & l'autre par les soldats. Gallus regna deux ans & 2 mois. Emilien qui avoit soulevé l'armée contre eux & s'étoit fait déclarer Empereur, fut tué 4 mois après. 251

33. Valerien & Gallien son fils, proclamé par les soldats, est reconnu par le sénat. Valerien vaincu par Sapor, Roi de Perse, la huitieme année de son regne, reste dans l'esclavage le reste de sa vie. Gallien est tué près de Milan après un regne d'environ quinze ans. Les trente tyrans s'éleverent pendant ce regne. 254

34. Claude II. meurt après un an & 10 mois de regne. Il fit la guerre aux peuples du Nord avec succès. Quintille son frere s'étoit fait reconnoître pour son successeur; la haine que les soldats avoient pour lui, l'engagea à se tuer volontairement après un regne de dix-sept jours. 268

35. Aurelien connu par ses victoires sur la fameuse Zénobie, reine de Palmire en Orient, fut assassiné par un de ses esclaves après un regne de cinq ans. L'empire vaqua six mois. 270

36. Tacite bon prince, duquel on espéroit beaucoup, regne sept mois & périt dans une émeute des soldats. 275

37. Florien frere de Tacite, & reconnu par

ANN. DE J. C.

276 38. Probus reconnu par le sénat & les armées, fait la guerre dans les Gaules & dans l'Illirie; il fit apporter de Gréce les premiers plants de vigne dans la Provence & le Languedoc. Après six ans de regne il est tué par un soldat mécontent.

282 39. Carus, Carin & Numerien ses fils. Carus périt d'un coup de foudre, Numerien est tué par Aper son beau-pere, & Carin par les soldats; ils périssent tous les trois en deux ans.

284 40. Diocletien & Maximien regnent vingt ans, pendant lesquels ils associent à l'Empire Galerius & Constance; ils renoncent à l'Empire. Diocletien meurt tranquille dans la retraite à Salone en Dalmatie.

304 41. Constance Chlore, & Galerien Maximin regnent deux ans; les troupes après la mort de Constance proclament Empereur....

306 42. Constantin I. le Grand, fils de Chlore & d'Heléne, qui transfere le siége de l'Empire à Constantinople. Il regne trente-un ans & meurt à Achiron, près de Nicomédie.

337 43. Constantin II. Constantius & Constant divisent entr'eux l'Empire, suivant le Testament du grand Constantin leur pere. Constantin eut l'Espagne, les Gaules & tout ce qui est en déca des Alpes. Constantius eut l'Asie, l'Egypte & le reste de l'Orient. Constant eut l'Italie, la Sicile, l'Afrique & l'Illirie. Cette division fut funeste à l'Empire & le premier pas vers sa ruine. Constantin le jeune est tué près d'Aquilée par les troupes de son frere Constant, qui lui-même périt en trahison peu de tems après, & laissa Constantius seul maître de l'Empire, qui regne 24 ans.

44. Julien l'Apostat, ou le philosophe, se fait proclamer Empereur par les troupes, Constantius encore vivant. Il est tué dans un combat contre les Perses, après avoir regné un an & sept mois. — ANN. DE J. C. 361

45. Jovien élû par les principaux officiers de l'armée ne regne qu'environ huit mois. — 363

Valentinien succede à Jovien, il s'associe son frere Valens, avec lequel il partage l'Empire qui désormais reste divisé en empire d'Orient & en empire d'Occident. — 364

ANN. DE J. C. Occid. 364

46. Valentinien I. regne avec honneur pendant onze ans & neuf mois.

1. Valens I. blessé dans un combat contre les Barbares, se retire dans une chaumiere où il est brûlé vif après un regne de quatorze ans & quatre mois. — Orient. 364

375 47. Gratien fils de Valentinien, élû par les officiers de l'Empire, partage le trône d'Occident avec Valentinien son frere; il périt par la main du traître Andragaize, capitaine au service du tyran Maxime, après huit ans de regne.

376 48. Valentinien II. poursuivi par le tyran Maxime se retire auprès de Théodose qui le rétablit dans ses états; il est étranglé par Arbo-

2. Théodose I. le Grand; son mérite l'éleve à l'empire que Gratien partage avec lui après la mort de Valens; vainqueur des tyrans Maxime & Eugene, il reste seul maître des deux empires après la mort de Valentinien II. il regne 16 ans quelques mois & meurt à Milan. — 379

g ij

Occid. ANN. DE J. C.		Orient. ANN. DE J. C.
395	gaste son capitaine des gardes, après avoir regné seize ans & cinq mois. 49. Honorius fils de Théodose défait Radagaise, roi des Goths qui étoit entré en Italie avec 200000 hommes. Il regne 28 ans & cinq mois. Sous son regne Alaric vient en Italie, & assiége en 408 Rome qui se rachete du pillage. Il l'assiége de nouveau en 409. En 410 le même conquérant barbare s'en empare & la dévaste.	3. Archadius frere d'Honorius, gouverne l'Orient pendant treize ans & trois mois dans une paix constante. 4. Théodose II. regne 42 ans; il arrête les progrès d'Attila en Italie.	395 408
423	50. Valentinien III. sous le foible empire de ce prince, les Huns, les Goths & les Vandales portent des coups mortels à l'empire d'Occident. Jean, Exarque de Ravenne, s'y fait déclarer Empereur, & y conserve quelque autorité pendant deux ans, après lesquels il est tué. Valentinien regne 29 ans & quatre mois. Il est tué par les émissaires de Maxime.	5. Marcien regne six ans & six mois.	450

Occid.
ANN.
DE
J. C.
455

51. Maxime usurpateur du trône de Valentinien force Eudoxie sa v.uve à l'épouser ; pour se venger elle appelle d'Afrique Genseric, roi des Vandales qui fait tuer Maxime, met Rome au pillage, & en enleve les effets les plus précieux. Maxime ne vécut qu'environ trois mois après son usurpation.

52. Avite élu Empereur par les troupes qui étoient dans les Gaules. Vaincu ensuite par le patrice Ricimer ; il ne regne pas un an entier, & est ordonné Evêque de Plaisance.

456

53. Majorien, digne du sceptre, remplace Avite, il force Genseric à quitter l'Italie. Après quatre ans de regne & quatre mois, Ricimer le fait assassiner.

461

54. Sévere regne près de 6 ans, & le patrice Ricimer, qui faisoit encore la destinée des Empereurs, s'en défait par le poison.

Orient.
ANN.
DE
J. C.

6. Léon I. surnommé Macela regne 17 ans & six mois.

457

g iij

Occid.
ANN.
DE
J. C.

467

472

473

·474

475

55. Anthemius est reconnu empereur, il périt à Rome après quatre ans & onze mois de regne.

56. Anicius Olibrius regne 7 mois & est tué dans une émeute de soldats.

57. Glicerius prend le titre d'empereur qu'il conserve près d'un an & qu'il est forcé de quitter. Pour mettre ses jours en sûreté, il se fait ordonner évêque de Salone en Dalmatie.

58. Julius Népos lui succede, regne un an & trois mois; il est déposé.

59. Romulus Augustule est élevé sur le trône d'Occident où il reste à peine un an. Les partisans de Julius Népos appellent en Italie Odoacre, roi des Hérules, qui renverse le trône d'Occident, s'empare

7. Léon II. le jeune, petit-fils du précédent lui succede & ne regne que dix mois; il associe à l'Empire son pere Zénon.

8 Zénon l'Isaurien fuit quelque-tems devant Basilique qui avoit usurpé la puissance souveraine; mais l'usurpateur est exilé, & Zénon regne 17 ans & 6 mois.

Orient.
ANN.
DE
J. C.

474

474

DES EMPEREURS. clj

Occid.
ANN.
DE
J. C.

de Rome, & y établit une nouvelle puissance sous le titre de royaume d'Italie.

Orient.
ANN.
DE
J. C.

ROIS D'ITALIE.

476 1. ODOACRE Hérule dispute long-tems le sceptre à Théodoric, roi des Goths, qui le tient assiégé pendant 3 ans dans Ravenne qu'il perd avec la vie ; il avoit regné 17 ans.

493 2. Théodoric I, roi des Goths en Italie, regne despotiquement pendant trente-trois ans & demi. Sur la fin de ses jours, il condamne au dernier supplice Boëce & Simmaque. Il fait mourir le pape Jean en prison à Ravenne.

526 3. Atalaric regne pendant huit ans avec Amalasonte sa mere.

9. Anastase Dicorus, ainsi appellé de la couleur differente de ses yeux, monte sur le trône d'Orient par les intrigues d'Ariane veuve de Zénon; il regne 27 ans & 3 mois. Il est tué d'un coup de foudre. 491

10. Justin s'éleve par son mérite au trône d'Orient ; il regne neuf ans & deux mois. 518

11. Justinien neveu de Justin regne glorieusement pendant trente-huit ans & demi: Il pu- 527

Occid.
ANN.
DE
J. C.

534   4. Théodat monte sur le trône par les intrigues d'Amalafonte qu'il fit presqu'aussi-tôt périr. Il ne règne que trois ans.

537   5. Vitigés, écuyer de Théodat lui succède. A la mort de Théodoric les Romains secouërent le joug des Goths.
   Vitigés aussi-tôt après avoir été reconnu, alla recevoir le serment de fidélité des Romains ; ils se révolterent à l'approche de Belisaire qui les aida à recouvrer leur liberté. En vain Vitigés les assiégea avec une armée de 50000 hommes ; Belisaire lui enleva pendant ce siége, la meilleure partie de ses états, & enfin le fit prisonnier à Ravenne, d'où il l'envoya à Constantinople où il mourut avec la qualité de Pa-

blie en 529 le code, ou recueil des ordonnances impériales, qui porte son nom. Belisaire & Narsès ses généraux, remportent plusieurs victoires sur les Perses, les Vandales & les Goths.

Orient.
ANN.
DE
J. C.

Occid.
ANN.
DE
J. C.
541
542

trice; il n'avoit régné en Italie que quatre ans.

6. Théodebalde régne un an & neuf mois & est assassiné.

7. Araric ne régne que sept mois & est assassiné.

8. Totila, reconnu par l'armée, rétablit les affaires des Goths par sa valeur & sa conduite. Il s'empare de l'Italie méridionale & des isles de Corse, Sardaigne & Sicile. Il prend & pille Rome en 546, & réduit les principales dames Romaines à une telle misere qu'elles sont contraintes de mendier leur pain à la porte des Goths. Il démantelle la ville qu'il pille une seconde fois en 549. Il vouloit la brûler & la détruire entiérement; mais Belisaire vint au secours des Romains & arrêta les progrès du barbare Totila, qui se soutint encore pendant quelque temps & fut enfin

Orient.
ANN.
DE
J. C.

cliv   TABLE CHRONOLOGIQUE

Occid.
ANN.
DE
J. C.

557

vaincu en bataille rangée par Narsès où il périt après un règne d'onze ans.

9. Teïa est élû par l'armée après la mort de Totila ; il ne pût résister à la puissance des Empereurs d'Orient. Il périt après un an de régne & le trône des Goths fut détruit. Les Exarques de Ravenne, dont le premier fut Longin, dominerent seuls en Italie pendant deux ans environ.

ROIS DES LOMBARDS

567 10. ALBOIN suscité par Narsès mécontent, entre en Italie avec une armée de 200000 hommes. Il s'empare de toute l'Italie septentrionale, à l'exception de Ravenne & de ses dépendances, & établit le siége de sa nouvelle domination à Pavie ; il avoit épousé Rosemonde fille de Cunimond, roi des Gepides son ennemi,

Orient.
ANN.
DE
J. C.

12. Justin II. le jeune, neveu de Justinien, fait la paix avec les Perses & régne tranquillement pendant seize ans & neuf mois.   565

DES EMPEREURS.

Occid. ANN. DE J. C.

qu'il avoit fait tuer. Il contraint la Reine, à la fin d'un grand festin, de boire dans le crâne de son pere : cette princesse irritée de cette barbarie, force Helmige qui l'aimoit, à assassiner Alboin, qui périt après avoir régné en Italie trois ans & six mois.

571   11. Cléfus régne un an & trois mois & est assassiné par un esclave. Cette mort est suivie d'un interregne de dix ans, pendant lequel chaque ville principale se choisit un chef ou seigneur qui la gouverne sous le nom de duc ; ils étoient au nombre de trente. La division s'étant mise parmi eux ; ils conviennent d'élire un Roi de leur nation, qui fut....

585   12. Flavius Autharis, grand prince, ne régne que cinq ans, & est empoisonné.

Orient. ANN. DE J. C.

13. Tibere II. avoit été associé à l'empire dès l'an 578, & en avoit soutenu la gloire malgré l'état de démence où tomboit souvent Justin. Il régna seul pendant quatre ans & mourut à Constantinople.   582

14. Maurice gendre de Tibere, associé à l'empire en 582, fut assassiné avec ses enfans après un régne de seize   586

Occid.
ANN.
DE
J. C.
590

13. Agilulfe fut appellé au trône par Théodelinde, veuve d'Autharis, qui avoit conſervé une partie de l'autorité royale & qui régna ſous le nom de ſon mari pendant vingt-cinq ans.

616

14. Adaloalde fils de Théodelinde & d'Agilulfe, régna pendant dix ans ſous la tutelle de ſa mere Théodelinde Il étoit incapable de gouverner, étant devenu fou par la force d'un breuvage empoi-

ans & trois mois, par les ordres du Centurion Phocas, que l'armée avoit proclamé Empereur.

15. Phocas : ſon gouvernement fut foible & troublé par les incurſions des Perſes & des barbares & par pluſieurs ſéditions ; il périt après ſept ans & dix mois de régne dans la conſpiration formée par Héraclius qui lui ſuccéda.

16. Héraclius régne glorieuſement pendant trente-un ans ; il force les Perſes à abandonner les conquêtes qu'ils avoient faites ſur l'empire, il les défait en 622 & reprend ſur eux la vraie croix que Coſroès avoit enlevée de Jéruſalem en 614. On place a l'année 622 le commencement de l'ére Mahométane.

Orient.
ANN.
DE
J. C.

602

610

Occid.
ANN.
DE
J. C.
626

sonné qu'on lui avoit fait prendre.

15. Ariovalde monta sur le trône en vertu des droits de Gondeberge sa femme, sœur d'Adaloalde qu'il força de lui céder la couronne à cause de son incapacité. Les partisans d'Adaloalde lui laisserent peu de tranquillité pendant son régne qui fut de douze ans.

638

16. Rotharis fut choisi par Gondeberge pour succéder à Ariovalde. Il l'épousa, & la fit ensuite enfermer dans le château de Pavie. Il vainquit l'armée impériale commandée par l'exarque de Ravenne, entre Modene & Bologne sur les bords du Panaro. Il régna seize ans & quatre mois.

Orient.
ANN.
DE
J. C.

17. Constantin III fils d'Héraclius ne régne que quatre mois, il est empoisonné par Martine sa belle mere. 641

18. Héracléonas & Martine s'emparent du trône d'où ils sont chassés par le parti du jeune Héraclius fils de l'Empereur de ce nom. On coupe le nez & la lan-

h

Occid.
ANN.
DE
J. C.
654

17. Rodoald, fils de Rotharis, régne environ cinq ans. Prince cruel & débauché, qui périt par la main d'un de ses sujets, de la femme duquel il avoit abusé.

659   18. Aribert régne près de trois ans.

662   19. Gundebert & Pertarite fils d'Aribert ne s'accordant pas pour régner, Gundebert appelle Grimoald duc de Benevent, qui le fait assassiner, & s'empare du trône : Pertarite s'étoit enfui en Bretagne.

663   20. Grimoald régne pendant dix ans ; il joignit la finesse à la bravoure.

673   21. Garibald, fils de Grimoald, régne à peine trois mois, Pertarite re-

gue à Héracléonas & on l'envoye en exil.

19. Constant II ou Héraclius, régne 26 ans & cinq mois. Son gouvernement fut foible. Il vient à Rome en 663, y reste douze jours qu'il emploie à visiter les églises, & à en faire enlever les ornemens les plus précieux, entr'autres toute la couverture du Panthéon qui étoit de lames de cuivre. Son avarice & ses exactions l'ayant rendu odieux à ses sujets, il est étouffé dans le bain à Siracuse.

Orient.
ANN.
DE
J. C.
642

20. Constantin Pogonat eut quelques succès en Sicile sur les Sarrasins qui s'y étoient établis. Il déshonora la fin de son régne en se rendant tributaire des Bulgares. Il régna 17 ans.

668

DES EMPEREURS. clix

Occid. ANN. DE J. C.		Orient. ANN. DE J. C.
	paroît & le force de lui céder le sceptre qui lui appartient.	
	22. Pertarite reconnu par tous les Lombards régne tranquillement pendant dix sept ans.	
	21. Justinien II, fils aîné de Constantin, régne dix ans. Il se rend odieux par ses exactions & sa cruauté ; il est envoyé en exil dans la Chersonese par le Patrice Léonce, qui lui avoit fait couper le nez.	685
691	23. Cunibert associé au trône par Pertarite lui succede & régne 12 ans.	
	22. Léonce proclamé Empereur ne régne que trois ans, Tibere Absimare s'éleve contre lui, lui fait couper le nez & l'enferme dans un monastére de Dalmatie.	695
	23. Tibere III Absimare, régne sept ans par la protection de l'armée qui l'avoit élevé au trône.	696
703	24. Luitpert, fils de Cunibert, régne huit mois sous la tutelle d'Asprand.	Justinien II qui dans son exil avoit épousé la fille du Roi des Bulgares, leve une armée de ces Peuples, rentre dans Constantinople,
	25. Ragembert, fils	

h ij

clx TABLE CHRONOLOGIQUE

Occid.
ANN.
DE
J. C.
704

de Gundebert, ne régne que trois mois.

26. Aribert II, fils de Ragembert, défait Luitpert & Rotharis qui combattoient sous la conduite d'Asprand; mais fuyant à son tour devant Asprand, il se noye dans le Tésin après un régne de huit ans.

712

27. Asprand monte sur le trône, d'où il est renversé presque aussi-tôt.

28. Luitprand régne trente-un ans & sept mois avec gloire; il raffermit la puissance des Lombards en Italie.

prend Absimare & Léonce, & leur fait couper la tête dans l'Hyppodrome devant tout le peuple assemblé. Il régne cette seconde fois sept ans & cinq mois. Il se rend odieux aux soldats & aux Bulgares ses protecteurs qui le livrent à Bardane, dit Philippique, qui lui fait couper la tête, & égorger le jeune prince Tibere son fils.

24. Philippique ne régne qu'un an & six mois. Artemius son secrétaire lui fait créver les yeux, & est reconnu Empereur sous le nom d'Anastase.

25. Anastase régne un an & trois mois, les soldats se soulevent contre lui & proclament Empereur, Théodose, trésorier de l'Empire. Anastase se retire volontairement dans un monastère.

26. Théodose III. ne jouit de la puissance souveraine qu'un an & 2 mois, il céde à Léon &

Orient.
ANN.
DE
J. C.

711

713

714

DES EMPEREURS. clxj

Oc id.
ANN.
DE
J. C.

Orient.
ANN.
DE
J. C.

se retire dans un monastère.

27. Léon III. l'Haurien, l'Iconomaque, associe à l'Empire son fils Constantin. Il se déclare contre le culte des images, & règne 24 ans & 2 mois.

716

741

28. Constantin V. dit Copronime, règne trente-quatre ans & deux mois dans les mêmes sentimens que Léon III. son pere.

744

29. Hildebrand, fils de Buitprand, succéde à son pere, mais son incapacité aussi-tôt reconnue, lui fait enlever le sceptre par les grands de son royaume.

30. Rachis regne cinq ans & six mois, abandonne le trône pour travailler à son salut, prend l'habit monastique au mont-Cassin. Tasia sa femme & sa fille Ratrude se retirent en même-temps au monastère de Plombariole.

750

31. Astolfe frere de Rachis, subjugue la ville & l'Exarchat de Ravenne, vient mettre le siége devant Rome. Le pape Etienne fuit en France & détermine pé-

h iij

clxij TABLE CHRONOLOGIQUE.

Occid.
ANN.
DE
J. C.
756

pin à passer en Italie. Ce prince force Astolfe à quitter les armes. Il meurt après six ans de régne.

32. Didier, successeur d'Astolphe, continue d'être en division avec les papes. Charles, roi de France passe en Italie, prend Pavie en 774, arrête Didier qu'il fait raser & enfermer dans le monastère de Corbie en France, & détruit la monarchie des Lombards en Italie. Charlemagne gouverne l'Italie avec le titre de Roi jusqu'en 800.

29. Léon IV, fils de Constantin continue la persécution contre les images; il meurt d'une maladie vive après avoir régné cinq ans.

30. Constantin VI Porphirogenete, régne quelque tems sous la tutelle de sa mere Irene. Mais la jalousie du trône lui fait chasser ignominieusement sa mere; il fait crever les yeux à Nicéphore son oncle. Il répudie sa femme Marie pour épouser Théodecte sa concubine. Tant de crimes révoltent contre lui ses

Orient.
ANN.
DE
J. C.

775

780.

DES EMPEREURS. clxiij

Occid. ANN. DE J. C.		Orient. ANN. DE J. C.
	sujets & sa propre mere qui lui fait crever les yeux. Il meurt de ce supplice après dix-sept ans de régne.	
	31. Iréne régne seule pendant cinq ans. Le patrice Nicéphore se fait proclamer Empereur & rélégue l'impératrice dans l'isle de Lesbos.	797

Rétablissement de l'Empire d'Occident.

800	1 CHARLEMAGNE est couronné par le pape Léon III, & proclamé Empereur Auguste par le peuple Romain. Il meurt en 814.		
		32. Nicéphore régne huit ans & huit mois, il associe à l'empire son fils Michel Staurace qui à sa mort est contraint de prendre l'habit monastique.	802
814	2. Louis le débonnaire régne vingt-six ans.	33. Michel I Curopalate, gendre de Nicéphore, reconnoît l'empire de Charlemagne en Occident. Il se retire dans un monastère après un an & neuf mois de régne.	811

Occid. ANN. DE J. C.		Orient. ANN. DE J. C.
	34. Léon V. l'Arménien, renouvelle la persécution des images. Michel le Begue forme une conspiration contre lui. Léon est tué dans son palais la nuit de Noël.	813
	35. Michel II. le Bégue, régne huit ans & neuf mois.	820
	36. Théophile, fils de Michel, régne douze ans & quatre mois. Léon Michel & Théophile furent Iconoclastes.	829
840	3. Lothaire I. régne 15 ans.	
	37. Michel III. régne vingt-cinq ans & huit mois, quinze ans sous la tutelle de l'impératrice Théodora sa mere & le reste seul; il avoit associé à l'empire son successeur qui le fait assassiner.	842
855	4. Louis II. régne vingt ans.	
	38. Basile le Macédonien régne dix-neuf ans.	867
875	5. Charles le Chauve, régne deux ans.	
877	6. Louis III. le bégue régne deux ans. Il y a deux ans d'interregne.	

Occid.
ANN.
DE
J. C.
881

7. Charles III, dit le gros, est couronné à Rome en 881. Sous le foible régne de ce prince, Gui duc de Spolette se fait couronner Empereur par le pape Formose, & reconnoître son fils Lambert dans la même qualité; l'un & l'autre furent défaits & vaincus par Arnoul successeur de Charles.

896

8. Arnoul fait partout reconnoître sa puissance en Italie, il régne quatre ans.

900

9. Louis IV. régne quatre ans & est vaincu par Berenger duc de Frioul, qui se fait couronner Empereur par le pape Jean IX. Il jouit en Italie d'une autorité usurpée pendant neuf ans, jusqu'au temps où après avoir été vaincu par Rodolphe de Bourgogne, il est assassiné par ses propres soldats. La foiblesse de Charles le simple est cause que l'empire sort de la maison de France.

Orient.
ANN.
DE
J. C.

39. Léon VI, le Philosophe, régne vingt-cinq ans, plus sçavant que guerrier; il traite toujours désavantageusement avec les Bulgares.   886

40. Alexandre frere de Léon & Constantin son neveu regnent en-   911

Occid.
ANN.
DE
J. C.
912
920

10. Conrad, duc de Franconie régne sept ans.

11. Henri I. l'oiseleur, duc de Saxe. Les auteurs Italiens regardent ces trois princes plutôt comme rois d'Italie que comme Empereurs, parce qu'ils ne furent pas couronnés par les Papes; mais ils mettent au rang des Empereurs, Berenger duc de Frioul, Gui & Lambert de Spolette, qui avoient forcé les Papes à leur donner la couronne impériale.

936

12. Othon I. le grand, de Saxe, régne trente-six ans & est reconnu même à Rome pour empereur d'Occident.

semble pendant un an.

41. Constantin VIII Porphirogenete, associé à l'empire Romain le Capene son beau-pere en 919. Il l'envoie en exil en 944 & régne en tout 48 ans & 5 mois. Sa vie fut assez tranquille ; élevé sous les yeux de l'Empereur Léon son pere, il aima les lettres qu'il préféra toujours aux armes.

42. Romain le jeune, associé à l'Empire par Constantin son pere dès 949, régne dans l'oisiveté trois ans & quatre mois.

43. Nicéphore II. Phocas régne glorieusement six ans & trois mois, il est tué par son successeur.

44. Jean I. Zimiscés, monte sur le trône par les intrigues de l'impé-

Orient.
ANN.
DE
J. C.
912

960

963

969

Occid. ANN. DE J. C.		Orient. ANN. DE J. C.
	ratrice Théophanie. Il est empoisonné au retour d'une guerre heureusement terminée contre les Bulgares & les Sarrasins. Il rgne six ans & demi.	
973	13. Othon II de Saxe régne dix ans.	
	45. Basile & Constantin, fils de Romain le jeune, régnent près de 50 ans.	975
983	14. Othon III. de Saxe, délivre le pape Grégoire V de la tyrannie du consul Crescentio. C'est à ce temps que l'on place l'établissement des princes électeurs de l'Empire. Il régne 18 ans. L'Empire vaque quelque temps.	
1014	15. Henri II. le boiteux & le saint, duc de Baviere, meurt sans postérité.	
1024	16. Conrad II. de Franconie, dit le Salique : une de ses filles nommée Judith, fut mariée à Azon d'Este.	

Occid. ANN. DE J. C.		Orient. ANN. DE J. C.
	46. Romain Argiropule régne cinq ans & six mois; il meurt assassiné par l'Impératrice Zoé, fille de Constantin qui ne trouvoit pas le poison qu'elle lui avoit fait prendre assez prompt.	1028
	47. Michel IV. le Paphlagonien, changeur de son métier, est élevé sur le trône par l'Impératrice Zoé; il regne sept ans & huit mois.	1034
1039 17. Henri IIJ. le noir, fils de Conrad II.	48. Michel V. Calaphate, neveu du précédent, ainsi appellé par ce que son pere étoit calfateur de vaisseaux, & que lui-même en avoit fait le métier; il fut appellé au trône par Zoé qu'il fit aussi-tôt enfermer dans un monastère; il fut à peine quatre mois sur le trône; il devint odieux au peuple & se refugia dans un monastère d'où on le tira pour lui crever les yeux.	1041
	49. Constantin IX. Monomaque, Zoé l'as-	1042

18.

Occid. ANN. DE J. C.		Orient. ANN. DE J. C.
	socie à l'Empire, il régne douze ans & cinq mois. Le nom de Monomaque lui vient de son habileté à la lutte ou à l'escrime qui étoit son plus grand talent.	
	50. Théodora sœur de l'impératrice Zoé est reconnue héritiére de l'empire ; elle régne pendant un an & meurt après s'être associé...	1054
	51. Michel VI Stratiotique, vieux guerrier d'un grand nom, mais que son âge avancé rendoit incapable de gouverner. Il ne monta sur le trône que pour en descendre quelques mois après la mort de Théodora.	1056
1056	18. Henri IV fils de Henri III avoit épousé Berthe, fille d'Eudes de Savoie qui prenoit le titre de marquis d'Italie. Sous le régne de ce prince commença la fameuse querelle des investitures qui divisa si long-temps le sacerdoce & l'empire. Les Guelfes & les Gibelins parurent. Grégoire VII soutenu du crédit de la plûpart des seigneurs Allemands, & sur-tout des richesses de la com-	
	52. Isaac Comnene régne deux ans & deux mois. Il abdique & se retire dans un monastère. Il y est déterminé par la frayeur que lui cause la chûte de la foudre à ses côtés.	1057
	53. Constantin X Ducas. Ses vertus lorsqu'il étoit particulier, firent croire qu'il étoit	1059

...tesse Mathilde, suscita de grandes affaires aux Empereurs. Il tira de grands secours des Normands établis en Sicile & dans la Pouille. Ils étoient excommuniés lorsqu'ils se rangerent du côté du Pape contre l'Empereur; ce qui leur mérita la grace de la réconciliation. On croit que les noms de Guelfes & de Gibelins viennent de Guelfe de Bavière qui avoit épousé Beatrix, mere de la comtesse Mathilde, qui étoit dans les intérêts des Papes, & du château de Gibeling en Franconie ou étoit né Henri III pere de Henri IV.

capable de bien gouverner; mais sa grande épargne lui fit perdre une partie de ce qui restoit à l'Empire en Asie, que les Turcs lui enleverent. Leur puissance devenoit tous les jours plus redoutable. Il régne sept ans & demi.

54. Romain Diogene, est appellé au trône par Eudoxie veuve de Constantin, pour résister aux efforts des Turcs Seljoudiques qui le firent prisonnier. A son retour il a les yeux crevés par les ordres du César Ducas, après trois ans de régne. — 1068

55. Michel VII fils aîné de Constantin Ducas, fit des progrès dans les belles-lettres, surtout dans la poësie, sous la discipline de Psellus, & négligea le soin de l'Empire. Il fut déposé & enfermé dans un monastère après six ans de régne. Il trouva le moyen de s'enfuir en Italie, où il tenta inu- — 1071

DES EMPEREURS. clxxj

Occid. ANN. DE J. C.		Orient. ANN. DE J. C.
	lement avec le pape Grégoire VII, de se faire des partisans qui l'aidassent à remonter sur le trône.	
	56. Nicephore Botoniate usurpe le trône sur le jeune Michel; il ne l'occupe qu'environ trois ans.	1078
	57. Aléxis I Comnene, chasse Nicephore, & abandonne pendant un jour la ville de Constantinople au pillage de son armée. Il regne pendant 37 ans & 4 mois. Sur la fin de ce siécle se fait la premiere croisade, que la licence des croisés, les défiances, & les tromperies d'Alexis firent manquer.	1081
1106	19. Henri V second fils de Henri IV. veut terminer avec la cour de Rome la fameuse querelle des investitures. Il ne réussit pas; & tente la déposition du pape Gelase II. Il s'en repent à la fin de ses jours & fait demander à Calixte II l'absolution des censures qu'il avoit encourues. Il meurt sans enfans.	
	58. Jean II Comnene, fils d'Alexis, régne 24 ans & sept mois. Il se blesse à la chasse d'une fléche empoisonnée & meurt.	1118
1125	20. Lothaire II de Saxe regne 12 ans. Il laisse la querelle des investitures pour calmer	

i ij

les différens partis qui divisoient ses états.

Occid.
ANN. DE J. C.
1137

21. Conrad III de Suabe regne 14 ans. Il périt dans la seconde croisade qu'il avoit entreprise avec Louis le jeune roi de France.

1152

22. Fréderic I Barberousse, a de longs démêlés avec les Papes ; il se réconcilie à Venise avec le pape Alexandre III. Il se met à la tête de la troisieme croisade, où il a quelques succès ; il se noye dans une petite riviére d'Arménie où il se baignoit, après 38 ans de regne.

Orient.
ANN. DE J. C.
1143

59. Emmanuel Comnene régne trente-sept ans, prince artificieux & timide. Les historiens l'accusent d'avoir essayé de faire périr l'armée des croisés, en mêlant du plâtre & de la chaux dans les farines qu'il s'étoit obligé de fournir.

1180

60. Alexis II Comnene, fils d'Emmanuel, est forcé d'associer au trône Andronic son oncle, qui le fait étrangler après trois ans de regne.

1183

61. Andronic Comnene, regne à peine deux ans, chargé de la haine publique ; il est fait prisonnier par Isaac l'Ange, est tué par ses ordres.

1185

62. Isaac l'Ange monte sur le trône, il régne

DES EMPEREURS. clxxiij

Occid. ANN. DE J.C.			Orient. ANN. DE J.C.
1190	23. Henri VI de Suabe, second fils de Fréderic I, regne huit ans.	9 ans & 8 mois. Il est renversé par son frere Alexis qui lui fait crever les yeux.	
		63. Alexis VII l'Ange, prend le nom de Comnene ; il poursuit son neveu, qui a recours aux princes croisés, lesquels assiégent & prennent Constantinople, & rendent le trône au jeune Alexis, comme héritier de son pere Isaac l'Ange.	1195
1198	24. Philippe de Suabe, troisiéme fils de Fréderic I, regne dix ans.		
		64. Alexis IV associe son pere au trône, quoiqu'il fut aveugle ; mais Alexis Ducas Mursuphle, se révolte contre lui, le fait étrangler. Le vieux Alexis meurt de chagrin. Les princes Latins s'emparent du trône de Constantinople.	1203
		65. Baudouin comte de Flandres, premier empereur Latin d'Orient, fait prisonnier la premiere année de son regne par Jean roi des Bulgares, meurt en prison.	1204

Occid.
ANN.
DE
J. C.
1208

1220

25. Othon IV de Saxe regne huit ans, il renouvelle la querelle des investitures, & se fait beaucoup d'ennemis; il est contraint de se retirer en Saxe où il meurt en 1218.

26. Frédéric II. de Suabe, fils de Henri VI, a de longs démêlés avec les Papes, passe en Asie pour la quatrième croisade, revient ensuite en Lombardie, où il fait le siége de Parme, qu'il est contraint de lever après deux ans. Il meurt à Fiorenzuola dans la Pouille, étouffé, à ce que l'on croit par Mainfroi son fils naturel. Il avoit régné près de 31 ans.

66. Henri de Flandres, frere de Baudouin d'abord régent de l'Empire, ensuite titulaire, regne dix ans & neuf mois.

67. Pierre de Courtenai, comte d'Auxerre, couronné à Rome par le pape Honorius III, n'a que le vain titre d'empereur; il se laissa tromper, & faire prisonnier par Théodore Lascaris qui conservoit à Andrinople la qualité d'empereur Grec.

68. Robert fils de Pierre de Courtenai, regne huit ans à Constantinople.

69. Baudouin de Courtenai, fils de Pierre, porte pendant 32 ans le titre d'Empereur, dont partie sous la tutelle de Jean de Brienne son beau-pere, roi titulaire de Jérusalem; ne pouvant se soutenir sur le trône, il passe en Occi-

Orient.
ANN.
DE
J. C.
1207

1217

1221

1229

1250   27. Conrad IV, fils de Fréderic II, meurt après quatre ans de régne, pendant lesquels il vainquit en bataille rangée Guillaume de Hollande son compétiteur. Il ne laissa pour héritier que le malheureux Conradin son fils que Charles d'Anjou fit décapiter à Naples à l'âge de dix-sept ans : en lui finit la maison de Suabe.

Après la mort de Conrad, les princes électeurs divisés, élisent en dent pour obtenir du secours des Latins qui ne purent le rétablir. Les Empereurs Latins garderent Constantinople pendant cinquante-sept ans, qu'ils employerent moins à s'y affermir qu'à le disputer entre-eux. Ils dépouillerent cette ville de ses richesses, de ses reliques & de presque tous les ornemens. Les Vénitiens sur-tout qui partageoient la puissance avec les Empereurs, en tirerent beaucoup d'effets précieux. (a).

―――――――――――

(a) *Lorsque les Latins s'emparerent du trône impérial de Constantinople, Théodore Lascaris se retira à Nicée où il porta le titre d'empereur Grec d'Orient. Il y mourut en 1222. Jean Ducas lui succéda & régna 33 ans ; Théodore Lascaris régne 4 ans. Jean Lascaris lui succéda, & après lui Michel Paléologue qui reprit Constantinople & en chassa les princes Latins.*

clxxvj TABLE CHRONOLOGIQUE.

Occid.
ANN.
DE
J. C.

même-temps, Alphonse, roi d'Espagne, & Richard de Cornouaille, prince d'Angleterre; on ne les compte point au nombre des Empereurs; après un assez long interregne, ils s'accordent & élisent.

1273 28. Rodolphe de Hasbourg, chef de la maison d'Autriche, regne 19 ans sans entrer en Italie.

1292 29. Adolphe de Nassau regne six ans & demi & est forcé de céder le sceptre.

1298 30. Albert I d'Autriche, fils de Rodolphe, regne 10 ans.

1308 31. Henri VII de Luxembourg passe en Italie, alors horriblement troublée par les Guelfes & les Gibelins, meurt à Buonconvento dans le Sienois, empoisonné à ce que l'on croit; il avoit regné cinq ans.

1314 32. Louis V de Baviére, défait Fréderic

70. Michel VIII Paléologue regne environ 23 ans. Il feint de se réconcilier avec l'Eglise Latine au premier Concile général de Lyon. Aidé des Génois il chasse de Constantinople les Vénitiens, les autres Latins & sur-tout les François qui avoient formé des établissemens dans les environs.

71. Andronic II, le vieux, quitte le trône fort âgé & se retire dans un monastère, après avoir perdu presque entiérement l'usage de la vûe; il avoit regné près de quarante-neuf ans.

Orient.
ANN.
DE
J. C.
1261

1283

d'Autriche son compétiteur, régne trente-trois ans, toujours en division avec les Papes. Il reçoit à S. Jean de Latran la couronne impériale des mains d'Etienne Colonne, sénateur de Rome.

1347   33. Charles IV de Luxembourg publie la bulle d'or qui fixe le nombre des électeurs & les formalités de l'élection des Empereurs. Grand prince qui rétablit partout la paix & l'ordre, il regne environ 32 ans.

1378   34. Venceslas de Luxembourg, fils de Charles, regne 22 ans & est déposé pour sa mauvaise conduite & ses vices.

72. Andronic III le jeune, petit-fils du précédent, regne neuf ans. — 1332

73. Jean IV Paleologue régne 44 ans. Jean Cantacusene, grand domestique de l'Empire, profite du bas-âge de l'Empereur pour s'associer à la puissance souveraine qu'il garde près de dix-sept ans, après lesquels il est forcé de se retirer dans un cloître. — 1341

Le malheureux état où la puissance des Turcs avoit réduit l'empire d'Orient, fut cause des démarches que fit l'Empereur pour se réunir de communion avec les princes Latins, desquels il espéroit tirer des secours pour éloigner ses ennemis.

74. Emmanuel II Paléologue voit Bajazet sous les murs de sa capitale, prêt à s'en em- — 1384

Occid.
ANN.
DE
J. C.
1400
1410

35. Robert de Baviére, comte palatin du Rhin, régne dix ans.

36. Josse de Brandebourg, marquis de Moravie, élû à l'âge de 90 ans, régne six mois.

37. Sigismond de Luxembourg, fils de Charles IV, regne 27 ans. On doit à ses soins le concile de Constance & l'extinction du grand schisme d'Occident; il laisse pour héritiére, Elizabeth reine de Hongrie & de Bohéme qui épouse son successeur.

1438

38. Albert II d'Autriche, régne deux ans.

1440

39. Fréderic III d'Autriche, régne en paix 53 ans & cinq mois.

parer, si Tamerlan ne l'eût contraint de courir à la défense de ses propres états. Il régne 40 ans, toujours agité par des divisions intestines.

75. Jean V Paléologue croit sauver l'empire d'Orient, en se réunissant à l'église Latine; ce qui se passa au concile général tenu à Florence en 1439. Cette réunion mécontenta ses sujets, & n'affoiblit pas la puissance des Turcs; il régne 23 ans.

76. Constantin XI Paléologue, frere de Jean, refuse de faire publier les articles de réunion arrêtés au concile de Florence. Alors les Grecs étoient plus occupés du soin de se maintenir dans le schisme, que d'éloigner les Turcs qui resserroient Constantinople de tous les côtés.

Ils ne montrerent une force & une bra-

Orient.
ANN.
DE
J. C.

1424

1447

voure qui étonna tout l'univers, que lorsqu'il ne fut plus possible de résister à l'ennemi qui les environnoit.

Mahomet II empereur des Turcs prit Constantinople d'assaut le 19 Mai 1453. Le malheureux Constantin se fit tuer sur la brèche, & ne céda qu'avec la vie une couronne qu'il ne pouvoit plus défendre.

EMPEREURS D'OCCIDENT.

1483   40. Maximilien I, fils de Fréderic, régne 25 ans, par le mariage de l'archiduc Philippe son fils avec Jeanne la folle, fille unique de Ferdinand le Catholique; il réunit la riche succession d'Espagne aux grands états qu'il possédoit déja en qualité d'héritier de la maison d'Autriche, & de mari de Marie de Bourgogne, fille unique de Charles le guerrier.

1519   41. Charles V d'Autriche, régne trente-sept ans; il abdique en 1556 & meurt deux ans après.

1556   42. Ferdinand I d'Autriche, frere de Charles V, régne 8 ans.

1564   43. Maximilien II d'Autriche, fils de Ferdinand, régne 12 ans.

Occid.
ANN.
DE
J. C.
1576
1612
1619
1637
1658
1705
1711

44. Rodolphe II d'Autriche, régne 36 ans, meurt sans avoir été marié.
45. Mathias, frere de Rodolphe, régne six ans & neuf mois; il meurt sans héritiers.
46. Ferdinand II d'Autriche, régne 17 ans & 6 mois.
47. Ferdinand III fils du précédent, régne vingt ans.
48. Léopold Ignace, fils de Ferdinand III, régne 46 ans & neuf mois.
49. Joseph d'Autriche fils de Léopold, régne 6 ans; meurt sans laisser d'enfans mâles.
50. Charles VI d'Autriche, régne 29 ans, meurt en 1740, laissant pour seule & unique héritiere Marie Thérèse d'Autriche, reine de Hongrie & de Bohème, ensuite impératrice.

Le trône Impérial vaque pendant 2 ans.

1742
1745

1765

51. Charles VII de Baviére, régne 3 ans.
52. François I de Lorraine, grand duc de Toscane à présent mort le 18 Août 1765.
53. Joseph II. né le 13 mars 1741, élû roi des Romains le 27 mars, couronné le 3 avril 1764; succede à son pere François I. de Lorraine le 18 août 1765.

Fin de la Table Chronologique.

TABLE DES TITRES.

Et Piéces contenus dans le premier Tome.

Discours préliminaire.   j
Chronologie des Empereurs d'Orient & d'Occident.   cxlj
  1. *Route de Lyon en Savoye.*   1
  2. *Entrée en Savoye.*   3
  3. *Chemins dans les montagnes.*   4
  4. *Cascade naturelle.*   6
  5. *Chambéry.*   Ibid.
  6. *Montmélian & citadelle.*   9
  7. *Aiguebelle, lavanche ou torrent.*   11
  8. *La Chambre. S. Jean de Maurienne, Modasne, Lasnebourg, qualité du terroir, industrie des habitans, conduite des eaux.*   15
  9. *Passage du Mont-Cénis, lac & cascades.*   20
  10. *Descente du Mont-Cénis, entrée en Piémont.*   24
  11. *Fort de la Brunette, ville de Suze.*   26
  12. *Route de Suze à Turin, S. Michel de la Cluse, Veillane, Rivoli, Bourg & maison royale.*   30

ij TABLE DES TITRES.

13. Turin, portes, citadelle, arsenal. 34
14. Division de la ville. 37
15. Eglise cathédrale, chapelle du S. Suaire. 38
16. Autres églises principales. 41
17. Palais du Roi. 47
18. Palais du duc de Savoye. 49
19. Grand théâtre. 52
20. Université. 55
21. Palais de Carignan & théâtre. 58
22. Promenades & jardins du Valentin. 62
23. La Véverie, maison royale 63
24. Stupinigi, maison royale. 67
25. La Vigne de la Reine, maison royale. 69
26. La Superga, église royale & communauté de prêtres. 70
27. Ordres royaux de l'Annonciade & de S. Maurice. 74
28. Tribunaux de justice à Turin & dans les états du roi de Sardaigne. 75
29. Idée de la cour de Turin. 78
30. Revenus, troupes, possessions du Roi. 85
31. Etats des arts à Turin. 89
32. Commerce, fabriques, prix des

TABLE DES TITRES.

monnoies   92
33. Luxe de représentation.   94
34. Droits d'asyle dans les églises.   96
35. Route de Turin à Génes, Quiers, Montcalier, Asti, Alexandrie.   97
36. Autres places du roi de Sardaigne sur la route de Rome, Tortone, Vogherra, spectacle de la campagne.   103
37. Villes & places du roi de Sardaigne sur la route de Turin à Milan, Chivas, Verceil, &c.   105
38. Curiosités de Verceil.   107
39. Novarre, Maniere de cultiver le ris; passage & canal du Tésin.   109
1. Etat & ville de Génes, ses révolutions, &c.   113
2. Gouvernement actuel de la République.   120
3. Du doge de Génes.   122
4. Royaume de Corse.   125
5. Marine de Génes.   Ibid.
6. Situation de Génes.   127
7. Eglises de Génes.   132
8. Palais de la Seigneurie, arsénal, tribunaux.   138
9. Banque de saint George.   144
10. Palais particuliers.   145

11. Police, approvisionnemens. 150
12. Revenus, & force de la République. 152
13. Noblesse de Génes. 155
14. Usages particuliers. 158
15. Mœurs de la nation. 159
16. Cicisbei, ce que c'est. 163
17. Mœurs du peuple. 165
18. Divorces communs. 167
19. Habitude du jeu. 168
20. Etat des sciences 170
21. Extérieur du culte religieux. 172
22. De l'ordre ecclésiastique. 173
23. Industrie. 177
24. Habillement. 179
25. Maison Cornigliano. 181
26. Rivage de la mer à Sistri di Ponente. 183
27. Fauxbourg de S. Pierre d'Arena. 184
28. Vallée de Polcheverra. Ibid.
29. Montagne de la Bochetta. 186
30. Voltaggio, Serravilla, Gavi, &c. 187
31. Réflexions sur l'état de Génes. 191
1 & 2. Entrée dans le Milanois. 196
3. Milanois. 202
4. De Pavie, aux isles Borromées,

TABLE DES TITRES.

avec tous ses détails. 204 à 292

Lac Majeur & isles Borromées.

35. Route & détails jusqu'à Mantoue. 293 à 311
41. Duché de Mantoue, détails du Mantouan. 312 à 325

Fin de la Table du Tome premier.

DESCRIPTION
HISTORIQUE
ET
CRITIQUE
DE L'ITALIE.

I.

États du Roi de Sardaigne, Savoie, Piémont ; Villes cédées dans le Milanois.

1. 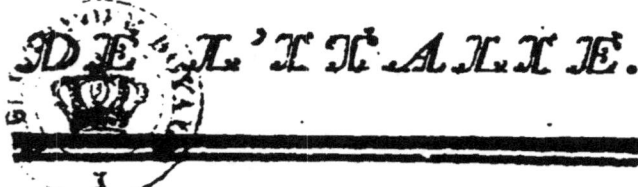A route de Lion aux frontières qui séparent la Savoie de la France, du côté du Pont de Beauvoisin, n'offre rien de plus remarquable que la culture des mûriers qui réussissent par-tout. Les chemins y sont

Route de Lyon en Savoie.

bons & bien entretenus, le pays cultivé avec soin, produit plus de grains qu'on ne peut y en consommer. La récolte des châtaignes & des marons devient plus intéressante à mesure que l'on approche de la Savoie.

Le Pont de Beauvoisin, place connue dans l'itineraire d'Antonin, sous le nom de *Labisco*, est partagée en deux par le Guer, riviere qui coule entre la Savoie & le Dauphiné, & qui sert de ce côté à en marquer les limites. La partie qui appartient à la France est la plus considérable. Elle est séparée de celle de Savoie, par un Pont de pierre bâti sur le Guer, gardé du côté de France par un détachement de soldats invalides, & du côté de Savoie par une compagnie d'infanterie ou de cavalerie du Roi de Sardaigne. Il n'y a d'autre défense qu'une barriere de bois à chaque bout du Pont. Les Commis de la douane de part & d'autre n'y sont point incommodes. Il suffit de leur déclarer qu'on n'a rien de prohibé, & on passe librement.

On commencera dès cet endroit à s'appercevoir qu'en général les hommes & les femmes qui par état sont exposés à l'action immédiate de l'air, ont le tein plus grossier que dans la partie du Dauphiné qui est plus près du Rhone, effet qui devient plus sensible à mesure que l'on pénétre d'avantage dans la Savoie & la Maurienne jusqu'à ce que l'on n'ait passé le Mont-Cénis.

2. En entrant en Savoie, le pays s'annonce sous les apparences de la fertilité & de l'abondance; on traverse un vallon bien cultivé, où l'on voit des grains de toute espéce, des arbres fruitiers, des vignes, quelques bonnes prairies, du bétail, enfin tout ce qui marque la richesse d'un pays; mais à peine a-t-on fait une lieue, que l'on trouve la montagne des Echelles; elle est élevée, & le chemin pour la passer est bien fait & entretenu; quand on a gagné le haut, ce chemin est revêtu de parapets, qui rassurent les voyageurs, & font que l'on voit sans horreur la profondeur du précipice qui le borde, & qui est telle qu'à peine apperçoit-on le Guer qui passe entre cette montagne & celles du Dauphiné qui sont vis-à-vis, & tout au plus à la distance de 50 ou 60 toises; ce qui rend la hauteur du précipice plus sombre encore & plus effrayante. Ces montagnes sont couronnées de part & d'autre par des rochers très-élevés; du côté de Savoie, la corniche sur laquelle tourne le che-

Entrée en Savoie.

main, est taillée dans ces rochers mêmes; il y a quelque danger à y passer, dans le temps des dégels & des fontes de neiges, parce que quelquefois il s'en détache des quartiers qui écrasent tout ce qui se trouve exposé à l'action de leur chûte.

Chemins des montagnes.

3. Le Village des Echelles que les habitans du pays ont la vanité d'appeller ville, est situé dans un vallon resserré. On voit sur des hauteurs dans le voisinage quelques ruines d'anciens châteaux qui ont servi autrefois à défendre le passage. A cinq cens pas hors de ce village, on commence à grimper la montagne de la Crotte par un chemin assez roide, mais beau & large, pavé en grande partie & bien entretenu; pour le rendre commode, il a fallu percer les rochers, & les applanir dans la longueur de plus de mille toises: entreprise vraiment digne d'un grand Monarque, & qui fera un honneur éternel à la mémoire de Charles Emmanuel II, duc de Savoie, qui l'a fait exécuter; on voit des parties de rochers coupées à plus de cent pieds de hauteur, dans toute la largeur du chemin, où deux voitures peuvent passer presque partout commodément; au-dessus du chemin

à gauche sont les armes du duc de Savoie, avec l'inscription suivante composée par l'Abbé de S. Réal.

« *Carolus. Emmanuel. II. Dux.*
» *Sabaudiæ. pedem Princeps. publica.*
» *felicitate. parta. singulorum. commo-*
» *dis. intentus. breviorem. securiorem-*
» *que. viam. regiam. natura. occlusam.*
» *Romanis. intentatam. cæteris. despe-*
» *ratam dejectis. scopulorum. repagulis.*
» *æquata. montium. iniquitate. quæ.*
» *cervicibus. imminebant. præcipitia*
» *pedibus. substernens. æternis. popu-*
» *lorum. commerciis. patefecit.*
    Anno M. D. C. LXX.

Cette inscription, quelque magnifique qu'elle soit, ne dit rien de trop; la hauteur des rochers & leur épaisseur rendoient le chemin de Chambéry en Dauphiné impraticable aux voitures; les mulets & autres bêtes de charge ne pouvoient y passer qu'avec peine & à force de détours.

4. En sortant de ces rochers, on côtoye une montagne élevée & dans une température très-froide; à la fin de juin, lorsque la moisson étoit presque achevée dans les autres parties de la Savoie, les seigles & autres grains de ce canton étoient encore tout verds. En

approchant de Chambéry le terrein s'abaisse, & la température devient plus douce. Une lieue avant que d'arriver dans cette ville, on voit à droite du chemin, à très-peu de distance, une cascade d'un volume d'eau peu considérable; mais comme elle est très-limpide & que sa chûte perpendiculaire a au moins 120 pieds de hauteur, elle est très-agréable à voir, sur-tout quand elle est éclairée par le Soleil; elle forme en partie la petite rivière d'Albane qui passe à Chambéry.

Cascade naturelle.

Les environs de Chambéry sont gracieux, fertiles & cultivés; on y voit quelques maisons de campagne bien entretenues: les vûes sont agrestes & bornées par les montagnes qui en sont très près. On y cultive beaucoup de mûriers blancs, & on y éleve des vers à soie, ainsi que dans toute la Savoie.

Chambéry. 5.(*a*)Chambéry est la ville la plus con-

(*a*(Chambéry est l'ancienne ville des Allobroges appellée Civario. Les légions de César y passerent en allant à la premiere guerre des Gaules. D'autres prétendent que Civario étoit bâtie où est aujourdhui le château de Civron, á trois lieues au-dessus de Chambéry sur l'Isere... C'est à Chambéry que l'Empereur Sigis-

sidérable de la Savoie, assez bien bâtie ; les rues en sont pour la plûpart étroites, les maisons élevées & toutes construites d'une pierre brune, ce qui rend la Ville en général triste & obscure ; le commerce y paroît assez animé ; on y voit beaucoup de boutiques ouvertes, & bien garnies de toutes sortes de marchandises d'usage ; le peuple y est bon & honnête ; on dit que la société y est très-aimable & très-amusante ; on voit aux promenades de très-jolies personnes & qui ont toutes les apparences d'une bonne éducation. La Justice y est administrée par un Sénat qui juge souverainement : il y a une Chambre des Comptes pour la Savoie ; & un ancien château bâti sur une éminence qui commande la ville. Il y avoit un palais assez considérable construit sur la fin du seiziéme siécle, mais qui fut brûlé par accident en 1745, lorsque l'Infant Dom Philippe à présent duc de Parme, l'habitoit, après avoir fait la conquête du reste du duché de Savoie. Dans l'enceinte du château est la sainte chapelle de fondation royale, & desservie par douze chanoines, un doyen &

---

mond érigea la Savoie en duché le 19 Février 1416.

un archidiacre de nomination royale dans le diocèse de Grenoble. l'Eglise n'a jamais été finie; ce qui est sur pied ne devoit être que le rond point du chœur qui est séparé en deux par une grande grille de fer. La partie du fond où est le maître-autel, qui n'a rien de remarquable qu'un petit tabernacle formé par une colonnade d'ordre composite, très-bien exécuté en marbre précieux, sert de chœur aux chanoines; l'autre partie est pour le peuple; toute cette construction est d'un beau gothique moderne. Le portail fait en 1647 d'ordre dorique est assez beau; il est orné de statues de la maison royale de Savoie. C'est dans cette chapelle que l'on conservoit le S. Suaire, avant qu'il eût été transporté à Turin. La promenade publique à une des portes de la ville, plantée de six rangs de beaux arbres, est très-fréquentée, & assez vaste. La population y est de dix à douze mille ames; il y a une garnison de sept à huit cens hommes au moins, & presque toujours de cavalerie. En général, il paroît que la police y est bien faite. Outre la sainte chapelle, il y a quelques autres Eglises considérables, telles que la Paroisse de S. Léger, les Jésuites, les Antonins, les Dominicains, une petite église de Carmelites qui est de très bon goût. On s'apperçoit à Chambéry du voisinage de l'Italie, par la multitude d'églises, de maisons religieuses, & de chapelles que l'on trouve à chaque pas. Cette ville est du diocèse de Grenoble.

Le chemin de Chambéry à Montmélian est au moins de trois grandes lieues; il se fait le long d'un vallon bien ouvert, fertile & cultivé qui va aboutir sur l'Isere; jusqu'à ce point on ne perd pas de vûe le Dauphiné, dont la derniere place de ce côté est le Fort Barraut, bâti sur le bord de la rivière, au pied de la montagne, hors de la portée du canon de Montmélian, mais qui domine absolument le cours de l'Isere.

6. Ce qui se présente d'abord est la citadelle de Montmélian bâtie dans une belle situation sur une éminence qui n'est point dominée ; la réputation qu'elle a eue dans les siécles passés, prouve que c'étoit une place d'importance ; mais à présent elle est entiérement abandonnée, & les fortifications, quoique d'une forme régulière, paroissent bien peu de de chose. La ville qui est au-dessous est bâtie sur un terrein inégal & quelquefois

Montmelian & Citabelle.

A v

assez roide ; la position en est riante le long de l'Isere ; je n'y ai vû aucun édifice remarquable ; les habitans paroissent pauvres, & cependant fort gais ; quelques maisons de campagne bâties au levant & près de la ville, forment un fauxbourg dont l'aspect est gracieux ; à la suite de ce fauxbourg commence le côteau de vignes, qui produit le vin de Montmélian, qui est très-bon & fort connu dans toute l'Italie ; ce côteau a trois lieues au moins de longueur, & est la principale source du commerce de ce pays.

Au sortir de Montmélian on traverse l'Isere sur un grand pont bâti moitié en bois, moitié en pierres ; de là on monte sur un côteau assez élevé, mais qui est très-bien cultivé ; la température en paroît froide ; on voit dans la longueur de quatre grandes lieues beaucoup de bons pâturages, des champs semés de grains de toute espèce, des sources d'eau vive qui coulent des montagnes voisines ; en général ce pays est bon & fertile ; les châtaigniers ne manquent pas dans les terreins plus élevés ; les chemins sont bordés presque partout de noyers ; enfin il paroît que les habitans ne négligent rien pour fertiliser leurs terres, &

pour en tirer le meilleur parti ; si tout le duché de Savoie ressembloit à ces petits cantons, ce seroit l'une des provinces les plus riches de l'Europe.

7. Au-dessous d'Aiguebelle, l'Arc se joint à l'Isere ; le vallon où coule cette rivière devient très-étroit, les montagnes sont plus élevées, & presque partout inabordables aux cultivateurs. Le village d'Aiguebelle est assez gros, & bien bâti; il y a une paroisse, & une église collégiale située de l'autre côté de l'Arc que l'on traverse sur un pont de bois ; elle a été fondée au commencement du XIIIe siécle par un évêque de Tarentaise, dont on voit le mausolée en bronze à l'entrée du chœur ; elle est desservie par un doyen & douze chanoines de nomination royale. A cinq cens pas de cette collégiale sur le même côteau, on voit le clocher & le dessus d'une église paroissiale qui fut recouverte en 1750, le 12 de juin, par une lavanche qui coula d'une montagne voisine ; toute les maisons de la paroisse eurent le même sort. On appelle lavanche un torrent formé de neiges fondues, de terres délayées, de sables & de quartiérs de roche qui coulent ensemble, du haut des montagnes, & en volume assez

Aiguebelle.

Lavanche.

considérable pour couvrir des villages entiers, arrêter le cours des rivières, ou le détourner. On en voit plusieurs exemples, surtout dans la Maurienne, où les neiges sont plus abondantes, les montagnes plus élevées & les vallons plus étroits. En 1742, l'Infant duc de Parme, à la tête des François & des Espagnols, eut une affaire fort vive avec les troupes du roi de Sardaigne qu'il força dans Aiguebelle. Ce poste est important & est la clef de la Maurienne; il y a eu autrefois quelques ouvrages de défense construits sur un rocher qui domine absolument le passage; mais ils sont abandonnés; d'ailleurs, le pays est si resserré & si difficile à tenir, qu'il se défend assez de lui-même.

La plus grande partie des habitans d'Aiguebelle, surtout ceux qui demeurent de l'autre côté de l'Arc, portent des goîtres d'une grosseur énorme; outre qu'ils sont petits & fort laids, cette difformité de plus les rend hideux (a);

(a) Il paroît que l'on ne peut attribuer cette difformité si commune dans les montagnes de Savoie, qu'aux eaux de neige fondue, dont les habitans usent continuellement. Il est établi que la neige qui est si bonne pour la végéta-

on prétend que quand les goîtres font venus à un certain point de grosseur &

―――――――――――――――――――

tion des plantes, qu'elle défend des rigueurs de la gelée, qu'elle pénétre & nourrit ensuite en se fondant insensiblement, est très-contraire aux corps. Outre l'espéce d'aveuglement qu'elle cause & les sons qu'elle intercepte, il est prouvé que la neige ou les vapeurs qui en sortent, affectent vivement les poumons, & causent même quelquefois des défaillances, & que lorsqu'on la boit fondue, elle est très-contraire à la santé, tant à raison de sa froideur & de sa pesanteur que du nître qui y domine, qui affecte désagréablement le goût, & trouble le cours du sang. Tel est le sentiment des modernes.

Les anciens ne pensoient pas différemment. On voit dans Aulugelle (l. 19, c. 5.) que dans les pays méridionaux les gens les plus raisonnables s'abstenoient, pendant les chaleurs de l'été, de boire des eaux de neige, à cause des inconvéniens qui en résultoient, quoique ce fut un des plaisirs de cette saison. Ils regardoient la neige comme une eau condensée, qui avant que d'arriver à ce point, avoit perdu ses parties subtiles & légères; les plus lourdes & les plus mal saines restant. Ce n'étoit, selon eux, que l'écume des vapeurs qui servoient à la former. La preuve de cette vérité étoit tout ce que la neige perdoit de son volume dans la liquéfaction, par laquelle ils prétendoient encore que tout ce qui restoit de plus subtil & de plus léger s'évaporoit. L'autorité d'Aristote, cité dans ce même chapitre, y est précise. Il dit en termes exprès que l'usage des eaux de neige & de

de dureté, ceux qui les portent deviennent absolument imbécilles; & ce qu'il y a d'affreux, c'est que la plus grande partie des habitans de la Maurienne en est affligée. On y rencontre aussi quelques nains, à têtes très-grosses, jambes & cuisses torses & courtes, corps épais plus large que haut; cette espéce d'homme si difforme est très-commune dans la Lombardie, sur-tout à Milan, où il est ordinaire d'en voir plusieurs ensemble, hommes & femmes, tous conformés de même, sans aucuns traits de beauté.

---

glace est très-contraire à la santé, qu'elles portent insensiblement dans la masse générale des liquides un principe de corruption & de désordre, qui se manifeste de toutes sortes de manières, mais qui ne pardonne presque jamais.... Il paroît évident que l'on ne peut attribuer la formation de ces goîtres qu'à un principe de condensation & de concrétion, que les eaux de neige établissent dans les liquides; car qui sont ceux qui en sont le plus communément affligés? Ce sont les paysans, les journaliers, les pauvres, ceux qui usent continuellement de ces eaux qu'ils ne peuvent tempérer par l'usage du vin, & sur-tout dans les contrées où il n'y a pas de l'eau d'une autre qualité. Il est probable encore que les enfans nés de pere & de mere portant goître, ont dans leur sang le principe de cette incommodité, que leur boisson ordinaire développe promptement....

SAVOIE.

Le chemin d'Aiguebelle à la Chambre se fait dans un vallon resserré, autant cultivé que la nature du terrein peut le permettre ; la rivière d'Arc qui le remplit presque en entier, y forme quelque marais ; les montagnes sont couvertes de sapins, de châtaigniers, & de quelques chênes ; d'espace en espace on voit des tours abandonnées, bâties autrefois sur des éminences isolées pour défendre les passages.

8. La Chambre, ville peu considérable avec titre de marquisat, a une église collégiale & paroissiale, & un couvent de Cordeliers ; elle est située dans un terrein uni sur le bord de l'Arc, à deux lieues environ de S. Jean de Maurienne, ville épiscopale, capitale du comté de ce nom, qui a été le premier domaine souverain de la Maison Royale de Savoie. La ville est petite ; l'église cathédrale est d'un mauvais gothique ; on y voit le corps d'un évêque de cette ville, trouvé en terre il y a quelques années, frais & entier ; il est exposé dans une châsse à la vénération du public, revêtu d'ornemens pontificaux. Les rues sont étroites, les maisons assez mal bâties ; il y a quelques maisons religieuses, peu riches. Le vallon où cette

La Chambre.
St. Jean de Maurienne.

ville est située, est resserré ; cependant les abords en sont riants ; & les montagnes qui sont un peu moins escarpées dans cette partie, laissent quelques échappées de vûe qui semblent doubler la largeur du vallon ; delà jusqu'à Lânebourg qui est au pied du Mont-Cénis en passant par S. Michel, S. André, Modane, Bramant & Termignon, le pays va toujours en s'élevant, la température devient plus froide, & les montagnes semblent beaucoup plus hautes ; le chemin qui a environ douze grandes lieues de longueur, se fait le long de l'Arc en côtoyant les montagnes, & doit être très-dangereux en hiver, & dans le temps de la fonte des neiges, par rapport à la difficulté du sol, & aux lavanches ; les passages les plus difficiles sont la montagne de S. Michel, la côte S. André, les abords de Modane, les bois de Bramant, & la montagne de Termignon. On ne fait que passer d'un bord de l'Arc à l'autre sur des petits ponts de bois de sapin faits très-artistement, & sur des modéles assez antiques, car ils ressemblent beaucoup à ceux que César fit construire en differentes occasions, & dont les plans nous restent encore. Cette rivière qui coule

Modane.

d'une rapidité éonnante, qui reçoit à chaque inftant des ruiffeaux de neige fondue qui tombent des montagnes, eft prefque auffi groffe à fa fource qu'à fon embouchure dans l'Ifere; fingularité que l'on ne peut attribuer qu'à la rapidité de fon cours; on y pêche quelques truites de médiocre qualité. Ses eaux font blanchâtres, froides, lourdes, & d'un goût défagréable.

Les montagnes, en général uniformes, ont cependant chacune quelque fingularité qui amufe le voyageur (*a*).

Les unes font abfolument arides, en partie détruites par la fonte des neiges; les rochers fon calcinés, elles ont l'air de la décripitude même; les autres, couvertes de bois, offrent un fpectacle plus vivant; mais comme elles font prefque toutes efcarpées, on n'y voit aucune habitation. Dans les fommets on voit des grottes ouvertes qui fervent de retraite aux ours; les chamois, les bou-

Qualités du terrein.

_____

(*a*) On voit dans un enfoncement, à un quart de lieue du grand chemin, à gauche au-delà de Modane, une cafcade d'un volume d'eau confidérable; elle tombe d'une très-grande hauteur, & fait un point de vûe agréable dans cette perfpective d'ailleurs très-fauvage.

quetins y sont très-communs, de même que les faisans, les gelinottes, les coqs de bruïere, que les Savoyards vendent à très-grand marché. Ce qui fait le plus de plaisir le long de cette route, est l'industrie de l'habitant, qui ne laisse pas un pouce de terrein inculte. Dès qu'il trouve seulement une toise quarrée de terre végétale, il la met en valeur ; on voit des montagnes assez escarpées qui sont cependant cultivées jusqu'à la cime, au moyen des terrasses & des soutenemens pratiqués pour empêcher que les eaux, dans le tems des fontes de neiges, n'entraînent la terre & les productions dans le vallon. Ces montagnes escarpées sont couvertes d'herbages admirables, des petits prés, de champs de seigle & de froment, épais & bien fournis de belles pailles dans un terrein très-léger, & le Savoyard ne doit cette abondance qu'à ses soins. Comme il y a très-peu de terrein, qu'il est naturellement aride, que l'action du soleil, dans les mois de juin & de juillet, y est très-*Conduite* vive, les habitans industrieux condui-
des eaux. sent dans toutes ces hauteurs, l'eau qui coule du sommet des montagnes presque toujours chargées de neiges ; ils pratiquent des réservoirs à une très-grande

élevation, auxquels aboutissent différens canaux formés de sapins creusés, qui portent l'eau par-tout où il en est besoin. Au moyen de ces arbres creusés, ils font passer l'eau d'une montagne à l'autre, & la soutiennent quelquefois jusqu'à soixante pieds de hauteur; on voit le long du chemin, une quantité de petites usines à scier le bois en planches, en solives & autres piéces de service; rien n'est plus simple & plus grossier que ces machines : cependant elles servent très-bien à leur destination. Ce pays est vraiment fait pour donner une idée des premiers siécles du monde, où les Arts étoient à peine connus, ou n'en étoient encore qu'à leurs premiers commencemens; le peuple même qui est bon & simple, très-serviable, pourvû qu'il voye un peu d'argent qui lui est nécessaire pour payer les tributs dont il est chargé, rend cette idée encore plus sensible. (a)

Le étoffes dont les habitans s'habil-

―――――――――――――――

(a) Dans toutes les montagnes, il y a une multitude de plantes curieuses & agréables à voir dans la belle saison, qui croissent dans les fentes des rochers, dont les fleurs sont de couleurs éclatantes, & que je crois devoir être mises au rang des *semper vivum*.

lent, font très-grossieres; ils font tous en général assez laids ; leur façon de se mettre y contribue. Du côté de Lasnebourg, & sur le Mont-Cénis, les femmes portent sur la tête des toques de drap brun ou noir, avec une plaque sur le devant, d'une étoffe un peu plus précieuse, coëffure qui ne les embellit point.

<small>Passage du Mont-Cénis.</small> 9. Lasnebourg, dernier village de Savoie, est situé au pied du grand Mont-Cénis. Le chemin dans cet endroit cesse d'être praticable pour les voitures, pour les faire passer en Piémont, il faut les démonter entierement, on les charge par piéces sur le dos des mulets, de même que tous les ballots d'équipage : c'est le syndic du village qui commande les habitans qui doivent fournir les mulets, & porter ; chacun d'eux y passe à son tour ; on voit la quantité d'hommes & de mulets qui sont nécessaires; chaque mulets doit porter douze rupes ou trois cens livres pesant ; on charge quelque homme, des effets les plus précieux; on paye trois livres de France par chaque homme & mulet ; les domestiques passent ordinairement sur un mulet; les Maîtres se font porter sur de mauvaises chaises de paille, très-dures, ajustées sur un

brancar de fapin ; ordinairement on donne fix porteurs pour chaque perfonne. Le chemin de Lafnebourg au-deffus du Mont-Cénis eft extrêmement roide & prefque perpendiculaire ; ils l'eftiment dans le pays à une lieue de hauteur ; il n'eft point dangereux ; il n'y a aucun précipice à redouter, mais feulement beaucoup de fatigue pour les porteurs, & une peine réelle de voir des hommes s'empreffer à faire le métier le plus fatiguant des bêtes de fomme ; on trouve au-deffus, une efpéce de plaine inégale qui a près de deux lieues de longueur ; quand les neiges y font fondues, elle eft couverte de bons paturages, où l'on met le bétail pendant les mois de juillet & d'août, & en feptembre jufqu'aux premieres neiges ; il y a d'efpace en efpace, des écuries où on retire le bétail pendant la nuit. C'eft dans ce tems que fe font quantité de fromages d'affez bonne qualité, qui approchent un peu du Parmefan, & qui fe confomment dans le pays & en Piémont ; ce commerce eft le plus utile, & la véritable reffource de ces cantons. A côté des écuries, il y a de petits logemens où les payfans fe retirent, & fabriquent leurs fromages. De tems en tems, on trouve des fources

& des abreuvoirs pour le bétail. Au milieu de la montagne, il y a un cabaret où on fait repofer & boire les porteurs; plus loin un Hôpital pour les pélérins, & une maifon pour la pofte. A droite eft un lac d'une demi-lieue environ de diametre, où on pêche d'excellentes truites; elles font préférables pour la finefle du goût au faumon frais; les meilleures font celles de quatre à fix livres de poids. L'air eft très-vif & prefque toujours froid fur cette montagne; ce que l'on doit attribuer à fa très-grande élévation & aux amas confidérables de neiges qui couvrent les fommets des montagnes voifines, beaucoup plus élevée encore que le plain du Mont-Cénis. Les neiges ne fondent jamais entiérement, elles acquierent à la fuite des tems, fur-tout dans les côtés expofés au nord & au couchant, une dureté & une folidité au-deflus de celle de la glace. L'action du foleil y fait très-peu de chofe; elles font prefque toujours chargées de nuages; s'il arrive que quelquefois elles foient découvertes, & que la chaleur du foleil s'y faffe fentir affez vivement pour les mettre en fufion, elles fe forment prefqu'auffitôt en vapeurs, d'où naiffent de nouveaux nuages. Ces vapeurs font très-

Lac fur le Mont-Cénis.

légères dans leur origine; elles se rassemblent en différens points des montagnes, comme une fumée transparente, souvent immobile; mais le plus petit mouvement de l'air les rapproche; alors il est aisé de voir qu'elles acquierent plus de solideté; elles deviennent plus épaisses, plus blanches, & réfléchissent même une partie des rayons de la lumiere qui les éclaire. Leur direction est toujours de bas en haut, & on voit les amas de vapeurs ramper en quelque sorte sur le penchant de la montagne, jusqu'à ce qu'elles en ayent gagné la cime, où elles se forment en nuages, & restent immobiles souvent en masse très-considérable, jusqu'à ce que le vent les en détache & les porte ailleurs. Ces montagnes, quelque élevées & arides quelles paroissent, sont donc en partie le réservoir des eaux, qui se répandent en pluies sur la surface de la terre; car elles servent immédiatement à la formation des nuages. On doit remarquer encore que l'on trouve presque sur toutes, des lacs & des sources d'eaux vives.

Il sort du lac du Mont-Cénis, un ruisseau assez considérable qui va grossir la petite Doire à Suze. Ce même ruisseau, à une demi-lieue environ du

Cascade.

lac, forme une cascade magnifique; le rocher le long duquel elle tombe, est chargé d'un minerai qui tient de la nature du plomb & de l'étain; quelques parties en sont cuivreuses. Le frottement de l'eau qui est continuel & très-fort, à donné un beau poli au rocher, de sorte que, quand il est éclairé par le soleil, il brille comme l'argent. Près de cette cascade, on voit les vestiges d'une terrible lavanche; les quartiers de pierres & de rochers brisées, couvrent près d'une demi-lieue quarrée, & ont comblé tout le vallon; cette vûe donne l'idée d'un horrible boulversement.

Descente du Mont-Cénis: entrée en Piémont. 10. On côtoye le ruisseau du Mont-Cénis par une descente très-difficile & très-escarpée, qui a au moins deux lieues de longueur; (*a*) on traverse un village appellé la Ferriere, dans une situation horrible; & enfin on arrive à la Novalèse, gros village, où est la premiere

---

(*a*) La descente pratiquée sur des rochers presque par-tout escarpés, ressemble du haut de la montagne à une très-grande échelle en forme de zigzag, dont les échelons ou zigzags sont d'autant plus rapprochés que le terrein est plus droit, partie des échelons sont pavés, partie sont garnis de pierres roulantes qui rendent le chemin très-fatiguant & difficile à tenir.

L'air

douane du Piémont; c'est-là que l'on remonte les équipages.

L'air y est beaucoup plus doux qu'à Lasnebourg; le peu de terrein que l'on peut y cultiver, plus fertile; la végétation y est plus forte; il est vrai que l'on ne peut pas beaucoup compter sur les préparatifs que l'on fait dans ces vallons, pour la récolte; comme ils sont très-resserrés, il arrive dans les fontes de neiges qui se font précipitamment, que les eaux qui charrient beaucoup de pierres & de sables, couvrent les terres, détruisent les habitations, & mettent la désolation & l'horreur dans ce petit canton; mais comme le fond en est bon, que les habitans sont laborieux & patiens, ils réparent insensiblement les torts qu'ils n'éprouvent que trop souvent.

En descendant à la Novalèse, à quelque distance du plain du Mont-Cénis, on voit la partie des montagnes qu'occupoient les troupes Piémontoises, chargées de défendre le passage de l'assiette, que le chevalier de Belle-isle voulut forcer en 1747. Elles paroissent inabordables du côté du Piémont, & sont, à ce que l'on assure, beaucoup plus difficiles du côté où les François avoient formé leur

Tome I. B

attaque; on n'imagine pas comment on ose conduire une armée dans de pareils défilés. Des gens encore vivans dans le pays, assurent que l'on avoit offert un projet au même général, pour conduire l'armée par le Mont-Cénis & la chaîne de montagnes qui regne au-dessus du vallon de la Novalèse, du côté de Notre-Dame des Neiges; il y a dans cette partie un chemin peu connu, où cependant passent souvent les bêtes de somme qui vont de la Tarentaise en Piémont. Le roi de Sardaigne ne pensoit point à le faire garder, & on auroit pu y passer sans coup férir, laissant sur la droite le fort de la Brunette & Suze; on débouchoit tout d'un coup dans une vallée fertile où coule la petite Doire; les François, maîtres de toute la Savoie & du passage du Mont-Cénis, du côté de Lasnebourg, pouvoient faire continuellement filer des secours par cette même route.

Fort de la Brunette. 11. La Brunette, qui garde le Pas de Suze, est située sur une petite élévation, & creusée en grande partie dans le roc, où toutes les casmattes, les magasins & la plûpart des logemens sont pratiqués. Elle est en très-bon état de défense; & le roi de Sardaigne y fait ajouter beaucoup de nouveaux ouvrages ; il y tient une garnison considérable. Cette forteresse coupe absolument le chemin qui passe dans les ouvrages extérieurs & sous le canon. Vis-à-vis, sur un autre rocher, est un petit fort qui communique à la Brunette par une galerie taillée en partie dans le roc : celui-ci commande entiérement la ville de Suze. La Brunette n'est pas dans une position absolument sûre, elle est dominée par deux montagnes très-élevées qui n'en sont pas éloignée de plus de la portée du mousquet ; il est vrai qu'il seroit bien difficile d'y loger de l'artillerie ; & on ne néglige rien pour les rendre inabordables.

Suze, première ville de Piémont à l'entrée du pas de ce nom, (*a*) est peu considérable, & médiocrement peuplée ; les François en ruinent les fortifications au commencement de ce siécle. Le voisinage du fort la Brunette, & les troupes qui y sont en quartier, lui donnent l'air

Suze.

(*a*) Située au pied des Alpes Cotiennes, au passage de l'Italie dans les Gaules, par où la tradition est qu'Hercule, & après lui Annibal passerent, le premier dans les Gaules, le second en Italie. La ville de Suze n'est pas à deux lieues des frontières du Dauphiné.

d'une place de guerre. Elle étoit jadis épiscopale, & l'église qui étoit cathédrale, est encore la principale de la ville; mais l'évêque ayant été tué à l'autel par un habitant du pays, qui lui tira un arquebusade, de la grande porte de l'église, l'évêcher fut supprimé, & n'a point été rétabli; la grande porte même fut murée, & n'a pas été ouverte depuis. Voilà ce que l'on m'a raconté dans le pays; le maître-autel de cette église est de marbre de rapport de différentes couleurs, & m'a paru assez beau.

Mais ce qui mérite d'être vû, est l'arc de triomphe érigé en l'honneur d'Auguste hors de la ville, très-près des gorges des montagnes, à côté d'un château ancien qu'habitoient les marquis de Suze. On voit très-bien encore que ce morceau, quoique dégradé, est du beau temps de l'architecture romaine. Les colonnes qui sont à chaque face, sont d'ordre corinthien; la frise est chargée d'un bas relief d'une belle exécution; on y distingue encore un autel antique, avec les sacrificateurs, les tibicines, les victimes, des hommes à cheval qui précédent une marche triomphale: l'inscription est en caractères romains, mais si fort alterée qu'il n'est plus possible de la lire (*a*).

La ville de Suze doit son origine à une colonie Romaine qui s'y établit sous le regne d'Auguste, lorsque ce Prince fit faire un chemin par le Mont-Génèvre pour entrer en Dauphiné. Elle devint considérable; mais ayant été réduite en cendres dans le commencement du quatriéme siécle, lorsque Constantin

---

(*a*) J'ai retrouvé cette inscription rapportée dans la géographie de Raphaël de Volterre.

Imperat. Cæsari. Tyber. Divi. Aug. Fil. Pont. Max. Imper. XXIIII. Trib. potest. S. P. Q. R. quod. ejus. ductu. auspiciisque. gentes Alpinæ omnes. quæ. a. Mari. supero. ad. inferum pertinebant. sub Imperium. populi. Romani. sunt. redactæ...

Ce fut Tibere qui soumit ces peuples, Auguste vivant encore; ils faisoient partie de la Ligurie.

J'ai vû une belle tabatiere faite d'un bois pétrifié & agathisé dont les fibres sont exactement marquées & qui à la couleur paroît avoir été du noyer; cet arbre a, dit-on, été trouvé dans les montagnes de Piémont du côté de Suze, & étoit fort gros. Si le fait est vrai, c'est une des plus belles pétrifications & des plus rares qui se soient jamais faites. Cette tabatiere appartenoit au P. de la Torré, clerc régulier somasque, bibliothécaire du roi de Naples.

le Grand combattoit pour l'Empire, elle ne fut rétablie que lorfque les marquis de Suze, qui defcendoient de Charlemagne, en firent le chef-lieu de leurs États. Cette ville avec le refte du marquifat de Suze, paffa dans la maifon royale de Savoie dans l'onziéme fiécle, par le mariage d'Adélaide, fille de Mainfroy, Marquis de Suze, qui époufa Odon frere d'Amédée I. comte de Maurienne & qui lui porta en dot le marquifat de Suze, la Vallée d'Aofte & le marquifat de Turin, avec quelques autres terres fituées fur la côte de Gênes. En conféquence de cette alliance importante, Odon prit le titre de marquis d'Italie ; fon fils Amédée II. fut fon héritier & celui d'Amédée I. fon oncle qui mourut fans enfans, & mit par ces acquifitions la maifon de Savoie dans un rang diftingué parmi les maifons Souveraines de l'Europe.

Route de Suze à Turin. 12. Le chemin de Suze à Turin à environ douze lieues d'étendue : il fe fait dans un vallon fertile ; affez refferré en quelques endroits, le long duquel coule la rivière de Doire ; dans ces cantons on commence à marier la vigne à l'ormeau, c'eft-à-dire que les ceps de vigne font plantés au pied des arbres fur lefquels ils font appuyés. Le terrein qui eft au-dessous est cultivé & semé de bled ou de quelqu'autre graine, de sorte que le même champ produit au moins deux récoltes par an; on voit aussi beaucoup de muriers blancs pour la nourriture des vers à soie; on connoît la bonté des soies de Piémont, & combien on y en amasse.

S. Ambroise, gros village à cinq lieues de Suze, a une église neuve d'un très-bon goût, construite par un maître maçon que le roi de Sardaigne a pris à son service. Elle a la forme d'un très-grand sallon octogone; les ornemens d'architecture intérieurs & extérieurs sont d'ordre composite; le portail, à deux rangs de colonnes, est du même ordre. Au-dessus de ce village sur une montagne escarpée & très-élevée, est la fameuse abbaye de S. Michel de la Cluse, de l'ordre de S. Benoît, bénéfice le plus considérable du Piémont, tant par ses revenus que par la grande collation des bénéfices qui en dépendent en France & en Piémont. Il y reste encore quelques bâtimens & une très-grande église abandonnée à cause de la situation. Le chef-lieu de ce bénéfice si riche est desservi par un seul chapelain. L'abbaye est à la nomination du roi de

Saint Michel de la Cluse.

Sardaigne. Une demi-lieue plus loin on traverse la petite ville de Vcillane, commandée par un fort qui tombe en ruine. Ensuite on vient à Rivoli, gros bourg au-dessus duquel est une maison Royale, où le Roi Victor Amédée est mort, enfermé par ordre de son fils. La situation en est belle, & domine sur une plaine fort large qui a trois lieues de longueur, & est terminée par la ville de Turin. Ce château n'est pas achevé; le roi l'a abandonné depuis la mort de son pere, & n'y a jamais mis le pied. Il ne se plairoit pas dans un lieu où la triste nécessité des circonstances l'a forcé d'en agir sévérement avec ce prince, qui, après avoir fait son abdication en sa faveur, vouloit remonter sur le trône. (a)

―――――――――――

(a) Voici en peu de mots l'histoire de cet événement qui fit assez de bruit en Europe. Victor Amédée, le premier prince de la maison de Savoie qui ait eu le titre & le rang de Roi, fut couronné roi de Sicile à Palerme en 1713, & fut déclaré roi de Sardaigne en 1717, après avoir cédé à l'Empereur le royaume de Sicile. Ayant résolu d'abdiquer le gouvernement de ses Etats en faveur du prince Royal son fils, il fit avertir le deux septembre 1730. les princes, les chevaliers de l'ordre de l'Annonciade, les ministres, les

La route de Rivoli à Turin eſt de trois lieues par un chemin tiré à droite

principaux magiſtrats, & les généraux de ſes troupes, l'archevêque de Turin, &c. de ſe trouver le lendemain après midi au château de Rivoli. Le roi déclara dans cette aſſemblée qu'il faiſoit une abdication générale de ſon Royaume & de ſes autres Etats en faveur du prince de Piémont ſon fils. Ayant fait enſuite aſſembler le Conſeil d'état, il déclara qu'il étoit marié depuis le douze du mois d'août précédent avec la marquiſe douariere de S. Sébaſtien, femme âgée pour lors de cinquante ans. Ce Roi partit le lendemain de ſon abdication pour le château de Chambéry qu'il avoit choiſi pour le lieu de ſa retraite, où il avoit fait tranſporter auparavant quelques millions en or, & pluſieurs pierreries de la couronne. Il ne s'étoit réſervé qu'une penſion de cent cinquante mille écus; mais s'ennuyant de ſa retraite, preſſé, à ce que l'on prétend, par les ſollicitations de la marquiſe, femme ambitieuſe qui vouloit regner ſous le nom du prince ſon époux, il paſſa de Chambéry à Mont-Callier pour être plus à portée d'exécuter le projet qu'il avoit formé de remonter ſur le trône. Il avoit gagné les principaux officiers de la citadelle de Turin qui devoient la lui livrer; il s'étoit formé un parti dans la ville, & dans le palais même du Roi ſon fils, qui ne fut averti de la conſpiration que quelques heures avant qu'elle éclata. Mais il eut le temps de faire arrêter le Roi ſon pere, d'enlever la marquiſe de S. Sébaſtien, & de changer la garde de la citadelle; ce qui fut fait avec une célérité étonnante & beaucoup de ſecret. Le roi Victor

B v

ligne, & planté de grands ormes des deux côtés, dans une belle plaine, fertile, & arrosée par une quantité de canaux tirés de la Doire; c'est proprement dans cet endroit que commence cette riche plaine de la Lombardie, qui s'étend jusqu'à Venise.

Turin.

13. Turin, ville capitale du Piémont, est le lieu de la résidence de la cour du roi de Sardaigne. Elle est située dans un terrain uni entre le Pô au Levant & la Doire au Nord-Ouest. Elle est entourée d'un rempart terrassé & revêtu de bonnes murailles, d'un large fossé défendu par des bastions, ce qui en fait une place régulièrement fortifiée, & très-bien entretenue. On y entre par quatre portes.

La porte du Pô au Levant, qui est d'une architecture noble & solide; les revêtissemens en sont de marbre, les armes de la maison royale de Savoie ornent le fronton, soutenu par quatres grosses co-

---

fut gardé quelque-temps à vûe à Mont-Callier, ensuite transféré à Rivoli, où il mourut le trente-un octobre 1732, âgé de soixante-six ans cinq mois & seize jours. Son corps, après avoir été exposé en public pendant trois jours, fut porté à la Superga, suivi de toute la maison du roi en deuil....

lonnes ; on voit par l'inscription , gravée au-dessus de la porte, que ces ornemens furent faits par l'ordre de Charles Amédée II. duc de Savoie en 1638 , & de madame royale Christine de France sa mere pendant sa Regence, ils furent acheves en 1680. La porte neuve au midi , aussi revêtue de marbre , ornée de colonnes & de statues des princes de la maison royale, achevée peu après le mariage de madame Christine de France , fille de Henry IV, avec le duc Victor Amédée I, en 1620, ainsi que l'apprend l'inscription gravée sur le marbre. La porte de Suze au couchant, qui conduit à Rivoli; & la porte Palais qui va au pont de la Doire, après avoir traversé le fauxbourg du Pallon , auquel aboutissent à droite le grand chemin de Milan, à gauche celui de la Venerie, maison de plaisance du Roi. Entre la porte neuve & la porte de Suze on trouve la citadelle bâtie en pentagone régulier. On assûre que c'est l'une des meilleures de l'Europe; elle fut commencée en 1564, par le duc Emmanuel Philibert, après qu'il fut rentré en possession de ses Etats , par son mariage avec Marguerite de France sœur de Henri II. Le plan n'en a point été changé ; mais le roi actuellement regnant, & son pré-

B vj

décesseur, en ont beaucoup perfectionné les ouvrages ; elle est défendue par une très-belle artillerie & par une garnison considérable ; il y a dans l'intérieur une église paroissiale de sainte Barbe pour le service des soldats & des habitans de la citadelle. La porte principale est ornée d'un grand écusson de bronze qui passe pour un chef-d'œuvre ; le puits de la citadelle est très-large & a deux escaliers tournans, par l'un desquels les chevaux même peuvent descendre jusqu'au niveau de l'eau pour s'y abreuver, & remonter par l'autre. Elle a soutenu plusieurs siéges, entr'autres celui de 1706, commandé par le duc d'Orléans & le maréchal de Marsin qui furent forcés dans leurs lignes par le roi Victor Amédée & le prince Eugène.... Sur le glacis de la citadelle, du côté de la ville, est une belle promenade plantée d'arbres, qui forment trois allées ; celle du milieu où passent les carrosses est très large ; les deux des côtés sont destinées aux gens de pied & sont bordées de gazons verds ; cette promenade va jusqu'à la porte de Suze, entre le fossé de la citadelle, & la ville.

A l'extrémité de cette promenade du côté de la porte neuve, on trouve l'arsenal, grand & vaste bâtiment toujours gardé par un détachement du régiment d'artillerie ; il a été commencé par le duc Charles Emmanuel II, continué par le roi Victor, & très-augmenté & embelli par Charles Emmanuel. On voit sous le vestibule quatre coulevrines d'une grosseur prodigieuse ; il y a une fonderie de canons, & un cabinet d'histoire naturelle, qui a pour objet les métaux qui se trouvent dans les Etats du roi de Sardaigne, & dans les autres parties de l'Europe.

14. La ville est divisée en 145 isles ou petits quartiers, dont le nom est écrit sur les angles de chacun ; la plus grande partie de ces quartiers sont quarrés, ce qui contribue à la distribution régulière de Turin, à la beauté & l'alignement de ses rues, à l'étendue des différents points de vûe, & à l'agrément général de la ville ; cette distribution est remarquable, sur tout dans le nouveau Turin, c'est-à-dire, dans cette partie de la ville qui avoisine la porte du Pô & la porte neuve jusqu'à l'esplanade intérieure de la citadelle. Quant au vieux Turin, les quartiers n'y sont point si réguliers, les rues n'y sont point alignées, & elles sont étroites, quoique le Prince regnant, par un Edit de 1736, ait ordonné de travailler par-tout à l'alignement & à l'unifor-

Division de la Ville.

mité des bâtimens, & qu'il y ait déja beaucoup contribué par plusieurs édifices publics, qu'il a fait élever à ses dépens.

Elle a dans son enceinte 43 églises, dont une cathédrale & dix paroissiales, dix-neuf maisons régulières pour les hommes, neuf pour les femmes, sept Hôpitaux, deux Colléges d'exercice pour la jeunesse, trois Séminaires pour les Ecclésiastiques, trois conservatoires pour élever les jeunes filles orphelines, un pour les garçons, & deux maisons de force pour les femmes.

On dira quelque chose des monumens les plus remarquables dans ce genre.

Cathédrale. 15. L'église cathédrale, sous le vocable de S. Jean Baptiste, a été fondée, au commencement du septième siécle, par Agilulfe duc de Turin, & Théodelinde sa femme; le cardinal de Rovéré évêque de Turin, l'a fit rebâtir dans la forme où elle est, à la fin du quinziéme siécle; la construction de cette église est gothique; l'ouvrage en est solide, mais peu agréable; elle a trois nefs sontenues de grands pilastres; ce qu'il y a de plus curieux dans cette église est la chapelle *Chapelle du S. Suaire.* royale du S. Suaire, que l'on voit au fond, & qui domine sur le chœur des chanoines; l'intérieur en est entiérement revêtu de marbres ; le plan de la chapelle est orné de colonnes grouppées, de marbre noir poli, qui supportent des arcades ; les bases & les chapiteaux sont de bronze doré; deux grandes colonnes cannelées soutiennent l'arc ouvert sur la cathédrale ; en général, cette décoration est noble, riche, & de bon goût; mais ce qui est singulier, c'est la coupole de cette chapelle, formée par une quantité d'exagones posés les uns sur les autres, qui forment une multitude de fenêtres triangulaires qui vont en diminuant jusqu'au sommet de la coupole, terminée par une étoile de marbre très-délicatement faite. Cette construction est du dessein du P. Guarini Théatin.

L'autel qui est au milieu, est aussi de marbre noir & à deux faces, sur lequel est placée une urne quarrée de marbre, qui renferme dans différens coffres la précieuse relique du Saint Suaire; il est terminé par un grouppe d'Anges qui soutiennent une grande croix de cristal ornée de rayons de bronze doré. Le pavé est de marbre bleuâtre dans lequel sont incrustées des étoiles de bronze doré. Tout cet ensemble est d'une beauté sérieuse, bien convenable à sa destination ; c'eft dans cette chapelle que le Roi & la famille royale vont ordinairement entendre la meffe ; au-deffus du premier ordre, il y a des tribunes pour placer les muficiens.

Cinq lampes d'argent d'un poids confidérable, dont la plus groffe pèfe plus de trois cens livres, font pendues aux angles de l'Autel, & toujours ardentes. La relique du S. Suaire fut donnée en 1453 à Louis Duc de Savoie par Marguerite de Chipre, & dépofée à la chapelle Royale du Château de Chambéry, (a) où elle refta jufqu'au feiziéme fiécle

───────────────────────

(a) Les Piémontois n'en fçavent pas davantage fur le S. Suaire, mais voici ce qu'en dit M. Baillet dans fon Hiftoire des Fêtes mobiles. Le S. Suaire de Turin a été originairement dépofé dans l'Eglife collégiale de Liré, bourg de Champagne, à trois lieues de Troyes, vers le midi. Il avoit été donné à cette Eglife par Geoffroy de Charny, Gouverneur de Picardie, qui en étoit le Fondateur, & qui difoit avoir pris cette Relique aux Infidéles vers le milieu du XIV Siécle. Les Evêques de Troyes s'oppoferent conftamment au culte public que les Chanoines de Liré avoient décerné à cette Relique. Les troubles qui s'éleverent en France les obligerent à la mettre en dépôt en 1418 entre les mains d'Humbert, Comte de la Roche,

qu'elle fut transportée à Turin par ordre du Duc de Savoie, qui voulut épargner à S. Charles Borromée la peine de passer les Alpes & d'aller à Chambéry rendre son hommage à cette sainte Relique ; elle fut déposée alors dans l'Eglise de S. Laurent des Théatins ; & depuis transportée daus la Chapelle que le Duc Charles Emmanuel II. fit bâtir.

16. La Consolata, église tenuë par les Feuillans, est célébre à Turin par une ancienne image miraculeuse de la vierge,

<small>Autres Eglises.</small>

Seigneur de Villers-Seissel, Gentilhomme du Comté de Bourgogne, qui avoit épousé la petite-fille de Geoffroy de Charny. Celle-ci étant devenue veuve, au lieu de rendre le S. Suaire à l'Eglise de Liré, le porta en 1452 à Chambéry, & en fit présent à la Duchesse de Savoie, Anne de Chipre Lusignan, qui fit bâtir une Chapelle dans son Château de Chambéry, pour le placer. Cette Chapelle fut érigée en Eglise Collégiale par la Bulle de Paul II, du 2 Mai 1467. Le S. Suaire fut ensuite porté à Verceil, puis à Nice, reporté à Verceil, enfin remis à Chambéry en 1562. En 1578, le Duc Emmanuel Philibert, voulant épargner à S. Charles, Archevêque de Milan, la peine d'aller à pied en pélerinage honorer le S. Suaire à Chambéry, le fit apporter à Turin, avec promesse de le restituer, promesse dont la Ville de Chambéry n'a point encore obtenu l'exécution.

peinte fur une légere étoffe de foie. Elle eft formée par trois bâtimens réunis qui paroiffent trois églifes féparées. Le premier eft un quarré long, mal éclairé, où font plufieurs chapelles affez bien ornées dans lefquelles on célébre la meffe; le fecond de forme ovale, eft l'églife paroiffiale de Saint-André ; l'entrée eft par le côté, de forte qu'il faut jetter les yeux à droite & à gauche, pour juger de la grandeur de l'églife qui eft entiérement peinte & dorée ; quoique les peintures ne foient pas d'excellens maîtres, comme le ton des couleurs eft frais & gracieux, le tout enfemble forme un coup d'œil riche & agréable ; le troifiéme eft une très-grande chapelle avec un dôme; elle eft revêtue de beaux marbres, richement décorée & bien éclairée ; les peintures de la coupole font de bonne main. C'eft dans cette chapelle que l'on conferve l'image miraculeufe de la Vierge. Les facrifties, la bibliothéque, la falle du chapitre, méritent d'être vues; toute cette maifon en général eft de la plus grande propreté. Tous les ans, le huit de feptembre, on fait dans cette églife une fête de vœu très-folemnelle, en mémoire de la levée du fiége mis par les François devant Turin en 1706. Les Corps Eccléfiaftiques, réguliers & féculiers de la ville, & tous les Magiftrats y viennent proceffionnellement de la cathédrale, & on y porte une ftatue de la Vierge grande comme nature, donnée à cette occafion par le roi *Victor-Amédée*. Le tréfor de cette églife eft fort riche par la quantité de ftatues, reliquaires & autres ornemens d'argent, dont plufieurs font très-bien travaillés, & font honneur aux artiftes de Turin qui ont beaucoup de goût pour ce genre d'ouvrages.

Le *Corpus Domini* ou l'églife du Saint-Sacrement, peut paffer pour la plus ornée de Turin; elle eft entiérement revêtue de marbres de différentes efpeces; les chapiteaux des colonnes, les ornemens de la voute & des tribunes qui font autour de l'églife, font dorés & bien entretenus; il feroit peut-être à fouhaiter qu'il y eût un moindre étalage de richeffes, & plus de goût dans la diftribution de ces ornemens. Cette églife doit fon établiffement à un miracle fignalé, rapporté dans l'hiftoire éccléfiaftique de Turin. En 1453, les habitans de Suze, & Dauphinois leurs voifins, fe firent uue petite guerre dans laquelle un foldat Piémontois pilla l'églife du village d'Ifiglié, & entr'autres effets, prit l'oftenfoir d'argent avec la fainte hoftie, qu'il chargea avec fon butin fur un mulet ; quand il fut arrivé à Turin, le mulet s'arrêta à l'endroit où eft bâtie l'églife du *Corpus Domini*; la charge du mulet fe délia d'elle-même ; l'oftenfoir fe dreffa, s'ouvrit, l'hoftie en fortit, & s'éleva en l'air où elle fe foutint jufqu'à ce que l'évêque Louis Romagnano, fuivi d'une partie de fon clergé, fut arrivé à l'endroit où s'opéroit le prodige : s'étant mis en priéres, il mérita de recevoir la fainte hoftie dans un calice qu'il tenoit. Pour conferver la mémoire de cet événement, on fit bâtir dans le lieu même une petite chapelle que la dévotion des habitans de Turin a fait changer, en 1607, en cette magnifique églife dont je viens de parler.

Sainte-Thérefe, églife de Carmes Déchauffés, fondée en 1635 par le Duc Victor-Amédée I. Le maître-autel orné de colonnes torfes couplées, eft de bon goût ; mais ce qui eft le plus remarquable dans cette églife, font les deux grandes chapelles de la croifée; celle qui eft à gauche en entrant par la porte principale, a été conftruite pour fatisfaire à un vœu de Chriftine-Jeanne de Heffe Rhinfels, feconde femme du roi de Sardaigne regnant ; fix colonnes de marbres de différentes couleurs foutiennent une petite coupole prefqu'entiérement dorée, fous laquelle eft pofée une ftatue d'albâtre de Saint-Jofeph ; les jours de cette coupole font ménagés de façon qu'il femble qu'elle foit toujours éclairée par le foleil, même dans les temps les plus obfcurs ; on voit dans cette chapelle deux beaux tableaux de Corrado, peintre Napolitain, éleve de Solimene.

Sainte-Chriftine, églife de Carmélites Déchauffées, fur la place Saint Charles; le portail a été fait fur les deffeins du chevalier Philippe Juvara, architecte très-connu à Turin ; c'eft, au dire des connoiffeurs, le plus joli édifice de ce genre qui foit dans cette ville ; mais ce qui mérite d'être vu, eft la belle ftatue de Sainte Thérefe qui eft dans l'églife ; elle eft plus grande que nature, parce qu'elle avoit été faite pour être placée au-deffus du portail, avec celle de Sainte Chriftine qui eft de même hauteur ; toutes les deux font de M. le Gros, fculpteur François ; la premiere eft tellement fupérieure à l'autre que l'on a peine à imaginer qu'elles foient de la même main. On fait à cette ftatue le même reproche qu'à celle du Bernin qui eft à l'églife de la Victoire à Rome, on y trouve l'amour divin trop vivement exprimé ; je ne fuis point de cet avis pour la ftatue de Turin, l'expreffion me paroît telle qu'elle doit être ; ce que j'y admire, c'eft que le fculpteur ait pu faire rendre au marbre le fentiment avec une fi grande vérité d'expreffion.

Saint Philippe de Néri, belle églife de clercs réguliers de la congrégation dite *Philippens* du nom de fon inftituteur; elle a été rebâtie dans ce fiécle fur les deffeins de Juvara, mais elle n'eft pas encore achevée. Le fanctuaire & les deux chapelles collatérales font richement décorées & de bon goût; le maître-autel qui eft au fond du fanctuaire, eft orné de fix colonnes torfes de marbre, entourées de pampres de bronze doré; le tableau de l'autel eft de Carle Maratte, celui de la chapelle de Saint-Philippe de Néri eft de Solimene, celui de l'oratoire qui eft dans le cloître intérieur eft de Sébaftien Concha ; l'argenterie de cette Eglife eft confidérable & bien travaillée ; on y doit voir fur-tout un revétiffement du maître-autel, qui eft tout de nacre de perle cizelée, montée fur un fond d'argent d'orfévrerie, quelques paremens d'autels en bois de marqueterie de toutes couleurs qui forment des tableaux assez bien dessinés, & aussi bien colorés qu'on puisse les imaginer dans ce genre, où on n'a voulu employer que la couleur naturelle du bois.

On doit voir encore l'église des chevaliers de l'ordre royal & militaire de Saint-Maurice, & son petit portail; l'église de Saint-Laurent des Théatins, dont la coupole est hardie & bien entendue; elle est soutenue en partie sur de grosses colonnes de marbre du pays, de couleurs assez brillantes; il y a dans cette église, quelques bons tableaux du *Franceschini*. Je n'entre pas dans un plus grand détail sur les autres églises de Turin, dont plusieurs n'ont rien de plus remarquable que le goût général de décoration qui, en Italie, est commun à ces édifices, où quelquefois les ornemens sont employés avec plus de profusion que de goût.

17. Le palais du roi de Sardaine, ou le château, n'a aucune décoration extérieure; c'est un très grand édifice déja ancien, bâti très-uniment; mais les appartemens en sont grands, commodes, bien ornés & tenus avec autant de soin que de propreté; les meubles en sont riches, sans avoir rien de recherché

Palais du Roi.

ni de fastueux ; le petit appartement d'été est décoré d'un très-bon goût ; toutes les piéces principales s nt ornées de plafonds bien peints ; la collection des tableaux du roi de Sardaigne est connue ; presque tout ce qu'il possede est bien conservé. Les ouvrages du *Guerchin*, du *Guide*, de *Paul Véronése*, de *l'Albane*, de *François Bassan*, de *Vandik* & de plusieurs autres maîtres, ornent la grande galerie ; mais ce qu'il y a de plus admirable encore, c'est la collection nombreuse de tableaux Flamands qui, après la mort du prince Eugene, a passé entre les mains du Roi regnant, dans le nombre desquels est l'hydropique de *Gerarddow*, le plus beau tableau Flamand peut-être qui existe, & qui est très-bien conservé. (*a*)

Les jardins de ce palais sont dans un terrein irrégulier & resserré par les fortifications de la ville ; ils sont du célébre le Nôtre qui a si bien distribué son dessein que, quoique l'espace soit assez borné, il paroît plus vaste au moins du

_____

(*a*) Il faut voir le détail de ces tableaux dans le voyage d'Italie de M. Cochin.

double

double qu'il n'eft en effet ; on y a pratiqué beaucoup d'allées couvertes, des piéces de parterre, des bofquets d'efpace en efpace, & quelques eaux plates. Tout cela eft fimple, mais fort agréable & trés-frais ; on peut s'y promener à toutes les heures du jour, fans être incommodé du foleil.

Dans une large niche, au bas du grand efcalier qui conduit à la falle des gardes, eft la ftatue équeftre de Victor-Amédée I. duc de Savoie. La ftatue du Duc eft de bronze & bien exécutée ; le cheval eft de marbre blanc, & probablement d'une autre main que celle qui a fait la ftatue ; il paroît mal proportionné & lourd. Ce palais eft précédé d'une très-grande place partagée en deux par une galerie foutenue par des portiques couverts, fous lefquels fe tiennent les troupes qui forment l'avant-garde de la garde royale du palais. L'une de ces places porte le nom de place royale, l'autre celui de la place du château ; c'eft du haut de cette galerie que l'on montre au peuple le faint Suaire, dans les jours deftinés à cette cérémonie.

18. Le palais du duc de Savoie qui eft fur la place du château, tourné au couchant, eft le bâtiment le plus beau *Palais du Duc de Savoie.*

& le plus noble qui soit à Turin, & peut même passer pour un des plus beaux d'Italie ; la façade extérieure est décorée par de grandes colonnes d'ordre corinthien, portées par un soubassement simple, mais bien entendu, s'unissant parfaitement avec l'ordre du milieu qui est surmonté d'une corniche richement ornée, & couronnée d'une balustrade sur laquelle sont posées quelques statues, de grands vases d'une belle forme, & au milieu l'écusson des armes de Savoie surmonté d'une couronne fermée ; les croisées sont grandes, bien proportionnées, & ornées d'une manière très-ingénieuse. Cette belle façade renferme un grand escalier de marbre, orné de statues allégoriques faites d'après de bons modéles ; cet escalier conduit à un grand sallon dont la décoration est simple, mais fort noble ; il est composé d'un ordre & d'un attique ; de ce salon on entre dans l'appartement du prince de Piémont, fils aîné du duc de Savoie. Ce palais communique avec le château royal par une galerie couverte.

Derriere ce palais est une autre place entourée en grande partie des bâtimens destinés à loger les sécretaires d'état, la fabrique de la monnoye, l'imprimerie royale, les officiers principaux de la garde, & du palais. Dans le même quartier est l'académie à monter à cheval, où on voit un beau manège couvert, de la façon du comte Alfieri ; la voute en est hardie & cependant solide ; le détail des décorations de cet édifice est bon & convenable à la place.

19. Le grand théâtre est dans ce même quartier, & tient au château royal. C'est l'un des plus beaux & des plus grands qu'il y ait en Europe ; il est encore exécuté sur les desseins du comte Alfieri, qui en a fait graver tous les plans. Grand théâtre.

La salle des spectateurs, comme celle de presque tous les théâtres d'Italie, a la forme d'un œuf tronqué ; vis-à-vis du théâtre au second rang est la loge du Roi qui a environ trente pieds de largeur, sur quinze de hauteur ; les autres loges n'ont guéres plus de cinq pieds d'ouverture, mais elles sont profondes, de façon à contenir aisément huit personnes. La longueur des spectacles en Italie qui est de quatre à cinq heures, fait que ces loges sont autant de petits appartemens séparés, où l'on fait des visites,

& où on s'assemble pour faire la conversation ; sans cela, il n'y auroit patience qui pût tenir à la longueur du spectacle & à l'ennui du récitatif; parce que dans le meilleur opéra on ne peut pas s'attendre à plus de quatre ariettes piquantes & à deux ou trois scènes intéressantes, & encore à la longue deviennent-elles insipides; car le même opéra a fort bien quarante ou cinquante représentations de suite; aussi & dans le parterre & dans les loges on parle très-haut ; l'orchestre est ordinairement fort & nombreux : tout cela réuni fait un bruit continuel & assez confus, de sorte qu'un étranger qui veut écouter la musique avec attention, se fatigue, & réussit difficilement dans son projet; il n'y a que les grands morceaux connus, pendant lesquels le bruit est moindre, dont l'on peut juger ; & c'est ordinairement ce qui fait la réputation des opéra.

On ne représente sur ce théâtre que de grands opéra sérieux ; quand ils manquent soit faute d'acteurs, soit faute de piéces nouvelles, on on est forcé de se contenter d'opéra bouffons, qui m'ont toujours paru très-préférables pour l'agrément de la musique, la gaieté du spectacle, la vraisemblance même de l'action, aux opéra sérieux. Le *proscenium*, (ou l'avant-scène) de ce théâtre est bien ouvert & se présente sous un aspect fort noble ; il est soutenu par deux grandes colonnes d'ordre corinthien, couronnées d'une corniche sans frise, qui est surmontée par de grands enroulemens portés par des cariatides, au-dessus l'écusson des armes du Roi ; le tout pris ensemble, fait un bel effet de décoration.

Ce qui est vraiment beau & que nous connoissons peu en France, c'est la grande profondeur du théâtre, où tout ce qui a rapport à la piéce se place avec une aisance qui donne une idée sensible de la chose que l'on veut représenter, surtout dans les scènes où il y a assemblée de sénat, campemens d'armées, perspectives qui tiennent au sujet ; c'est dans les ballets sur-tout que l'on juge parfaitement de cet avantage, où les chœurs les plus nombreux se déploient sans confusion, & donnent dans ce genre de spectacle, à l'illusion, tout l'avantage qu'elle peut avoir. Il y a peu de machines pour les changemens de décorations ; on les glisse par des coulisses les unes devant les autres, quand il est besoin d'en changer, & il faut pour cela un homme à chaque tableau. On y voit rarement des vols ou des enlevemens, peu de descentes de divinités ; quand il est question de faire descendre des cieux Jupiter ou Venus, on baisse la toile, on range la divinité qui paroît à fleur de théâtre dans un groupe de nuages, comme si elle descendoit ; on leve la toile ; on voit le Dieu qui quitte tout cet appareil aërien, & s'avance sur le bord du théâtre ; pendant qu'il joue son rôle, les nuages se dissipent, le char disparoît, & la divinité prend par les coulisses un autre chemin, pour remonter aux cieux. Pour ce qui est de la peinture des décorations, il y en a de bonnes, de médiocres & de mauvaises ; & encore l'impression qu'elles font sur les spectateurs dépend-elle beaucoup de la maniere dont elles sont placées & éclairees.

Les corridors, les escaliers de dégagement, les passages d'un étage à l'autre, font larges & commodes; il y a plufieurs iffues, ce qui fait qu'on n'eft jamais embarraffé.

La rue du Pô qui va du quartier du palais jufqu'à la porte du même nom eft la plus belle & la plus large de Turin; elle eft bâtie d'une manière uniforme; les maifons qui la bordent font belles, elles ne paroiffent pas élevées pour leur grandeur; mais la largeur de la rue en eft caufe; des deux côtés regnent de grands portiques à arcades dont les deffous offrent une voie large & commode aux gens de pied; l'architecture des Arcades & des maifons eft relevée par-tout, par des ornemens faillans qui font un très-bon effet; aux différens étages de chaque maifon il y a de grands balcons garnis de pots de fleurs, d'orangers, de mirthes, qui contribuent encore à égayer le coup-d'œil. Sous les arcades on voit des boutiques de diverfes marchandifes dans prefque toute la longueur de la rue, qui, malgré leur pofition, ne laiffent pas d'être affez éclairées.

20. En entrant dans cette rue à main gauche, on trouve le bâtiment de l'univerfité, avec cette infcription

Univerfité.

au-dessus de la porte d'entrée : *Regium Athenæum*.

Louis, prince de Piémont & d'Achaïe la fonda en 1406, mais elle doit son rétablissement dans l'état de splendeur & de décoration où elle est, au roi Victor Amédée, & au roi son fils, actuellement regnant, qui la protége, & qui continue à embellir ses bâtimens, & à l'enrichir de toutes sortes de monumens, tant anciens que modernes.

La cour d'entrée est grande, entourée de portiques soutenus par des colonnes; les galeries supérieures sont de même goût d'architecture; les différens portiques qui y aboutissent sont ornés de bas reliefs, d'inscriptions antiques grecques & romaines, trouvées la plûpart dans les environs de Turin, & de quelques statues. La bibliothéque qui étoit au palais du roi & qui a été transportée à l'univerfité depuis quelques années, est de trente à quarante mille volumes, dont un assez bon nombre de manuscrits; le catalogue des manuscrits a été imprimé à Turin en deux volumes *in-folio*, en 1749, à l'Imprimerie royale.

Le cabinet d'antiques & de médailles est rangé avec beaucoup d'intelligence. Monsieur *Bartoli*, Vénitien, professeur d'éloquence à l'université, en est garde, & démonstrateur, & fait bien valoir le petit trésor confié à ses soins. Il y a quelques idoles antiques, surtout de celles qui ont rapport au culte des Egyptiens, qui sont très-curieuses.

Mais, en général, on n'y trouve rien de frappant, & il ne faut pas voir ce cabinet après avoir admiré la collection unique du roi de Naples à Portici, ou la galerie de Florence. De l'autre côté de la galerie est le théâtre anatomique, les chambres où se conservent les machines pour les expériences physiques, qui sont bien entretenues, & la plûpart faites par des artistes Anglois; en général, tout l'ensemble des parties est bien entendu, & digne d'un établissement royal.

Autour des galeries & des portiques sont les salles des écoles tenues par vingt-quatre professeurs ordinaires gagés par le Roi, quatre pour la théologie, y compris deux lecteurs pour l'écriture-sainte & la langue Hébraïque, cinq pour le droit canonique & civil, cinq pour la médecine, qui comprend la botanique & l'anatomie, deux pour la chirurgie, trois pour la philosophie, deux pour les mathématiques, trois pour l'éloquence Grecque, Latine & Italienne.

Les écoles s'ouvrent le 3 novembre & se ferment le 24 juin. Depuis ce tems jusqu'au 14 août, on soutient les thèses publiques pour la collation des différens degrés.

Il paroît que le prince regnant a fort à cœur de tenir cet établissement dans un état brillant, par le soin qu'il prend d'y attirer de bons professeurs, & par les embellissemens qu'il y fait tous les jours.

Palais Carignan. 21. Le palais Carignan est l'un des plus considérables édifices de Turin; il a été construit par le pere Guarini Théatin qui étoit fort à la mode dans le dernier siécle; son goût d'architecture n'a rien de régulier. Le génie de cet homme étoit plutôt de faire des constructions bizarres, & frappantes par la richesse de leurs ornemens que dans les bonnes régles, suivies par les grands artistes; il a décoré la façade de ce palais de deux ordres de pilastres, portant l'un sur l'autre; celui du dessous est plus petit & moins fort que celui du dessus; cependant les fenêtres & la porte sont d'une belle proportion; & si cet édifice qui n'est que de brique, étoit revêtu de marbre, comme c'en étoit le projet, il seroit de la plus grande magnificence; le grand escalier & le sallon méritent d'être vûs. Ce palais est situé sur la place Carignan; dans la même place est la porte d'entrée du théâtre de Carignan, rebâti en 1752 d'un très-bon goût, il est précédé d'un grand vestibule, soutenu par des colonnes; on y représente les opéra bouffons, genre de spectacle très-amusant, non par l'intérêt de l'action principale, qui n'est que plaisante & très-simple; mais dont la musique ordinairement est très-piquante; le jeu des acteurs est toujours chargé; cependant quand ils sont aussi bons que ceux qui jouoient à Turin au mois de septembre 1761, ils amusent véritablement. Ce qui me paroissoit du plus grand ridicule, étoit de voir partout un castrat faire le rôle d'amoureux, & soutenir les querelles d'une femme jalouse avec beaucoup de constance; on ne se prête pas aisément à cette illusion; mais dans ce genre de spectacles, il faut oublier l'action principale pour s'oc-

Théatre de Carignan.

cuper de la musique & du jeu des acteurs. On représente sur ce même théâtre des comédies Italiennes & Françoises; celles-ci ont rarement du succès, elles ne sont représentées que par quelques acteurs qui ne trouvant pas à vivre dans les provinces de France, font quelques apparitions à Turin ou à Milan, où on s'en ennuie bientôt, & leur sort n'en est pas plus heureux.

La place *S. Charles* est la plus grande & la plus régulière de Turin; sa forme est un quarré long, décoré, dans sa longueur, par des portiques à arcades, soutenues par des colonnes groupées d'ordre Toscan. Cette place est au milieu de la ville neuve, & sert de place d'armes; c'est-là où s'assemblent le matin les troupes qui doivent être distribuées aux différens postes où il y a des gardes.

Les rues de cette partie de la ville sont toutes belles & larges, tirées à ligne droite, les bâtimens de même hauteur, & d'une richesse frappante; presque partout on voit des fenêtres & des portes ornées de chambranles saillans couronnés de frontons, & fort chargés de sculpture; le goût n'en est pas toujours bon, mais l'ensemble fait très-bien; outre cela, chaque maison a pour entrée un grand vestibule couvert, décoré de colonnes & de pilastres, auquel aboutit le grand escalier. Cette maniere est belle & commode, en ce que l'on descend de carrosse à couvert, & que d'ailleurs elle annonce bien la maison; le fond de la cour qui répond à la porte cochère & à ce vestibule, est ordinairement peint ou orné d'architecture d'un goût théâtral; cette façon de construire rend cette ville très-brillante; toute la décoration extérieure des maisons est sur la rue, & on jouit en passant du coup d'œil que forment les portiques qui sont à l'entrée des maisons, & les décorations des cours. Ce n'est point l'usage de France; dans les principales villes les plus beaux hôtels sont au fond des cours, & contribuent peu à l'embellissement général de la ville. Je ne m'étendrai pas davantage sur les églises & autres édifices publics de Turin, qui sont en général très-ornées, & qui présentent partout des beautés de détail; le roi de Sardaigne ne cesse de faire travailler à l'embellir; & si son successeur suit son plan, il en fera une des plus belles villes de l'Europe.

Promenade du Valentin. 22. Au sortir de la porte-neuve, on trouve la belle promenade du *Valentin*; elle est formée par plusieurs allées plantées de grands arbres à quatre rangs, tenue de la plus grande propreté, & bordées de petits canaux où coulent des ruisseaux d'eau-vive. A l'extrémité de la principale allée sur le bord du Pô, on voit le petit château royal du Valentin, bâti en 1660 par Christine de France, duchesse de Savoie, ainsi que l'apprend l'inscription qui est sur la face principale. (*a*) Cette maison est fort négligée ; ce que l'on peut y voir, sont les deux jardins ; celui de botanique

―――――――――――

(*a*) Hic ubi fluviorum rex,
Ferocitate deposita, placidè quiescit,
Christiana à Francia
Sabaudiæ ducissa, Cypri regina,
Tranquillum hoc suum delicium,
Regalibus filiorum otiis
Dedicavit
Anno pacato. M. D. C. LX.

qui est en entrant à main gauche, est garni de trés-belles plantes étrangeres qui y réussissent bien ; l'autre jardin est un parterre réservé à la famille Royale, & sur-tout aux Princesses qui souvent vont s'y promener; derriere le château est une espéce de halle couverte où sont les barques dans lesquelles la famille Royale va se promener sur le Pô.

La promenade extérieure du Valentin est la plus belle qui soit en Italie ; rien n'est plus brillant & plus animé que le coup d'œil qu'elle présente un beau jour de fête, sur-tout au printems ; une multitude d'équipages dans les grandes allées, un peuple immense, bien vêtu & fort gai dans les allées de côté ; la famille Royale qui s'y promene ordinairement avec son cortége, & cela avec tant d'ordre, une si grande tranquilité, que le tout a l'air d'une même famille, composée à la vérité de gens de différens ordres, mais tous faits pour être ensemble.

23. La Vénerie est la principale maison de plaisance du roi de Sardaigne ; les bâtimens qui la précédent forment un gros bourg ; à l'extrémité

La Vénerie.

de la principale rue est une grande place ovale entourée de portiques couverts, & des corps de bâtimens où logent les gardes du roi, & les troupes qui y font le service ordinaire quand le roi y réside ; aux deux extrémités de cette place sont deux colonnes de marbre ; sur l'une est placée la Vierge, sur l'autre l'ange Gabriel, qui lui annonce le mystère de l'incarnation ; figures symboliques de l'ordre royal de Savoie.

Delà on entre dans une grande cour sur laquelle est la face principale du château. Charles Emmanuel II. qui monta sur le trône en 1638, a commencé cet édifice qui fut, dit-on, exécuté sur ses desseins ; les dehors n'en sont pas encore entiérement revêtus ; ce qui en est fait annonce qu'ils seront très-beaux ; les corps de bâtiment qui forment l'ensemble du château, n'ont rien de régulier ; mais il y a les plus belles parties de détail parmi lesquelles un sallon d'entrée qui monte jusqu'au haut du bâtiment, orné de tableaux de chasse que l'on dit très-bons.

Une grande galerie, plus élevée & plus longue que celle de Versailles; l'ordre de pilaſtres qui la décore étant ſurmonté d'un attique percé de croiſées; aux deux extrémités de cette galerie ſont deux ſallons en dôme, ſoutenus par des colonnes qui ont l'effet le plus noble & le plus piquant; tout cela richement orné, & en même temps fort ſimple; car il n'y a ni peintures ni dorures; tout y eſt blanc, le travail ſeul en fait la beauté.

Les deux appartemens du Roi & de la Reine ſont beaux, nobles & bien meublés; ceux du duc & de la ducheſſe de Savoie ſont moins vaſtes, mais du meilleur goût, tant par les meubles que les ornemens; il y a ſurtout des cabinets de vieux laque & de vernis de la Chine, qui ſont admirables. On n'en peut pas dire autant des logemens des Princeſſes; ils ſont d'une ſimplicité qui n'a que le néceſſaire.

Il y a peu de bonnes peintures dans ces appartemens; en 1706 les François pillerent la Vénerie & en emporterent preſque tous les tableaux.

Un bâtiment frappant pour ſa grandeur & la hardieſſe de ſa conſtruction, eſt l'Orangerie de la Vénerie; c'eſt une piéce qui a 500 pieds de long dans œuvre, fur 90 de large; je la crois conftruite fur les defleins du comte Alfieri; les grandes portes-fenêtres qui regnent tout du long font d'un très-bon goût, de même que les ornemens de la voûte & des pilaftres.

Les écuries font grandes & belles, une entr'autres de deux cens chevaux. En 1761 on conftruifoit un corps de bâtiment tenant au château du côté du levant, & deftiné à loger les Princeffes.

La chapelle du château qui eft en même temps églife paroiffiale, eft belle & bien conftruite; c'eft un dôme en croix grecque, tout revêtu de marbres; la partie où eft fitué le maître-autel, eft ornée d'une colonnade fimple, avec des entrecolonnemens étroits, qui regne autour du rond point, & qui fait l'effet le plus noble; l'autel ne répond point à cette beauté; il eft furmonté d'un tabernacle lourd en forme d'une petite églife; vis-à-vis eft une grande tribune bien décorée où la maifon royale vient entendre la meffe, en général, l'architecture de cette églife eft bien dans fes proportions; elle a été bâtie par dom Philippe Juvara, & on peut dire que c'eft une de fes plus fages conftructions.

Les jardins font vastes, mais fort simples ; ce font de grandes piéces de verdures, avec des platebandes, ornées de fleurs suivant la faifon ; les allées garnies de deux rangs de caiffes d'orangers & de grenadiers ; point d'eaux jailliffantes ; le Roi ne les aime pas ; mais chaque piéce de verdure eft entourée d'un petit canal d'eau vive qui fert aux arrofemens, & à entretenir le verd le plus frais. Le bofquet de charmilles eft fuperbe ; ce font de grandes galeries ouvertes, des dômes foutenus par des colonnes couplées, des corniches ; tout cela auffi réguliérement taillé que s'il étoit de marbre, des falles, & des cabinets ; à la fuite font de grandes allées d'ormes ; plus loin, des peupliers qui s'élevent jufqu'aux nues, & qui bordent les principales routes du parc qui joint ces jardins ; où l'on affure qu'il y a beaucoup de gibier, on y voit les faifans par troupes, comme les poules dans les baffes-cours. Il y a près de trois lieues de la Vénerie à Turin, que l'on fait par un bon chemin bordé de mûriers blancs.

24. Stupinigi, autre maifon de plaifance du Roi, n'étoit d'abord qu'un

Stupinigi.

rendez-vous de la chaſſe du cerf, où le Roi avoit fait conſtruire un grand ſallon & quelques petits appartemens ſur les côtés, tant hauts que bas, ſous la direction de D. Philippe Juvara; le deſſein de cette premiere conſtruction étoit beau & noble; & le comte Alfieri l'a conſidérablement augmenté, par deux grandes aîles en retour ſur un plan demi-circulaire, terminées par deux pavillons quarrés, bien proportionnés aux reſte de l'édifice; le tout enſemble forme, du côté du jardin, le coup-d'œil le plus agréable. Les décorations d'architecture, quoique ſimples, ſont d'un très-bon goût; la corniche eſt ſurmontée par une baluſtrade couronnée de beaux vaſes & de quelques ſtatues. Le comble du bâtiment eſt orné d'un cerf coloſſal; l'intérieur du ſallon eſt entiérement décoré de peintures & d'ornemens; une grande galerie qui ſert à la communication des appartemens du haut, fait un riche effet dans cette conſtruction; il y a de beaux plafonds peints dans cette maiſon, un entr'autres de Carle-Vanloo qui repréſente Diane & ſes Nymphes.

Le jardin eſt vaſte & tout en boulingrins; il y a pour principal ornement, deux galeries ouvertes formées par des ormes en paliflades qui font parfaitement affujettis à la forme qu'on a voulu leur donner; enfuite des contr'allées couvertes, des falles vertes, & de grandes allées de beaux arbres qui aboutiffent à la forêt, dont les routes forment une perfpective qui n'eft bornée que par l'horifon; les écuries font dans un ancien bâtiment; mais fort grandes. Les chevaux en font très-beaux, Anglois, Danois, Normands, Napolitains, & quelques-uns des haras du Roi; les chiens font en grand nombre, de race choifie, & tenus avec le plus grand foin. De Stupinigi à Turin il y a quatre milles que l'on fait par un beau chemin planté de deux rangs de grands arbres.

25. La Vigne de la Reine eft une petite maifon de plaifance bâtie autrefois par le prince Thomas de Savoie, qui appartient aujourd'hui au Roi, & où fe plaifoit beaucoup la derniere Reine de la maifon de Lorraine; elle eft fituée fur une colline hors de Turin, de l'autre côté du Pô, avec la plus belle vûe qu'il foit poffible d'avoir dans ce pays; elle domine fur la ville,

Vigne de la Reine

sur toute la plaine jusqu'à Rivoli, & sur le cours du Pô pendant plus de trois lieues. On y arrive par un escalier double, dont le milieu est décoré d'une fontaine, de grottes, de pilastres & de tables rustiques; devant la maison est un petit parterre. Elle n'est pas grande; mais elle est ornée d'un très-bon goût : *Danieli* & *Corrado*, deux bons peintres Italiens, l'ont embellie de peintures; les meubles en sont ou de toiles peintes très-fines, ou de pekins; plusieurs cabinets revêtus de vernis de la Chine ; le grand sallon du milieu, à deux étages, partage les deux appartemens; les jardins qui sont par derriere sont en terrasses, & couronnés par un bosquet de grands arbres, qui a peu d'étendue, mais où on a pratiqué des allées tournantes, & si bien ménagé le terrein qu'il paroît beaucoup plus étendu qu'il n'est. Cet endroit pour la situation, est le plus délicieux qui soit aux environs de Turin.

La Superga, église.
26. La Superga, magnifique église royale, bâtie sur une haute montagne à cinq milles de Turin; sa forme est ronde & décorée de colonnes d'ordre corinthien, qui soutiennent une belle corniche; les colonnes, de même que

le revêtiffement, font de marbre du pays d'une couleur qui approche du bleu turquin; (*a*) le dôme eft foutenu par un fecond ordre de colonnes de marbre rougeâtre, partie droites, partie torfes jufqu'à la moitié; le principal autel eft dans un enfoncement richement décoré; au fond eft un bas relief en marbre blanc, qui a pour fujet la levée du fiége de Turin par les François.

Les autres chappelles, ont au lieu de tableaux, des bas-reliefs bien entendus; ornement noble, & qui fait bien avec le refte de la conftruction; cette églife eft la fépulture du roi Victor Amédée, dont le corps eft en dépôt dans une chapelle à côté du maître-autel.

La porte de l'églife eft d'un très-bon goût; elle eft fous un grand portique quarré, foutenu par de groffes colonnes de pierre; la façade eft ornée par deux campaniles (ou clochers) de la plus jolie conftruction. Le grand bâtiment de derriere a de beaux corridors,

―――――――――――

(*a*) Le dôme du plan jufqu'à la lanterne a environ 200 pieds de haut.

& une cour décorée de pilaſtres en bas reliefs.

Cette conſtruction a l'aſpect le plus noble ; elle a été faite ſur les deſſeins de Juvara, commencée en 1715, & finie en 1731. C'eſt dans ce même endroit que le roi de Sardaigne & le prince Eugène tinrent conſeil en 1706 pour ſçavoir comment ils ravitailleroient Turin, que les François aſſiégeoient, & y feroient entrer du ſecours ; le Roi fit vœu, en cas de ſuccès, de bâtir dans ce même endroit une égliſe à l'honneur de la Vierge ; comme il réuſſit au-delà de ce qu'il eſpéroit, il n'a rien épargné pour remplir ſon vœu de la maniere la plus magnifique.

L'égliſe eſt deſſervie par douze chanoines, commenſaux de la maiſon du Roi, qui vivent en communauté, & ſont ſervis par des domeſtiques à la livrée du Roi ; ils ont chacun leur appartement ſéparé, compoſé de trois piéces, dont deux à cheminées ; une bibliothéque commune de ſix à ſept mille volumes, des plus belles éditions des livres d'uſage. Ces chanoines ont pour ſupérieur, l'Archevêque de Turin ; c'eſt de leur corps que le Roi choiſit preſque tous

tous les prélats de ses états. La sacristie de l'église est belle & bien boisée, & fournie de très-riches ornemens: c'est le Roi qui est chargé de l'entretien de cette maison, & qui en paye toute la dépense.

Tous les ans le Roi & la famille royale, pour satisfaire au vœu du roi Victor, vont le 8 de Septembre à la Superga, remercier Dieu de l'heureux événement, en mémoire duquel a été bâtie l'église; & c'est pour cela que le chemin qui y conduit est assez bien fait, pour que les équipages puissent y monter aisément.

A voir quelques restes des travaux des François, on juge que la peur des Piémontois étoit bien légitime; par les batteries élevées dont il reste encore quelques traces, on voit que les François battoient la ville & la citadelle avec avantage; ils avoient le Pô derriere eux & étoient maîtres de son cours; le quartier général étoit sur la hauteur des Capucins, d'où on pouvoit voir toutes les manœuvres de l'ennemi; les lignes étoient bien fortifiées par le dehors; mais le prince Eugène fut assez heureux pour traverser la citadelle, & attaquer le camp du côté le plus foible qu'il força. M de Marsin y fut tué; & est enterré à la *Madonna di Campagna*, église de Capucins qui est sur le chemin de la Vénerie.

<small>Ordres de l'Annonciade & de S. Maurice.</small>

27. L'ordre royal de roi de Sardaigne, est celui de l'Annonciade, qui a succédé à l'ordre du Collier, établi en 1355 par Amédée VI, comte de Savoie; (*a*) les chapitres de cet ordre se tenoient à Pierre Châtel en Bugey, avant la réunion de cette province à la couronne de France, & tous les chevaliers devoient assister à l'office de l'église en habits de Chartreux. Cet ordre n'est point prodigué. Le Roi qui en est chef & grand maître, le duc de Savoie, le duc de Chablais, le prince Carignan, le marquis de Suze de la maison de Savoie, sept autres chevaliers, & le cardinal archevêque de Turin sont les seuls qui en soient décorés : ses officiers sont un chancelier & un sécretaire, un maître des cérémonies, un trésorier, & un hérault roi d'armes.

―――――

(*a*) En 1424, Amedée VIII changea l'Ordre du Collierlou du Laqs d'amour en celui de l'Annonciation.

La marque de cet ordre est un cordon bleu, auquel pend une médaille, où est représenté en émail le mystère de l'Annonciation, avec une plaque en broderie que les chevaliers portent sur le côté gauche de l'habit.

L'ordre royal & militaire de Saint Maurice & de Saint Lazare est beaucoup plus nombreux ; le roi en est le chef souverain ; les chevaliers de l'Annonciade en sont grands-croix ; il y a, outre cela, vingt-cinq autres chevaliers grands-croix, & une multitude de chevaliers ; cet ordre est la récompense du mérite militaire. Il a été institué en 1434, par le duc Amédée VIII. Le cordon en est verd, & la croix d'or émaillée de blanc.

Le Roi n'a point de premier ministre ; trois ou quatre des principaux seigneurs de sa cour, ont le titre de ministres d'état, mais presque sans fonctions.

Il y a trois sécretaires d'état en titre avec des bureaux où se traitent les affaires étrangères, celles de l'intérieur du royaume, & la guerre.

Tribunaux de justice.

28. La justice est administrée à Turin par le sénat royal, composé de trois

D ij

présidens & vingt-un sénateurs divisés en trois classes ou chambres ; deux pour le civil, & une pour le criminel ; deux avocats généraux, & leurs substituts ; deux sécretaires ou greffiers ; outre cela, il y a un procureur & un avocat généraux, chargés de veiller à l'intérêt des pauvres qui sont hors d'état de fournir aux frais des procédures. L'habit de cérémonie de ces magistrats est à peu-près le même que celui des présidens & conseillers des parlemens de France. Ce sénat souverain n'est que pour le Piémont, & fut établi en 1459 par Louis duc de Savoie.

En 1562 le duc Emmanuel Philibert établit la chambre des comptes, qui connoît en dernier ressort de toutes les affaires concernant le domaine royal ; elle a pour officiers deux présidens, six collatéraux ou chevaliers d'honneur, un procureur général, dix maîtres auditeurs, deux sécretaires greffiers & quelques autres officiers.

La justice ordinaire pour les affaires de police & de premiere instance se rend au palais commun, ou hôtel de ville de Turin, situé sur la place aux herbes. La façade extérieure en est d'une belle architecture, ornée de pilastres en bas-reliefs & revêtue de marbre.

Le tribunal est composé d'un surintendant général de police, nommé par le Roi, deux syndics & cinquante-sept échevins électifs ; tous ces magistrats portent le manteau, le collet & l'épée ; ils ne peuvent former ni délibération, ni jugement qu'ils ne soient au moins six.

Les autres tribunaux supérieurs de justice dans les Etats du Roi de Sardaigne, sont le Sénat royal de Chambéry, composé de deux Présidens & dix Sénateurs, partagés en deux classes ou chambres, un Avocat & un Procureur Généraux, quelques Substituts, & un Greffier.... Le Sénat Royal de Nice qui a pour Magistrats un Président, six Conseillers, un Avocat Général, un Greffier..... & l'audience royale de Sardaigne séante à Cagliari.

Il y a outre cela des Intendans dans les principales Villes avec des tribunaux pour les causes de leur ressort ; des Juges sous le nom de Prévôts, avec des Assesseurs pour l'instruction des affaires en premiere instance. Il paroît que la police est bien faite par-tout. Il n'y a point de maréchauffées pour veiller à la sûreté des chemins ; ce sont les communautés qui en sont chargées, & qui répondent, en quelque sorte, des vols qui se commettent sur leur territoire ; & tous les matins un certain nombre d'habitans armés sortent pour faire la patrouille dans l'espace qui leur est assigné ; & ils doivent rencontrer à leur terme la patrouille de la communauté voisine, & s'aboucher avec elle.

{Cour de Turin.} 29. Le Roi de Sardaigne, dans un regne déja de trente-trois ans, a établi un très-bon ordre dans ses Etats, il donne tous ses soins à leur gouvernement ; il est instruit de tout ce qui s'y passe, connoît assez bien tous les gens en place, pour répondre de la façon dont ils exécuteront les loix ou ses ordres. Ce Prince que l'on a vu se montrer en heros à la tête das armées, qui dans la paix s'est conduit avec une prudence qui a toujours contribué à l'agrandissement de ses États, & à leur prospérité ; a outre cela un esprit de détail admirable, non-seulement pour ce qui regarde sa maison en particulier, l'éducation des Princes ses enfans, la construction ou l'entretien de ses bâtimens, l'embellissement des Villes, les fortifications de ses places frontières, la discipline de ses troupes; il régle tout & voit tout par lui-même. Dans les affaires civiles qui n'ont rapport qu'à ses sujets, il décide de leurs établissemens, du partage des successions, de la façon qu'il croit la plus avantageuse au bien général; les sujets par ce moyen sont fort gênés sur la liberté du choix; mais ils n'osent pas s'opposer aux volontés d'un maître absolu, qui, comme il le dit lui-même, a tant de temps de reste pour s'occuper des affaires d'autrui. On prétend encore qu'il se mêle beaucoup du jugement des procès, & que très-souvent les conclusions des Avocats & Procureurs-Généraux sont rédigés dans son cabinet.

A le voir, on ne le croiroit pas capable de tant d'application; son extérieur est simple, sa phisionomie n'annonce que de la bonté, il porte la tête un peu penchée en avant, & sa taille est médiocre; mais dès qu'il a parlé quelque temps, on reconnoît en lui une grande présence d'esprit. Il a beaucoup d'affabilité, sur-tout pour les Étrangers qu'il aime à voir fréquenter ses Etats; il prend plaisir à s'informer de ce qu'ils penfent de la Ville de Turin pour laquelle il a une grande affection; l'état brillant où elle eft, eft l'effet de fes foins; il a encore l'attention de les entretenir de ce qu'il fçait les intérefler, ou être le plus de leur goût.

Le Duc de Savoye fon fils parle moins, & paroît plus férieux : tout ce qu'il dit annonce beaucoup d'efprit & de connoiffances, & un génie ferme & décidé. Les Piémontois en ont une grande idée.

Les Princeffes filles du Roi, ont la phifionomie douce & fpirituelle ; elles font polies & aimables, & fçavent renvoyer contens ceux qui ont l'honneur de les approcher. Madame la Ducheffe de Savoie, née Infante d'Efpagne, eft plus fière & moins communicative. On dit beaucoup de bien du jeune Prince de Piémont, héritier préfomptif de la Couronne. Le Duc de Chablais, frere du Duc de Savoie, a la phifionomie douce & modefte; on en parle peu ; & il ne paroît pas que l'on cherche beaucoup à le connoître ; à moins qu'il n'ait un jour de grands talens, & qu'il ne ferve avec éclat dans les armées de quelque puiffance étrangere, il menera toujours à Turin une vie obfcure &

*) *Cart. T.* Ier. *pag.* 80.

retirée; le Duc de Savoie ayant plusieurs fils qui lui ôtent toute espérance de monter jamais sur le trône.

En général, les mœurs de cette Cour sont d'une régularité admirable, dont le le Roi donne l'exemple; la Religion y est très-respectée, & ses maximes y sont observées. Le Duc de Savoie, né sérieux & élevé dans cette habitude, continuera probablement sur le même ton; la prospérité de l'État n'a rien à y perdre.

Cette décence qui regne à la Cour est la régle de la conduite des particuliers; on voit dans leurs grandes assemblées de la politesse, mais point de galanterie particulière. On dit aussi que les Piémontois sont jaloux; ce défaut que l'on croyoit autrefois regner sur le cœur des Italiens, n'ose plus se montrer à découvert: ils semblent, par une indifférence affectée sur la conduite de leurs femmes, avoir donné dans l'excès contraire; de temps en temps on entend parler de quelques scènes violentes occasionnées par la jalousie; mais ceux qui y sont intéressés les tiennent les plus sécrettes qu'ils peuvent.

Le peuple est à Turin, comme dans toute l'Italie, esclave de son intérêt,

D v

faisant tout pour de l'argent, ne connoissant pour honnête que ce qui est utile ; sur-tout il ne s'asservit point à sa parole.

Les Piémontois aiment le jeu & y mettent beaucoup de finesse ; ainsi ils sont bons pour jouer ensemble ; rarement les étrangers se tirent d'affaire avec eux ; aussi le Roi disoit très-naturellement à un Ambassedeur résidant à sa Cour & qui aimoit le gros jeu . . . . . Monsieur, défiez-vous de mes Piémontois, ils sont plus fins que vous.

Je n'ai pas eu l'occasion de m'instruire assez amplement sur l'état des sciences à Turin ; il paroît même qu'elles y sont encore à leur aurore qui peut être suivie d'un beau jour. J'y ai cependant vû des hommes d'un mérite distingué, entr'autres le P. Gerdil Barnabite, grand mathématicien, connu dans l'Europe par quelques bons ouvrages. Il est employé à l'éducation du Prince de Piémont. M. Bartoli, Professeur de l'éloquence à l'Université, & bon antiquaire ; M. Ortolani, Lecteur du Duc de Savoie, d'une candeur de mœurs rare dans ce pays ; il y a de très-bons Jurisconsultes ; la Théologie & la Philosophie n'y sont pas encore débarrassées des épines de la scolastique. Les Ecclésiastiques y sont en très-grand nombre, l'usage du pays est d'en faire peu de cas ; & il ne paroît pas qu'ils se soucient beaucoup de travailler à reformer cet usage; ils ne passent pas pour avoir des connoissances étendues. Le haut Clergé, sur-tout celui qui paroît à la Cour, est mieux instruit. On voit dans les maisons Religieuses, des Bibliothéques assez nombreuses, mais composées pour la plus grande partie de théologiens Espagnols & Italiens, & d'une multitude de Livres ascétiques ; ils ont quelques éditions médiocres des SS. Peres, & beaucoup de Canonistes ultramontains, dont ils font très-grand cas.

Il ne paroît pas que la Noblesse s'applique beaucoup à l'étude; l'espéce d'éducation nécessaire qu'on lui donne en est la cause ; au sortir du Collége, les jeunes gentilshommes entrent au service, qu'ils font très-exactement, passant de garnison en garnison, & toujours attachés au corps où ils servent ; c'est le seul moyen d'obtenir des graces, & de s'avancer : cependant cette régle n'est pas sans exception ; il se trouve quelques sujets qui ont du goût pour les sciences & qui les cultivent avec succès ; le Marquis de Solare de Breille, le Marquis de S. Germain, le Chevalier Osorio, le Marquis de Fleuri, que j'ai eu occasion de voir & d'entretenir, sont très instruits, & ont des connoissances utiles Le Comte Alfieri, gentilhomme né à Asti, passe pour le premier Architecte du pays ; le grand théâtre de Turin, la galerie & l'orangerie de la Vénérie sont des preuves de son sçavoir en ce genre. Ce que j'ai oui-dire partout, & ce que j'ai grande raison de croire, c'est qu'il est rare de trouver dans les États du Roi de Sardaigne un homme en place qui n'ait pas les talens nécessaires pour bien remplir son emploi.

Les émolumens que l'on retire des différentes places sont médiocres, mais suffisent dans un État où il y a peu de faste, & où on n'a pas le goût des folles dépenses ; on y vit d'une façon fort resserrée ; il y beaucoup d'assemblées que l'on appelle *CONVERSATIONS*, où les personnes du premier rang passent une partie de leur temps ; ils se voient tous les uns & les autres, mais ne sont pas dans l'habitude de se donner des repas. C'est le goût dominant en Italie ; & le Roi,

COUR DE TURIN. 85

qui est très-économe, n'a rien fait pour le changer.

30. Il n'a pas plus de vingt-huit à vingt-neuf millions de revenu; & cependant il fait travailler par-tout; sa maison est entretenue, & payée exactement; ses troupes sont bien habillées, & toujours complettes; il a au moins douze mille hommes sur pied en temps de paix (sans compter les troupes de sa maison) dont une moitié d'Allemands & de Suisses, auxquels il confie plus volontiers la garde de ses places importantes qu'aux Piémontois ; ses États ne sont point endettés, il passe pour avoir de l'agent dans ses coffres; & les peuples ne sont point foulés, parce que les impositions ne sont pas sur les personnes, mais sur les fonds; ce genre d'administration est très-propre à encourager l'industrie, sur-tout celle du cultivateur, qui ne craint pas que son travail & ses succès engagent un voisin envieux à le faire surcharger d'impôts; il sçait lui-même ce qu'il doit payer.

Les équipages de chasse du Roi sont bien entretenus, fournis des plus beaux chevaux de l'Europe, & de très-bons chiens; il aime beaucoup la chasse, & en est très-jaloux; quand il est à Tu-

Revenus; troupes, possessions du Roi.

rin, il va au moin deux fois la semaine chaſſer le cerf dans les forêts voiſines de *Stupinigi*; & il le ſuit encore auſſi vigoureuſement que le meilleur piqueur.

Il viſite très-ſouvent ſes places frontières, & il voyage avec peu de faſte; il craint d'être à charge à ſes ſujets, qui lui ſont fort attachés, & qui ne peuvent que gagner à ces voyages du Roi, en ce qu'il reporte lui-même aux extrémités la circulation de l'argent, dont le point fixe eſt toujours au centre.

Quant à la puiſſance temporelle du Roi de Sardaigne, il ne paroît pas qu'il puiſſe jamais l'étendre au-delà des Alpes qui en ſont la borne naturelle; mais en cas de révolution, il pourroit beaucoup gagner du côté de l'Italie; les montagnes qui forment l'État de Gênes, ſont ſans défenſes, & ouvertes par des chemins très-praticables: s'il parvenoit jamais à ſe rendre le maître de cette République, comme il s'en eſt peu fallu, il auroit un des beaux ports de l'Europe, où il pourroit entretenir une marine conſidérable, & faire un riche commerce; il auroit alors une bien plus grande conſidération dans l'état général de l'Italie.

Le Milanois dont il posséde déja au moins un tiers qu'il a acquis en différentes occasions, est bien plus à sa bienséance; il n'est pas à croire que le Roi de Sardaigne gagne rien de ce côté-là, tant que les maisons de France & d'Autriche seront unies ensemble; les Venitiens qui ont toujours l'œil sur l'agrandissement de cette puissance, n'omettroient rien pour s'y opposer; car s'il avoit passé cette borne, il ne tarderoit pas à se rendre maître de l'état de terre ferme de cette République, qui est tout ouvert & sans défense, & dont le pays est si beau qu'il est fait pour tenter l'ambition d'un Conquérant. Louis XII Roi de France, ce Monarque si bon & si juste, connoissoit ces belles & riches contrées; & les regretta toujours.

L'inspection de ce pays fait naître ces idées, sur-tout quand on réfléchit sur le mérite héréditaire aux Princes de la maison royale de Savoie, qui depuis plusieurs siécles augmentent en puissance & en considération, & sont très-attentifs à profiter des circonstances (*a*).

───────────────────────────────

(*a*) La population des Etats du Roi de Sar-

Le Royaume de Sardaigne n'eſt d'aucune utilité à ſon Souverain, & il lui en coûte pour le conſerver; il n'eſt ni peuplé ni cultivé; l'air y eſt mal ſain; les mœurs des habitans ſont dures & féroces, tant qu'ils ne quittent pas leur Iſle; car tranſplantés en Piémont où il y a toujours un Régiment de Gardes, les Officiers & les ſoldats s'accoutument aiſément à la diſcipline militaire qu'ils obſervent exactement; ils y deviennent doux & honnêtes; mais dès qu'ils ont repaſſé la mer & qu'ils ſont de retour chez eux, ils ne ſont plus reconnoiſſables; on voit dans cette iſle de grandes & belles forêts d'orangers dont on ne tire aucun profit. Il y a

---

daigne eſt auſſi forte que dans aucune autre contrée de l'Europe, quelque peuplée qu'on puiſſe l'imaginer; & c'eſt ſans doute ce qui a donné lieu à ce proverbe connu, *que les États de ce Prince en Italie ne ſont qu'une ſeule Ville*. Les villages & les hameaux y ſont très-multipliés, & habités par un peuple de cultivateurs induſtrieux, qui ne laiſſent pas la moindre partie de terrein ſans en tirer quelque profit; on pourroit dire la même choſe de toute la plaine de la Lombardie, ſur-tout du Parmeſan, de l'Arteſan, du Vincentin, & du Padouan.

quelques années que sept ou huit Génois imaginerent d'y transporter des alembics, d'y construire des fourneaux, & d'y faire distiller la fleur d'orange, dont la terre est couverte pendant l'été à la hauteur de plus d'un demi-pied ; ils aborderent sur une côte qu'ils crurent inhabitée ; mais la fumée de leurs fourneaux les ayant découverts, une troupe de Sardes du voisinages vint fondre sur les Génois ; ils en tuerent deux, en blesserent un autre, pendant que le reste regagna la barque, laissant l'alembic & les fourneaux à la merci des barbares, chez lesquels ils ne feront plus tentés de venir faire distiller la fleur d'orange.

31. Malgré la multitude d'édifices publics bien entretenus & d'une belle apparence, on ne peut pas dire que les beaux arts offrent de grands modéles à Turin. Le palais du duc de Savoie est le seul grand morceau d'architecture qui y soit ; le château de *Stupinigi* est d'un goût neuf & piquant, mais il y a plus de décoration théâtrale que de grandeur & de noblesse ;.... la collection des tableaux du Roi est considérable, d'un beau choix & bien conservée ; mais elle est toute de peintres étrangers ; les Fla-

Arts à Turin.

mands y tiennent le haut bout ; il n'y a pas un seul peintre de réputation à Turin ; il y a peu de belles statues, peu de ces tableaux frappans que l'on trouve ailleurs dans les églises. Celles de Turin sont très-ornées, souvent même la trop grande quantité de peintures & de dorures y fait confusion ; mais ce qui y est fort bien, ce sont les revêtissemens de marbre qui y est très-commun ; on y emploie le marbre de Suze, qui imite beaucoup le verd antique ; il est d'un grain presqu'aussi fin, &, à mon gré, plus agréable à la vûe, parce que la couleur en est moins foncée: le marbre appellé de Piémont, fait très-bien dans les revêtissemens ; sa couleur approche du bleu turquin; les montagnes de Dauphiné & celles de Gênes fournissent d'autres marbres de diverses nuances, & surtout des brêches éclatantes.

La musique & les spectacles étant une partie distinguée des beaux arts, je dois en dire quelque chose. Celle de la chapelle du Roi est bonne & bien composée; je n'ai point vu exécuter de grands opéra sur le théâtre de la cour. On représentoit au mois de Septembre 1761, sur le théâtre de Carignan, un opéra bouffon, de la composition de *Piccini*, célébre maître de chapelle Napolitain, qui jouit à juste titre de la plus grande réputation ; j'ai entendu de lui des morceaux d'harmonie surprenans, même dans cet opéra bouffon ; il y a deux scènes admirables dans le second acte. Cet opéra a pour titre *La bona figliuola maritata*; les paroles sont de *Gauldoni*, auteur Vénitien très-connu ; mais on sçait qu'en Italie la poësie d'un opéra n'est qu'un très-petit accessoire au sepectacle, surtout dans un opéra bouffon. L'orchestre de Turin, quoique nombreux, exécutoit la musique avec la plus grande précision ; les acteurs étoient bons, & le spectacle fort tranquille. Il y regne le plus grand ordre, quoiqu'il n'y ait point de gardes ; mais les entrepreneurs du théâtre qui sont une compagnie de gentils-hommes de la ville, sçavent se faire respecter ; je dois dire à ce sujet que les acteurs y vivent régulièrement & sont ordinairement de bonnes mœurs ; on les paye bien, mais on ne les gâte point par trop de familiarité. Les actrices y menent une vie retirée ; on ne les voit qu'au théâtre, & on ne leur souffriroit pas d'intrigues publiques. Leur état est honnête ; elles gagnent beaucoup ; &

après avoir paru huit ou dix ans sur le théâtre, elles se retirent & font d'honnêtes mariages. On n'en peut pas dire autant des danseuses; aussi sont-elles fort méprisées.

<small>Commerce, fabriques, monnoies.</small> 32. Le commerce n'est point libre à Turin; les marchandises étrangeres payent des droits très-forts, & ne passent qu'après avoir été exactement visitées; mais ce qui le gêne encore plus, est le bas prix des monnoies étrangeres dans les états du Roi de Sardaigne; celles de France y perdent un sixiéme, les autres ne sont pas traitées plus favorablement, ce qui nuit beaucoup à l'exportation des marchandises fabriquées en Piémont; c'est un article sur lequel le Roi n'a jamais voulu se rendre, & que le duc de Savoie reformera certainement.

On connoît les soies de Piémont qui tiennent le premier rang en Italie; elles sont abondantes & la ressource certaine de l'habitant de la campagne pour payer les impôts, & se procurer les marchandises qu'il est obligé d'acheter; ressource qui ne manque presque jamais, & la seule qui procure de l'argent aux Piémontois; car la plaine est si abondante en toutes sortes de denrées, que le cultivateur qui est éloigné des grandes villes, n'en trouve pas le débit; il est entouré de tous côtés de pays aussi fertilles que celui qu'il habite, & qui n'ont aucun besoin de ses secours.

La culture des mûriers blancs étoit fort négligée dans le Piémont, & les manufacturiers de Turin étoient obligés de tirer souvent de la soie du Milanois ou de l'état de Vénise. Le Roi, pour rétablir cette branche de commerce si utile à ses états, quelques années après son avénement au thrône, mit sur les terres une imposition assez forte qu'il établit par un édit; ensuite il publia un autre édit, par lequel il promettoit de diminuer cet impôt à proportion de la quantité des mûriers que l'on planteroit autour de chaque piéce de terre, & de la quantité de soie qui en résulteroit; tous les particuliers qui se sont conformés aux dispositions de l'édit, ont joui exactement du bénéfice qu'il ptomettoit, de sorte que plusieurs tiennent quantité de terres franches de tout impôt; à la vérité, ils ont grand soin de multiplier les mûriers & d'élever les vers à soie.

On fabrique à Turin des moires très-belles, des étoffes à grands desseins, d'une qualité à durer long-temps,

& très-propres pour les ameublemens; les appartemens du Roi à Turin, à la Vénerie, & à Stupinigi, en sont meublés. Mais le goût de ces fabriques n'est pas élégant & varié comme celui des manufactures de Lyon; on n'y travaille pas aussi proprement; & c'est la cause pour laquelle les étoffes de France seront toujours recherchées partout où il y aura un luxe permis de représentation. On fabrique encore à Turin des étoffes brochées, des taffetas, quelques velours; les bas y sont d'une bonne qualité, mais fort chers pour les étrangers, à cause de la perte que l'on fait sur le change des monnoies.

Le chocolat & les liqueurs sont encore une branche de commerce de ce pays, de même que le ris.

Luxe. 33. Le luxe à Turin n'est pas un objet d'une grande importance: on peut dire qu'il y en a autant qu'il en faut dans une capitale, résidence de Souverain, où tout ce qui est de représentation doit avoit plus d'éclat qu'ailleurs; il n'y a point de faste à la cour, même parmi les Dames; & les femmes d'un état moyen, les bourgeoises, les commerçantes, peuvent, sans grands frais, se mettre, pour la parure, de niveau avec le premier rang. Il y a plus de cette espèce de luxe apparent dans le peuple que dans les états supérieurs, l'usage où sont les hommes, même les artisans les plus vils, de porter l'épée, & de s'habiller ordinairement de soie les jours de fête ; leurs femmes qui sur cet article ne leur veulent rien céder, surtout quand il est question de se montrer en public, à l'église ou à la promenade, tout cela uni ensemble, répand un air de magnificence & d'opulence qui étonne au premier abord ; mais on n'est bientôt revenu, pour le peu que l'on examine cette nation. Elle donne les premieres idées du peuple d'Italie, qui accorde tout aux apparences, & qui ne craint pas de sacrifier son bien-être réel au vain plaisir de se faire passer pour ce qu'il n'est pas. Il travaille pendant huit jours, se refuse même le nécessaire pour paroître le dimanche à une promenade publique avec un habit d'emprunt, sous lequel il se méconnoît lui-même ; au reste, cette manie est peu dangereuse en Italie, où les mœurs publiques n'ont aucune considération ; peut-être que cet amour du faste a contribué à les avilir ; mais comme c'est chose faite, il faudroit une réforme qui changeât les idées reçues, pour y rétablir ce que nous appellons l'honnêteté générale.

<small>Asyle dans les Eglises.</small>

34. Je suis étonné qu'un prince aussi sage que le roi de Sardaigne n'ait pas encore abrogé le droit d'asyle dans les églises & leurs dépendances ; il est indécent dans un état policé, de voir des coquins ou bannis de la société, ou même condamnés à mort par les loix, vivre dans l'impunité sur le parvis d'une église, d'où on ose les enlever. Au mois de septembre 1761, il y avoit sur le perron de l'église de Sainte Thérèse, des gens bannis pour crime, d'autres condamnés aux galères, même un condamné à la mort par le tribunal souverain ; ils vivoient à l'abri de toute poursuite de justice dans cet asyle sacré qui, à la vérité, ne les garantissoit pas de la misere où ils paroissoient plongés; ils s'étoient construits une espèce de barraque contre la muraille de l'église, & ils s'y retiroient pendant la nuit, ou lorsqu'il pleuvoit. La charité du peuple leur fournit quelque soulagement, les parens leur portent en secret quelques provisions; les moines eux-mêmes qui, ont leur intérêts à maintenir ce droit d'asyle, leur donnent des secours qu'ils n'oseroient avouer. Ils restent dans cette espèce de prison volontaire jusqu'à ce qu'ils

SUITE DU PIÉMONT. 97

qu'ils trouvent quelque moyen de s'échapper, ce qui leur réuſſit difficilement ; ils ſont gardés à vûe, & pour le peu qu'ils s'écartent, ils tombent dans les mains des ſbirres. Le Roi n'a pas encore voulu abolir cet uſage que le gros de la nation paroît déſapprouver, parce qu'on ne l'attaque point.

35. La route de Turin à Gênes ſe fait par Quiers, Villanova, Aſti, Alexandrie & Novi, qui de ce côté-là eſt la premiere place de l'état de terre-ferme de la république de Gênes. Route de Turin à Gênes.

Quiers eſt dans une ſituation élevée, à trois milles de Turin ; on prétend qu'anciennement cette ville étoit très-conſidérable & qu'elle ſe gouvernoit par ſes propres loix ; depuis elle a été une place importante dans les guerres que les François firent dans ce pays ſous le regne de François I. Alors elle étoit très-bien fortifiée, & défendue par un bon château, dont il ne reſte plus que des ruines ; le terrein aux environs eſt fertile & bien cultivé ; les côteaux ſont couverts de vignes & d'arbres fruitiers ; à gauche on voit la petite ville de *Montcalier* dans un aſpect riant au bord du Pô, & dans un pays très-fertile. Les ducs de Savoie y ont une maiſon de plai- Quiers.

Montcalier.

Tome I. E

sance, qui a été fort négligée par le roi de Sardaigne, depuis qu'il fut obligé d'y faire arrêter le roi Victor son pere en 1731. Le duc de Savoie actuellement vivant s'y plaît beaucoup, en fait réparer les bâtimens, & préférera cette maison de plaisance aux autres; elle est plus éloignée des Alpes, dans un meilleur air, & un climat plus tempéré que la Vénerie & Stupinigi.

Villa-nova est un gros village ou bourg du Montferrat, situé dans une plaine fertile en bleds & en vins blancs qui ont quelque réputation; il est entouré d'un fossé défendu par un terre-plein qui regne dans toute son enceinte; il y a un couvent nombreux de religieux de l'ordre de S. François; les environs de ce bourg sont plantés de mûriers blancs, & on y fait un commerce de soie assez considérable.

De Villanova à *Asti* on compte dix milles de Piémont ou cinq grandes lieues de France que l'on fait dans un pays fertile & découvert. Le chemin est coupé d'une multitude de petites collines, à travers lesquelles coulent des ruisseaux d'une eau bourbeuse qui vont grossir le *Tanaro* & *la Versa*, principales rivieres de ce pays.

Asti étoit anciennement une colonie romaine dans la Ligurie. Pendant l'espèce d'anarchie qui a duré si long-temps en Italie, la ville d'Asti étoit le chef-lieu d'une république qui se gouvernoit par ses propres loix ; ensuite elle a eu des Seigneurs particuliers sous le titre de comtes d'Asti, desquels elle passa aux ducs de Milan. Le comté d'Asti fut donné à Louis duc d'Orléans, frere de Charles VI roi de France, lorsqu'il épousa Valentine, fille de Jean Galeas Visconti, duc de Milan, dont lui & ses descendans ont joui propriétairement, jusqu'à ce que François I. eut cédé ce comté à l'empereur Charles-quint, pour partie de sa rançon, par le traité de Madrid. En 1531 le comté d'Asti fut cédé aux ducs de Savoie, princes de Piémont, qui alors en firent fortifier la capitale, comme une place importante qui couvroit leurs états de ce côté. Cette ville & ses dépendances conservent encore le titre de comté, dont le territoire, connu sous le nom d'Astesan, confine avec l'Alexandrin.

Cette ville est aujourd'hui une des principales du Monferrat, elle a un évêque suffragant de Milan, beaucoup d'églises & de maisons religieuses. Le quartier de la ville où sont les maisons ou palais des gentilshommes est bien bâti, & mal peuplé ; ces palais sont vastes, suivant l'usage du pays ; mais les nobles n'étant pas riches, ils n'entretiennent que peu de domestiques, & leurs maisons ont l'air désert. Le reste de la ville est mal bâti ; les rues y sont étroites ; le peuple y paroît pauvre, sans commerce, & sans industrie. Les fortifications qui entourent cette ville, sont une double muraille & deux fossés fort larges; au-dessus du côté du Nord, est un ancien château qui tombe en ruine. Il y a toujours un détachement de troupes du roi de Sardaigne qui y sont en garnison, & un commandant ou gouverneur qui y réside & garde les clefs de la place. Il faut avoir son agrément pour sortir avant l'heure à laquelle on ouvre ordinairement les portes ; ce qui est fort utile aux soldats de garde, qui, pour avoir une gratification plus ample, là, comme ailleurs, ne manquent jamais de dire qu'ils ont veillé toute la nuit pour être prêts plus matin. Toutes les auberges de cette route sont très-médiocres, & le meilleur appétit rebute contre les ragouts des cuisiniers de ce pays. Le vin y est mauvais ; & le pain, quoique fait avec du bon grain, n'eſt pas mangeable.

Alexandrie, ville capitale du pays appellé l'Alexandrin, bâtie ſur la fin du douziéme ſiécle par les habitans de Milan, de Crémone & de Plaiſance, qui tenoient le parti du pape Alexandre III contre l'empereur Frédéric Barbe-rouſſe. Les Gibelins appellerent cette nouvelle ville Alexandrie de la Paille, parce que les premiers murs de clôture furent conſtruits avec de la paille mêlée dans la terre glaiſe. Peu après qu'elle fût bâtie, l'empereur vint l'aſſiéger; & les nouveaux habitans ſe défendirent avec tant de courage, qu'il fut obligé de lever le ſiége qu'il avoit tenu pendant ſix mois. Il ſe vengea du zéle des partiſans du Pape, en diſant qu'il ne s'étonnoit pas qu'on eût bâti une ville en l'honneur d'un âne vivant & féroce, puiſque Alexandre en avoit fait conſtruire une pour conſerver la mémoire d'un cheval mort.

Le pape Alexandre III établit dans la nouvelle ville un évêché ſuffragant de Milan; aujourd'hui elle eſt entourée d'une muraille revêtue d'un bon foſſé plein d'eau & de quelques ouvrages avancés au dehors; la citadelle bâ-

Alexandrie.

tie au nord-est, est l'une des meilleures places de l'Italie ; le roi de Sardaigne l'entretient avec grand soin ; la ville & la citadelle ont ordinairement pour garnison cinq régimens d'infanterie & un détachement de cavalerie. Elles sont séparées par le *Tanaro*, riviere assez grosse que l'on traverse sur un pont de bois couvert.

La ville est médiocrement grande. Le bâtiment le plus imposant est l'hôtel de ville ou palais commun, que le roi de Sardaigne a fait construire nouvellement ; il est situé sur la grande place à côté de la cathédrale, édifice gothique qui n'a rien de remarquable.

On tient tous les ans dans cette ville deux foires en octobre & en avril ; les marchands y viennent de tous les côtés de l'Europe, il s'y fait dans ce temps un commerce considérable ; Lyon, Genéve, quelques villes de Suisse & d'Allemagne y envoyent une quantité de bijouteries & d'étoffes qui se portent dans le reste de l'Italie ; d'où ils reçoivent en échange, des cotons, des soies & d'autres marchandises du Levant & de l'Italie.

Ces foires sont comme un entrepôt marqué, où les marchands commercent plus enſemblent qu'avec les particuliers; ce qui s'y vend en détail eſt peu conſidérable.

36. Le roi de Sardaigne poſſéde encore de ce côté ſur la grande route de Turin à Rome:

Tortone, ancienne colonie des Romains, & ville de la Ligurie dans la Gaule Ciſalpine. Elle étoit grande & très-peuplée, lorſque l'empereur Frédéric II, dans ſes grands démêlés avec les Papes, la ruina entiérement; les peuples du Milanois la rétablirent & elle paſſa ſous leur domination; elle a été unie au duché de Milan, juſqu'au dernier ſiécle, que les Eſpagnols la cédérent aux ducs de Savoie; elle a quelques fortifications entretenues avec un bon château ſur la riviere de *Scrivia*. Le roi de Sardaigne y tient une garniſon, dont le commandant eſt très-exact à viſiter les paſſeports des étrangers; ſon voiſinage avec Gênes eſt cauſe qu'il s'y fait quelque commerce. Elle a un évêché ſuffragant de Milan. On voit en traverſant cette ville quelques quartiers aſſez bien bâtis. Quoique la campagne où elle eſt ſituée ſoit fertile & bien cultivée, la ville a l'air pauvre & mal peuplée; les habitans ſont

Tortone.

fort intéressés avec les étrangers & ne donneroient pas même de l'eau gratuitement s'ils s'imaginoient pouvoir s'en faire payer.

Vogherra. *Vogherra*, ville ancienne de la Ligurie, connue dans l'Itinéraire d'Antonin, sous le nom d'*Iria*, a fait autrefois partie du Milanois ; aujourd'hui elle appartient au roi de Sardaigne, & est la derniere place de ses états qui confine avec le duché de Plaisance ; elle est dans une situation riante ; l'aspect de la ville est agréable ; elle a eu autrefois quelques fortifications qui sont fort négligées.

Toutes ces villes sont situées dans une plaine fertile & bien cultivée, arrosée de plusieurs rivières, dont les plus considérables sont le Tanaro, la Scrivia, le Tidone, qui dans les temps de pluie sont fort grosses & fort dangéreuses à traverser, la plûpart n'ayant ni ponts ni bacs ; les eaux n'en sont pas belles ainsi que toutes celles qui coulent de l'Apennin. L'usage d'enclorre chaque piéce de champs ou de prés d'un fossé plein d'eau, d'une haye vive où sont plantés de grands arbres, tels que mûriers, peupliers, ormes, &c. commence à devenir général à Alexan-

SUITE DU PIÉMONT. 105
drie, & delà dans tout ce qui joint la plaine de Lombardie. Cette façon de cultiver affcinit les terres, les met à l'abri des féchéreffes & des inondations, & fait que chacun trouve autour de fon héritage, les bois dont il a befoin pour fon ufage. On doit faire dans tous ces cantons beaucoup de foye, à en juger par la grande quantité de mûriers blancs plantés dans la campagne.

37. Pour achever le détail de ce que j'ai vû en Piémont, je vais reprendre la route de Turin à Milan, en paffant par Chivas, Verceil & Novarre jufqu'au *Téfin* qui fépare les états du roi de Sardaigne du Milanois. Route de Turin à Milan.

Les avenues du Turin de ce côté font belles, les chemins faits & entretenus, le pays fertile & cultivé avec foin ; on voit à gauche de la route à trois milles de Turin, un grand bâtiment où eft la fabrique du tabac, & celles des toiles peintes, pour le compte du Roi qui y entretient les ouvriers, fournit les matières, & fait vendre les marchandifes qui en fortent. Enfuite on paffe en une barque les Doires & la Sture, rivieres qui coulent des Alpes, & dont les eaux font belles ; elles roulent fur un fonds de gros cailloux, dont on fe fert

E v

pour paver quelques parties des chemins & réparer les autres.

Chivas. *Chivas* est à cinq lieues ou dix milles de Turin ; la place est située sur une éminence qui domine le pays ; elle est petite, mais bien fortifiée ; le Roi de Sardaigne y entretient une bonne garnison. (*a*) Le terroir aux environs de cette place du côté du Milanois est aride & fort négligé, quoiqu'il soit coupé de beaucoup de ruisseaux.

Livourno, que l'on trouve à cinq lieues delà est un très-gros bourg qui appartient au Prince de Francaville, établi à Naples, de la maison des Imperiali de Gênes ; on y fait un commerce considérable des soies, qui tiennent le premier rang parmi celles du Piémont,

Verceil. *Verceil*, jolie ville de Piémont, est à moitié chemin de Turin à Milan, c'est-à-dire à trente-cinq milles ou environ dix-sept lieues de l'une & de l'autre ; c'est l'ancienne capitale des *Libiciens*, située dans la Gaule *Transpadane*, sur les frontières des *Insubriens*, ainsi que le disent *Pline*, *Strabon* & *Ptolomée* le géographe ; Pline

---

(*a*) Le Maréchal de Berwick la prit en 1706.

fait mention de ſes mines d'or que l'on ne connoît plus aujourd'hui. Autrefois elle a fait partie du duché de Milan, mais depuis la paix des Pirénées elle appartient à la maiſon de Savoie, qui l'avoit fait fortifier conſidérablement, & défendre par une bonne citadelle; il ne reſte plus rien de ſes fortifications; elle fut abſolument démantelée par les François en 1705.

38. Cette ville eſt dans une ſituation riante, au bord de la *Seſſia* au levant, ſur un terrein élevé; elle eſt aſſez bien bâtie, & paroît peuplée & commerçante. S. Euſebe, l'un de ſes évêques qui vivoit dans le IVe. ſiécle l'a rendue fameuſe. On conſerve dans le tréſor de l'égliſe cathédrale, un manuſcrit des évangiles de S. Mathieu & de S. Marc, (*a*) écrit de la main même de ce ſaint, & qui a été donné à cette égliſe par Beranger, roi d'Italie (*b*).

Curioſités de Verceil.

(*a*) Il eſt écrit ſur un velin très-mince. C'eſt une traduction latine fort différente de la Vulgate. Si la tradition eſt vraie, ce manuſcrit eſt du quatrième ſiécle.

(*b*) A la fin du dixiéme ſiécle où dans les premieres années du XIe. l'Empereur Othon à la priére du Pape Silveſtre II donna à l'Egliſe de

Le Pape Léon IX y a tenu dans le XIe. siécle un concile contre l'héréfie des Sacramentaires, dont Berenger, archidiacre de l'églife d'Angers étoit le chef; c'eft en mémoire de ce concile que l'on y célébre la Fête Dieu avec une dévotion particuliére.

La cathédrale fous le vocable de S. Eufebe eft une ancienne églife gothique bien bâtie; celle de fainte Marie-Majeure & fon pavé en mofaïque repréfentant l'hiftoire de Judith, méritent d'être vûs. (*a*) L'hôpital eft

---

Verceil, la Ville même de Verceil à titre de domaine fouverain. Cette donation eft la premiere, où l'on voit la puiffance civile accordée à une Eglife, fans aucune réferve.

(*a*) S. Jerôme dans le troifiéme livre de fes lettres L. 7 à Innocent, rapporte un prodige arrivé à Verceil de fon tems, & trop frappant pour refter dans l'efpece d'obfcurité où il eft.

» A Verceil, ville des Liguriens à peu de
» diftance du pied des Alpes, autrefois très-
» puiffante, un mari accufa fa femme d'adultère
» devant le Proconful qui faifoit fa tournée;
» elle fut préfentée à fon tribunal avec le jeune
» homme qu'il prétendoit être fon complice;
» l'un & l'autre furent expofés à la torture la
» plus violente. La force des tourmens fut telle
» que le jeune homme ne pouvant y réfifter,
» aima mieux faire l'aveu que l'on exigeoit

vaste & bien servi (*a*).

Novarre, ville ancienne de la Gaule

Novarre.

» de lui, quoiqu'il fût innocent, que de souf-
» frir plus long-temps. Mais la femme persista à
» nier ; & fit cette belle réponse. Seigneur Je-
» sus, à qui rien n'est caché, vous qui con-
» noissez le plus secret de mon cœur, je vous
» prends à témoin que je ne nie point le crime
» dont on m'accuse dans la crainte de la mort,
» mais pour ne point pécher contre la vérité.
» Et vous misérable jeune homme, si vous
» êtes pressé de périr, pourquoi par un injuste
» aveu exposez-vous deux innocens à un sup-
» plice honteux ? Je souhaite de mourir, mais
» non chargée du crime d'adultere.... Cette
» fermeté ne servit qu'à irriter le Juge. il
» fit inutilement redoubler les tourmens, la
» constance de la femme fut la même. Enfin
» les deux accusés furent condamnés à perdre
» la tête. Celle du jeune homme fut emportée
» du premier coup, deux bourreaux frapperent
» inutilement la femme jusqu'à sept fois, à pei-
» ne purent-ils lui faire une légere blessure. Il
» faut lire tout ce détail dans S. Jérôme même.
» Le Proconsul & le mari sçachant qu'elle avoit
» échapé au supplice, la firent chercher de nou-
» veau pour la faire périr par une mort hon-
» teuse ; mais une grace expresse de l'Empereur
» tira des mains de ses ennemis, cette femme
» sauvée par un miracle évident, opéré à la vûe
» de tout le peuple de Verceil, & qui ne fut
» pas capable d'appaiser la rage de ses persécu-
» teurs....

(*a*) Il ne faut pas manquer de voir au grand

Cisalpine, capitale des *Leviens* dans l'*Insubrie*, au rapport de Pline, aujourd'hui ville épiscopale de la métropole de Milan, faisoit autrefois partie du duché de ce nom; & appartient à présent à la maison de Savoie. Elle est située sur une éminence défendue par un ancien château & par des fortifications bien entretenues; le roi de Sardaigne y tient une forte garnison; il il y a dans le voisinage de l'église cathédrale quelques inscriptions & bas-reliefs antiques qui prouvent l'ancienneté de cette ville; d'ailleurs on n'y voit rien de remarquable; il ne paroît pas qu'elle soit bien peuplée; elle est éloignée de dix milles environ de Verceil.

Culture du riz.
La campagne entre Verceil & Novarre est une plaine arrosée de différens canaux, où sont les plantations de riz

---

hôpital de Verceil le corps d'André Valla Angevin, pélerin romi-pette, qui y mourut en 1685, d'une étisie consommée, au point qu'il n'avoit plus que la peau collée sur les os. Son corps s'est conservé depuis ce tems-là dans le même état qu'il étoit au moment de sa mort, sans aucun changement; on voit encore sur ses joues les rougeurs que portent ordinairement les maladies de ce genre.

SUITE DU PIÉMONT. 111

très-confidérables ; ce grain doit toujours être dans l'eau que l'on fait élever à mefure que la plante croît, de forte qu'il n'y a jamais que l'extrêmité de la feuille & l'épi qui foient hors de l'eau ; ainfi toute cette plaine reffemble plus à un marais qu'à un terrein fi utilement cultivé, d'autant mieux encore qu'elle eft couverte d'une multitude de beaux oifeaux de riviere.

Au mois de feptembre, temps de la récolte du riz, on fait écouler l'eau de ces marais, qui rendent alors des exhalaifons très-mal faines, & caufent fouvent des maladies populaires ; inconvénient inévitable, parce qu'on ne peut pas cultiver autrement le riz. On le féme au mois de mars ou tout au plus tard au commencement d'avril ; & dès que la plante commence à fortir de terre, on la couvre d'eau ; la paille large d'environ deux lignes, reffemble à des feuilles de jonc ; & le tuyau noueux qui porte l'épi, a au moins une ligne & demie de diamétre.

De Novarre jufqu'au paffage du Téfin il y a environ cinq milles que l'on fait pour la grande partie dans un terrein gras & fertile ; cette riviere, l'une des plus belles d'Italie, eft divifée en deux branches que l'on passe en barque ; un peu plus bas que le passage, commence le canal qui communique de Milan au Tésin, & fait le commerce de cette ville avec le Lac majeur, & par conséquent presque tout celui de l'Italie avec la Suisse & l'Allemagne.

Les bords du Tésin, sont couverts de taillis, dans lesquels on voit d'espace en espace des poteaux surmontés de petites cages de fer, où sont exposées les têtes des assassins & des voleurs qui étoient autrefois en grand nombre dans ce canton que l'on ne traversoit qu'en tremblant ; il y a un peu plus de sûreté aujourd'hui, par les soins que prennent réciproquement la reine d'Hongrie & le roi de Sardaigne pour en bannir les brigands. Mais la facilité qu'ils ont de passer d'une domination à l'autre, les formalités qu'il faut pour les arrêter en pays étrangers, leur font entrevoir une sorte d'impunité qui les enhardit au crime.

ÉTATS DE GÊNES.

Les états de la république de Gênes sont situés au couchant de l'Italie. La ville capitale est éloignée de Turin d'environ trente-cinq lieues de France, ou quatre-vingt milles, dont cinquante de Turin à Novi, premiere place de la république, & trente de Novi à Gênes.

1. La ville de Gênes est l'une des plus anciennes d'Italie, il y a plus d'une fable sur son origine que l'on fait remonter jusqu'aux temps héroïques des Grecs, c'est-à-dire 1555 avant l'ére Chrétienne (*a*).

Histoire de Gênes & de ses révolutions.

On lit dans Tite-Live (L. 28 & 30) que l'an 549 de la fondation de Rome, c'étoit une ville considérable de

---

(*a*) Cicéron donne une idée assez juste de la qualité de ce pays, qui n'a pas changé de façon à ne la pas reconnoître encore.. *Ligures montanos duros atque agrestes, docuit natura ipsa loci, nihil ferendo, nisi multo labore quæsitum..... de lege agrar.*

la domination romaine, qui fut attaquée à l'improviste, prise & détruite par Magon, général des Carthaginois, dans le temps de la seconde guerre punique (*a*). Le sénat y envoya le proconsul Lucretius Spurius, qui en deux ans la rétablit dans sa premiere splendeur. La république Romaine y entretint dans la suite des décurions avec un nombre suf-

---

(*a*) Ce fut entre les deux guerres puniques que les Romains s'établirent dans ce pays. Les Liguriens occupoient alors les montagnes situées entre le Var & la Magra. Que l'on compare le caractère sous lequel Florus les représente avec celui des Gênois, pour connoître les différences que le temps peut mettre dans les mœurs des nations & le pays même qu'elles habitent.... retranchés sur le sommet des Alpes, entre le Var & la Magra, dans un pays couvert de bois & de broussailles épaisses, il étoit plus difficile de trouver les Liguriens que de les vaincre. Ce peuple grossier & dispos, assuré par sa situation, & la facilité de fuir, faisoit dans l'occasion plutôt des pillages qu'une guerre suivie. Après avoir échappés long-temps à la poursuite des Romains au moyen de ses retraites impénétrables.... Enfin Fulvius mit le feu à ses forts; Bebius le força de descendre dans la plaine & Posthunius le désarma au point de lui laisser à peine assés de fer pour cultiver ses terres, Florus, liv. 2, chap. 3....

fifant de foldats pour la mettre à l'abri des infultes des puiffances maritimes. On a trouvé à Tortone en 1462 la pierre fépulchrale d'un Romain établi dans la Ligurie qui portoit le titre de décurion de Gênes. En 1506 un payfan de la Polchevera trouva dans fon champ des tables de bronze, fur lefquelles eft gravée en grands caractères romains la fentence des commiffaires envoyés par la République, pour régler les différends furvenus entre les habitans de Voltaggio & ceux de Langafco, à l'occafion des bornes de leurs territoires : il eft dit dans l'infcription que ces deux villes étoient foumifes au gouvernement de Gênes. Ces tables dattées du Confulat de Q. Servilius, & de C. Manilius, environ 120 ans avant l'ére chrétienne, font confervées dans l'églife cathédrale de Gênes.

Cette ville & fes dépendances fuivirent conftamment le fort de l'empire Romain, jufqu'au temps des inondations des Barbares qui le démembrerent : elle fut la proie des Sarrazins qui la pillerent, maffacrerent fes habitans & en firent un défert. Les Lombards, fous le roi Rotharic, ne la traiterent pas plus favorablement, & acheverent de détruire ce qui avoit échappé à la fureur des Barbares. Elle étoit dans le plus triste état, lorsque Charlemagne, après avoir vaincu les Lombards, resta paisible possesseur de la Ligurie. Il rendit à la ville de Gênes son premier éclat.

Pepin son fils qu'il investit du royaume d'Italie, donna la ville de Gênes & ses dépendances avec le titre de comté, à un seigneur François nommé Adhemar, qu'il reconnoissoit pour son parent. Ses descendans y regnèrent au même titre jusqu'à la fin du XIe. siécle, que les Génois se révolterent contre leur Comte, se mirent en liberté, & se formerent à eux-mêmes, des gouverneurs & des magistrats tirés du corps de la noblesse.

Ils portoient le nom de consuls; le temps de leur administration n'étoit point fixé, non plus que leur nombre, qui cependant n'a jamais été au-delà de huit. Pour que le peuple eût quelque part à ce nouveau gouvernement, la ville fut divisée en six quartiers; & on établit autant de capitaines dont l'autorité avoit quelque rapport avec celle des tribuns de l'ancienne Rome. Ce fut alors que l'on bâtit la premiere enceinte des murs de la Ville qui s'étendoient depuis le quartier de Carignan jusqu'au palais Ducal, & depuis la place Doria jusqu'au quartier S. Thomas.

Le gouvernement de ce peuple inconstant étoit très-tumultueux ; ce n'étoient que brigues & cabales continuelles, toujours excitées par la jalousie des familles les plus puissantes, qui avoient des prétentions contraires au bien public, & qui faisoient déposer les magistrats qui n'étoient pas de leur avis.

En 1217 le désordre étant monté au point qu'il n'y avoit point de gouvernement fixe, les principaux Génois réunis choisirent pour premier magistrat, un podestat étranger ; on en voit de Milan, de Bresse, de Parme, de Plaisance & d'autres villes de Lombardie, où ils les choisissoient ordinairement. A ces podestats succéderent des capitaines, des gouverneurs, des lieutenans, des abbés du peuple, des réformateurs, des ducs nobles & populaires. Ces différentes élections étoient ordinairement l'effet de la violence ; la ville divisée en partis opposés prenoit les armes, & ceux qui avoient le dessus, établissoient la forme de gouvernement qu'ils jugeoient la plus conforme à leurs intérêts.

En 1339 l'état parut prendre une forme un peu plus tranquille. Simon Boccanegra, né d'une famille illustre, fut élû duc ou doge; on lui donna un conseil composé des anciens ou chefs de familles, dont le nombre n'étoit point déterminé.

En 1396 ils se mirent sous la protection de Charles VI, roi de France, qu'ils reconnurent pour leur souverain. En 1409 ils massacrerent les François & se donnerent au marquis de Montferrat. Quatre ans après ils se remirent en liberté & élurent de nouveau un doge & des sénateurs. En 1421 ils appellerent les ducs de Milan pour les gouverner.

En 1436 ils élurent de nouveau des doges qu'ils conserverent jusqu'en 1458; alors ils se soumirent encore au roi de France. Trois ans après, les doges choisis parmi le peuple furent mis à la tête du gouvernement.

En 1458 François Sforce, duc de Milan, détermina par ses intrigues, les Génois à le reconnoître pour souverain protecteur de leur république; mais comme son gouvernement deve-

noit trop abfolu, dix ans après ils ef-
fayerent de fe mettre en liberté; & ce
fut alors qu'ils offrirent la fouveraineté
de leur ville à Louis XI roi de France, qui leur fit cette réponfe fi connue, que *fi la ville de Gênes fe donnoit à lui, il la donnoit à tous les
diables.*

En 1499 Louis XII ayant entre-
pris la conquête du Milanois qui lui
appartenoit du chef de Valentine Vif-
conti fon ayeule, prit Gênes d'affaut
& fe rendit maître du gouvernement.
Depuis cette année jufqu'en 1528 cette
ville jouit peu de fa liberté; les François, l'empereur Charles V, les ducs de
Milan, y dominerent alternativement.

Elle étoit fous la domination des
François en 1528, lorfque André Doria ayant tout d'un coup quitté le parti de la France dont il commandoit
les armées navales, fe fervit des forces
qui étoient à fa difpofition, pour remettre fa patrie en liberté & y établir
une forme de gouvernement durable.

Ce fut alors que le fénat fut formé
des chefs & des principaux membres
des familles nobles. Obert Catanéo fut
élû doge; il fut décidé que fon gouvernement ne dureroit que deux ans,

& qu'il feroit élû à la pluralité des suffrages des fénateurs ; ce qui s'eſt obſervé depuis ce temps.

<small>Gouvernement actuel de la République. Conſeils.</small>

2. Le gouvernement actuel eſt ariſtocratique. Le doge en eſt le chef ; & il eſt aſſiſté de douze ſénateurs, dont deux portent le titre de gouverneurs & reſtent toujours avec lui dans le palais public. Cette dignité de même que celle du doge ne dure que deux ans ; c'eſt ce qu'on appelle la ſeigneurie. En cette qualité ils donnent audience aux ambaſſadeurs ; expédient les lettres aux princes étrangers, les reçoivent & rempliſſent toutes les fonctions de princes ou de gouverneurs de l'état dont ils portent le titre. Quand ils ne ſont pas d'accord entr'eux, pour ce qui eſt à décider, alors ils s'uniſſent, ou au collége, ou au conſeil dont je vais parler.

Le collége eſt compoſé de huit magiſtrats, électifs tous les deux ans, appellés procurateurs, outre les procurateurs à vie, dignité dont ſont revêtus tous ceux qui ont été doges. Ce corps a l'adminiſtration des biens & revenus de la république, & ſe joint à la ſeigneurie pour décider des affaires d'état quand il en eſt requis.

Le conſeil ou aſſemblée eſt compoſé de

de la seigneurie, du collége & de cent autres sénateurs tirés du grand conseil; c'est le tribunal suprême de la république pour toutes les affaires civiles. Les causes criminelles sont jugées par la seigneurie, & le collége; le conseil n'en prend connoissance que lorsqu'elles sont de nature à intéresser l'état.

Les inquisiteurs d'état établis en 1625, sont chargés de veiller exactement dedans & dehors la ville à la tranquilité publique. Ils ont des espions dans toutes les assemblées pour découvrir ce qui s'y traite, & leur en faire rapport; ils tiennent des notes des inclinations marquées des particuliers, & s'en servent utilement dans le besoin.

Leurs jugemens en matière d'état sont souverains & toujours très-sévéres.

Le grand conseil ou le sénat est composé de la seigneurie, & de quatre cent nobles sénateurs élus annuellement; ils doivent être âgés au moins de vingt-cinq ans. Pour établir une nouvelle taxe, il faut que les quatre cinquiémes des suffrages soient d'accord. Cet illustre corps, le premier de la république, décide de tout ce qui concerne la paix & la guerre, de même que des affaires les plus intéressantes, il dispose aussi des principaux emplois.

Doge de Gênes.

3. Le doge, choisi parmi les sénateurs, doit être âgé au moins de cinquante ans (*a*), né en légitime mariage, noble & citoyen de Gênes, & assez riche pour soutenir sa dignité avec éclat. Par lui-même il n'a aucune autorité, qu'autant qu'il est uni au corps de la seigneurie dont il est le chef ; il semble même qu'il ne puisse jouir des honneurs dûs à son rang que sous les yeux de la république & de son consentement ; il ne peut recevoir aucune visite, même de politesse, qu'en présence des deux sénateurs qui logent avec lui au palais, & qui sont toujours dans son appartement.

―――――――――――

(*a*) Je remarque que le doge doit être né en légitime mariage, parce que plusieurs nobles Gênois n'ont pas cet avantage ; le pere d'un fils naturel le fait adopter dans sa famille par l'autorité du sénat, qui lui donne le droit de porter le nom & les armes sans brisure & sans aucune marque de bâtardise ; le pere lui assigne la portion de biens dont il doit hériter ; & quand ce fils naturel vient à se marier, s'il épouse une noble Gênoise, alors ses enfans peuvent être élevés à la dignité de doge. La république autorise cet usage pour conserver les maisons.

Les deux années de son gouvernement finies, un sécretaire de l'assemblée lui dit au nom de la république ; *puisque votre sérénité a fini son temps, que votre excellence retourne à son logis.* On voit par cette formule que l'on donne au doge le titre de prince sérénissime, & aux autres sénateurs celui d'excellence. Leurs femmes jouissent de la même prérogative.

Ce compliment fait par le sécretaire, le doge part sur le champ ; arrivé à la porte du palais il remercie les sénateurs & procurateurs qui lui ont fait compagnie, pendant le temps de sa souveraineté. Il quitte les marques de sa dignité, & se retire dans sa maison. On censure ensuite son administration ; & si elle est approuvée, il est fait procurateur à vie.

Pendant la vacance, c'est le plus ancien des sénateurs qui est à la tête des affaires, & par l'ordre duquel se convoque le grand conseil, qui choisit quinze personnes dignes d'être élûes à la dignité de doge.

Le nom des quinze candidats nommés est porté au conseil secret qui réduit le nombre de quinze à six ; ensuite la liste des six est reportée au grand conseil qui choisit parmi eux celui qui doit être doge.

Dès qu'il est élû, on lui met la couronne sur la tête & le sceptre à la main. Cette cérémonie se fait par rapport au royaume de Corse dont la république est souveraine. Ses vêtemens de cérémonie sont une longue robe à l'antique, de velours ou de damas cramoisi, & un bonnet en pointe de même, avec une espèce de corne au-devant qui sert à le lever de dessus la tête. Les procurateurs & sénateurs portent des robes de damas noir, mais sans bonnet ducal.

A l'ordinaire le doge est tout vétu de cramoisi, l'habit, les bas & même les souliers, avec une grande cravatte de dentelle, & une perruque longue; c'est ainsi que j'ai vû dans le particulier le sérénissime prince Agostino Lomellini, doge en 1761 & 1762; homme d'une politesse charmante, d'une conversation aimable & spirituelle, plein de feu & de vivacité, & très-digne du rang élevé où il étoit placé. J'observai que les deux sénateurs ne le quitterent point tant que dura la visite.

La porte de ses appartemens est gardée par deux Huissiers en habit d'ordonnance. Il y a outre cela dans le palais ducal un détachement de Suisses repartis en différens postes.

4. Le royaume de Corse dont la république possède quelques places maritimes, lui coûte prodigieusement ; elle n'en retire aucun avantage réel, & elle a toujours à combattre un peuple indiscipliné, armé pour sa liberté.

Royaume de Corse.

Mais comme les nobles Génois se regardent tous comme solidairement rois de Corse, cette raison qui est très-forte sur leur esprit, les déterminera toujours à ne rien épargner pour conserver au moins ce titre. C'est l'objet d'ambition qui les touche le plus. Rien n'est aussi intéressant pour eux que les nouvelles de ce pays, sur-tout quand la balance paroît pancher du côté des rébelles. Une dame Génoise fort inquiete de quelques succès qui sembloient annoncer une révolution totale en faveur des insulaires, apprenant que les espérances de la république se rétablissoient, dit dans un transport de joie : Dieu merci, nous sommes donc encore un peu reines.

5. En considérant l'état d'abaissement où est actuellement la marine de Gênes ; on n'imagineroit pas que cette république ait pû jouer autrefois un si grand rôle parmi les puissances maritimes. Cepen-

Marine de Gênes.

dant qu'on se rappelle les croisades, les guerres avec Vénise, pendant lesquelles Gênes dominoit véritablement sur la Méditerranée, ses démelés avec les Pisans, les établissemens qu'elle a eus en Orient ; tout cela en donnera justement une grande idée, dont il ne reste plus que le souvenir.

C'est ce qui faisoit dire dans le dernier siécle à un duc de Savoie qui avoit fort envie de s'emparer de Savone, & même de Gênes s'il le pouvoit, que les descendans des illustres Génois qui avoient combattu autrefois avec tant de valeur pour la liberté de la patrie, n'avoient plus de la vertu de leurs ancêtres, que le nom qui en imposoit encore à ceux qui ne les connoissoient pas.

Presque tous ceux qui en ont parlé s'accordent à dire que cette puissance a succombé sous le désir de s'enrichir par le commerce. Les Génois porterent toute leur attention de ce côté, & insensiblement leurs forces diminuerent. A présent même ce commerce est peu étendu ; mais la bonté du port & la proximité de la Lombardie, y font aborder des vaisseaux marchands qui soutiennent le commerce intérieur de la ville dans un état d'opulence assez considérable ; quoique les marchands se plaignent à présent que tous les jours le gain diminue avec les affaires ; Gênes ne faisant plus que très-peu pour son compte & ne servant, en quelque sorte, que d'entrepôt aux commerçans étrangers. Une autre cause de cette décadence est le voisinage de Livourne, port franc, tenu avec le plus grand soin par les grands ducs de Toscane, & plus à portée du Levant. Aussi je fus fort étonné de ne voir dans le port de Gênes que vingt à trente petits vaisseaux marchands, Danois, Ragusiens, Hambourgeois, quelques autres d'Italie; quelques barques Françoises qui en rangeant la côte échappoient à la vigilance des Anglois qui étoient en croisiere; cette petite quantité ne paroissoit rien dans un port aussi vaste.

6. La ville de Gênes est située sur le penchant d'une montagne qui fait partie des Apennins ; elle est bâtie en demi-cercle autour du port, l'inégalité du terrein sur lequel elle est construite, lui donne la forme d'un amphithéâtre ; & vûe du centre du port à un mille environ en mer, elle offre un coup d'œil magnifique : c'est même la seule maniere de jouir de la beauté de la situation singuliere de cette ville qui est très-resser-

Situation de Gênes.

rée par les montagnes, & dont on ne peut estimer la grandeur qu'en la voyant d'un peu loin.

Son port l'un des plus beaux de la Méditerranée; est tourné au midi ; du côté du levant il est fermé par une jettée dans la mer, du côté du couchant par un môle d'une construction solide, à la tête duquel est bâtie une tour très-élevée, qui sert de phare pour éclairer les vaisseaux qui abordent la nuit dans le port, dont l'entrée est dangéreuse à cause de quelques rochers à fleur d'eau qu'il faut éviter avec soin. La tour du fanal est élevée sur le même emplacement, où étoit la citadelle que Louis XII avoit fait bâtir pour s'assûrer de la ville de Gênes.

Au fond du port à droite est un petit port où se rendent les vaisseaux qui déchargent leurs marchandises à Gênes, & ceux qui n'y viennent que pour commercer ; ceux-ci ne payent aucun droit d'entrée ni de sortie; ils ne payent que pour les marchandises qu'ils vendent; & alors les droits sont assez forts. Près delà est la Darsene, ou l'arsenal des galeres de la république.

Les bureaux de la douane, & tous les magasins pour placer les marchandises sont situés sur le bord du petit port; il y a toujours un très-grand mouvement dans ce quartier, & il faut s'y garantir avec soin des atteintes des portefaix Bergamasques, qui marchent prodigieusement chargés, & qui n'ont jamais sçû se détourner.

La situation de Gênes dans un terrein inégal & resserré, fait que les rues y sont très-étroites ; il y en a beaucoup qui ont à peine six pieds de largeur avec des bâtimens à cinq & six étages, ce qui les rend obscures & tristes. La plûpart sont très-commerçantes & toujours remplies de gens qui vont & qui viennent. Le peu de largeur des rues contribue à faire croire que la population est très-nombreuse ; cependant j'ai oui dire par des gens très-instruits que le nombre des habitans, y compris les fauxbourgs de S. Pierre d'Arena, & de Bisagno, va à peine à quatre-vingt-dix mille ames.

La premiere enceinte de la ville a environ cinq milles d'étendue. Les deux autres qui embrassent une partie considérable des montagnes voisines sont beaucoup plus vastes, & ne doivent être regardées que comme des défenses avancées qui servent à la sûreté de la ville.

F v

La rue neuve (strada nuova) est le plus beau quartier de Gênes ; elle fut élargie & dressée dans le dernier siécle par Alexis Galeazzi de Pérouze ; il a construit le magnifique palais des ducs de Turcis, de la maison Doria, qui est dans cette rue, & qui en fait le principal ornement ; les autres palais de ce quartier, & qui sont tous très-beaux, ont été bâtis sur les desseins de cet architecte. La place Doria, qui est à l'extrêmité de cette rue, est plus remarquable par la beauté de ses édifices que par sa grandeur.

Le quartier de l'Annonciata & la place qui y répond, qui est la plus grande de Gênes, est le seul dans lequel toutes sortes de voitures puissent aborder ; c'est dans cette place qu'est l'auberge de sainte Marthe, la meilleure de Gênes pour le logement, & qui jouit de cette réputation depuis plus d'un siécle. La rue Balbi & celle de S. Thomas aboutissent à ce quartier ; elles sont larges, bien pavées, & décorées de beaux édifices. (*a*)

(*a*) Pour conduire dans les autres quartiers de la ville les fardeaux pésans, ou d'un gros volume, on se sert de traineaux étroits auxquels on

Le quai qui conduit de la porte S. Thomas à la Lanterne, & delà au fauxbourg S. Pierre d'Arena, est fort large & bien revêtu; c'est une des promenades les plus fréquentées de la ville, la plus longue & la plus commode pour ceux qui aiment à marcher de plein pied; d'un côté on a la vûe du port, & de la côte au couchant; de l'autre on touche la montagne, dont le pied est garni de maisons la plûpart habitées par des ouvriers en soie.

De l'autre côté de la ville, au levant, les deux collines appellées de Serzane & de Carignan, sont unies par un pont assez large pour passer aisément quatre

attache un ou plusieurs chevaux, & qui peuvent passer partout; à l'aide de cette machine, on transporte même des blocs & des colonnes de marbre dans les quartiers de la ville les plus difficiles à aborder.

Pour aller par la ville, on n'a pas d'autres commodités que les chaises à porteurs; il y en a de magnifiques; celles mêmes de louage sont très-propres, garnies de glaces, doublées de velours, bien vernis par le dehors, quelques-unes même sont dorées; les porteurs & la chaise se payent quatre francs par jour, argent de France.

caroffes de front, & d'une très-grande élévation. Ce grand ouvrage a été conduit par un ingénieur François nommé Langlade qui l'entreprit au commencement de ce siécle, sous les ordres & aux dépens du seigneur Dominique Sauli, patricien Génois. Ce pont & la jettée qui le suit en réunissant les deux collines, forment une belle esplanade plantée d'arbres, dans un terrein fort élevé. La promenade y est agréable & fort commode, sur tout pour prendre le frais en été; on y a la vûe de la mer, & celle d'une partie du bourg de Bisagno, composé d'une multitude de maisons de campagne presque toutes bien bâties, quoique sur un terrein inégal, entremélées de beaucoup de Palais & de jardins, qui tous ensemble forment un spectacle varié & trés-vivant.

Eglises. 7. Les églises & les palais de Gênes, presque tous d'une construction très-riche, & où les plus beaux marbres n'ont pas été épargnés, on sait, dit-on, donner à cette ville le nom de superbe; j'en ai vû une partie, qui sont vraiment d'une grande beauté; j'en dirai ici quelque chose, pour amuser ceux qui liront ces mémoires. Je ne ferai pas un détail exact de tous les chef-d'œuvres de peinture qui ornent ces édifices; je renvoie pour cela à la description qu'en a donnée M. Cochin.

L'église de S. Laurent, à en croire les Gênois, est la premiere qui ait été dédiée sous le vocable de ce Saint. Aussi-tôt que l'on apprit à Gênes qu'il avoit été martyrisé à Rome l'an 260, on convertit sur le champ en église la maison où il avoit logé passant d'Espagne à Rome avec S. Siste.

Elle fut érigée en cathédrale en 985, & a toujours conservé ce titre jusqu'à présent. Elle est revêtue de marbre blanc & noir, tant dedans que dehors, & pavée de même; la construction est d'un gothique assez lourd; le portail est ouvert de trois portes qui donnent entrée dans autant de nefs mal éclairées; à côté droit du portail est une tour fort élevée revêtue de marbre & qui sert de clocher. Du haut de cette tour on jouit de la vûe de la ville, mais bien moins avantageusement que du port. On y remarque surtout la chapelle de S. Jean-Baptiste, protecteur de la ville & de la république. Elle est revêtue de marbres, chargée de sculptures anciennes & de plusieurs statues médiocres. Il y a toujours une quantité de lampes allumées, qui font toutes d'argent, la plûpart d'un poids considérable & d'un beau travail.

Dans le trésor de cette église est le fameux plat d'émeraude donné aux Génois par Baudouin roi de Jérusalem. Ils prétendent que c'est le même sur lequel le Sauveur mangea l'agneau paschal avec ses disciples ; les critiques les plus habiles ne sont pas d'accord sur cette prétention ; quoiqu'il en soit, c'est une piéce curieuse & fort ancienne, puisque l'on va jusqu'à dire qu'elle faisoit partie des présens que la reine de Saba offrit à Salomon.

Saint Sire (San Siro) est l'ancienne cathédrale de Gênes, & fort connue dans l'histoire de cette ville par les assemblées qui s'y sont tenues, & où se formoient ordinairement les plans des révolutions qu'elle a éprouvées ; cette église est aujourd'hui aux Théatins. La construction en est de la plus grande richesse ; les plus beaux marbres y ont été employés, & l'or y éclate de toutes parts ; les cloîtres & les appartemens des religieux répondent à cette magnificence & sont de la plus grande propreté. Il paroît qu'il y a peu de tems que toutes ces constructions sont achevées.

L'Annonciata est l'une des plus grandes églises de Gênes & celle dont la décoration est la plus brillante; le portail n'est point achevé ni revêtu, mais l'intérieur de l'église est magnifiquement orné. Elle est partagée en trois nefs, soutenues par des colonnes revêtues d'un marbre blanc & rouge très-éclatant; la voute est peinte & dorée de même que la coupole. C'est dommage que le chœur manque de profondeur, mais il paroît que l'architecte a été gêné par l'inégalité du terrain. Le grand tableau de la cêne qui est au-dessus de la porte d'entrée, peint par Jules-César Procaccini, est un des plus beaux morceaux de ce maître. La composition & le coloris en sont excellens. Dans une chapelle près de la sacristie on voit un tableau du Borzone frais de couleur & d'une composition très-gracieuse; il a pour sujet l'instant où les bergers viennent adorer J. C. après sa naissance.

La nation Françoise a dans cette église, dans le collatéral à main droite, une chapelle sous le vocable de S. Louis, revêtue de beaux marbres; c'est-là qu'est enterré M. le duc de Boufflers, qui commandoit à Gênes en 1746 & qui y mourut. On lit sur la pierre sépulchrale un éloge magnifique & bien vrai de ce grand homme qui emporta les regrets des François & des Génois. Cette église est à la maison Lomellini.

S. Ambroise, église appartenante à la maison Balbi, est de la plus magnifique construction; la façade extérieure est d'une grande & noble architecture; les cours, les térrasses, les galeries & les escaliers sont soutenus par des colonnes de marbre & construits de même : rien n'est plus riche & mieux tenu que l'assemblage de tous ces bâtimens qui sont occupés par les jésuites que la maison Balbi y a placés. L'intérieur de l'église est de la plus grande magnificence, ornée d'une multitude de colonnes de marbre de diverses couleurs; la chaire à prêcher d'une belle forme est de même.

On y voit deux beaux tableaux de Rubens, celui du maître-autel qui a pour sujet la circoncision, & celui de la chapelle de S. Ignace, où ce saint est représenté guérissant un possédé, & ressuscitant des enfans. Dans la croisée à droite est un tableau de l'Assomption, peint par le Guide, & l'un des plus beaux ouvrages qu'ait produit le pinceau de ce grand maître. Cette église est l'une des plus belles & des plus riches de Gênes.

L'église de Carignan, collégiale fondée par la maison Sauli en 1481 ; on commença à la construire en 1552 dans la forme où elle est ; la construction en est noble & solide ; les ornemens y sont ménagés avec goût & très-bien distribués ; les quatre piliers qui soutiennent la grande coupole sont ornés de quatre statues, dont deux du Puger, fameux sculpteur François, celle de S. Alexandre Sauli, & de S. Sébastien ; toutes les deux vraiment dignes du ciseau de ce grand homme. Celle de S. Jean Baptiste est de Parodi ; & celle de S. Barthelemi de Claude David sculpteur François.

L'église de l'Albergho de Poveri posséde un groupe en marbre blanc qui représente l'Assomption, & qui est du Puget, & très-excellent. Les Génois eux mêmes regardent les ouvrages de ce maître comme un des ornemens principaux de leur ville. Je devrois parler encore d'une multitude d'autres églises qui ont chacune leurs beautés particulières, mais le détail en deviendroit trop long.

Je me contenterai de même de parler de quelques-uns de ces magnifiques palais si célèbres dans toute l'Europe.

Palais de la seigneurie. 8. On peut regarder le palais du gouvernement où réside le doge, comme le centre de la république. C'est-là que s'assemblent les conseils, que se forment toutes les délibérations ; c'est-là encore que sont la plûpart des tribunaux de justice. Sa construction est de forme quarrée & d'une solidité qui lui donne l'air d'une forteresse ; la porte d'entrée est précédée d'une grille de fer, saillante en demi-cercle, où est un corps-de-garde pour les soldats Suisses. On passe par une grande cour habitée par les soldats & leurs femmes, où sont encore quelques petites boutiques ; il n'y a rien là de remarquable ni de beau. On trouve ensuite un grand vestibule où est un second corps-de-garde. On monte un grand escalier, au bas duquel sont deux statues des Doria. On traverse une galerie, & on entre dans une salle où sont quelques Suisses avec le baudrier & la halebarde. A la porte du tambour qui donne entrée dans les appartemens du doge, sont deux huissiers de la chambre, vêtus de pourpoints courts mi-partis de noir & de jaune, avec larges chausses, grandes cravates & amples perruques ; ce sont eux qui annoncent les visites, & un gentilhomme, officier de la maison du doge, vient recevoir à la porte, & conduit jusqu'à l'appartement de sa Sérénité.

Les meubles du palais qui sont de damas ou de velours cramoisi, appartiennent à la république & servent successivement à tous les doges; on ne les renouvelle que lorsqu'ils ne peuvent plus servir par vetusté.

Les salles des conseils sont ce qu'il y de plus curieux à voir dans ce palais. Les murailles de la salle du grand conseil sont ornées de grands tableaux peints à fresque, dont les sujets ont rapport à l'histoire de Gênes. Les frises ont été peintes par le Pordenone, & les tableaux par le Franceschini ; autour de la salle sont rangés sur des piédestaux plusieurs grandes statues de marbre blanc, élevées à la mémoire des nobles Génois qui ont rendu d'importans services à la patrie ; on y remarque surtout celle de M. le maréchal duc de Richelieu, qui fut inscrit sur le livre d'or de la république, & mis au rang des nobles, lorsqu'il y fut envoyé par la France pour commander dans la ville & la défendre contre les attaques des Autrichiens; il réussit très-heureusement dans cette expédition, les ennemis furent contraints de quitter la ville & les états de Gênes. Alors le sénat, par un juste mouvement de reconnoissance pour M. le maréchal de Richelieu qu'il regardoit comme son libérateur, fit un décret qui portoit que la république lui érigeroit une statue, qui seroit placée dans la salle du grand conseil, avec celles des grands hommes dont la mémoire étoit chere à la republique. Cette statue de taille héroïque, c'est-à-dire d'environ dix pieds de haut, se voit dans la salle du grand conseil.

La salle du petit conseil où se tiennent les assemblées ordinaires, est meublée de bancs couverts de cuir où se placent les nobles, & de fauteuils garnis de même, rangés en demi-cercle autour du trône, dans lesquels se place la seigneurie. Le trône est un fauteuil antique de damas cramoisi galonné d'or, sur une petite estrade, & au-dessus est un petit dais de même étoffe que le fauteuil. C'est à ce tribunal que se décident les affaires les plus importantes de la république. Dans cette salle sont trois grands tableaux de Solimene, d'une composition pleine de feu & d'esprit & d'une grande fierté de dessein, ainsi que la plûpart de celles de ce maître. Les deux tableaux des bouts de la salle ont pour sujets, l'un la descente de Christophe Colomb en Amérique, l'autre l'arrivée des reliques de S. Jean-Babtiste au port de Gênes. Celui du plafond représente le massacre de la famille Justiniani, établie dans l'isle de Chio, par l'ordre de Soliman II. Ces trois tableaux n'ont de défaut que le coloris dur de Solimene, tout le reste y est excellent (*a*).

(*a*) La convocation des conseils se fait au son de la cloche du palais. A la porte de la salle est un huissier vêtu de rouges qui présente à chaque sénateur lorsqu'il entre, une petite balle de bois argenté, qu'il jette dans un bassin posé sur une table vis-à-vis du doge. Lorsque tous les sénateurs sont entrés on ferme la porte, & le chancelier compte les balles pour sçavoir le nombre de ceux qui composent l'assemblée. Après que le doge a proposé le sujet pour lequel le conseil a été convoqué, on recueille les voix dans la maniere suivante. Deux secrétaires distribuent aux vocaux, l'un une balle de laine blanche, l'autre une balle de laine noire, pour l'affirmative ou la négative ; un troisiéme secrétaire les suit portant une petite boëte carrée, surmontée d'un entonnoir qui a deux tuyaux, qui aboutissent à un seul orifice ; l'un de ces tuyaux est destiné à la balle blanche, l'autre à la noire ; mais comme la main du sénateur couvre tout l'orifice, on ne peut pas sçavoir dans quel tuyau il a fait passer la blanche ou la noire, ainsi les avis sont

Arfenal.   Dans ce palais est un arsenal où l'on assûre qu'il y a des armes pour armer plus de trente-mille hommes; parmi les anciennes armures que l'on y conserve, on y voit avec plaisir les cuirasses fabriquées exprès pour les dames Génoises, qui se croiserent pour retirer les lieux saints des mains des infidéles. Ce monument singulier & qui n'est point imaginaire est du XIIIe. siécle ; ces amazones chrétiennes étoient prêtes à s'embarquer, lorsque le Pape touché de leur zéle & de leur bravoure, craignant qu'elles ne s'exposassent inutilement aux fatigues & aux dangers d'une pareille entreprise, leur écrivit pour leur conseiller de se contenter de contribuer aux frais de l'armement qui se faisoit pour ce sujet, & de ne pas exposer leurs personnes délicates à des travaux auxquels les hommes les plus robustes avoient peine à résister.

Tribunaux.   C'est dans l'enceinte de ce palais qu'est

---

entiérement secrets & très-libres. Les avis pris en cette maniere, on reporte la boëte devant le doge, qui compte les voix par le moyen des bailes, qui pour faire décret doivent être au moins de soixante-sept sur cent, c'est-à-dire les deux tiers.

la Rotte, tribunal composé de trois magistrats étrangers, pour instruire & juger tous procès criminels, qui avant cet établissement se jugeoient arbitrairement, sous le prétexte de la liberté. L'intention de la république est que ces magistrats tiennent la balance égale & qu'ils n'ayent aucun égard aux sollicitations. Ils sont payés sur les revenus de l'état, & amovibles par le conseil qui les renvoie sur la moindre plainte, & qui a même le droit de faire leur procès en cas de prévarication. Il y a outre cela des syndics préposés pour tenir la main à ce que les procès soient expédiés promptement, & que les prisonniers soient traités humainement par les geôliers. Malgré ces précautions, les assassinats y sont souvent impunis, & il faut que le cas soit bien grave, ou les preuves bien fortes pour qu'un assassin soit puni de mort; la plûpart même ne sont pas recherchés; il n'en est pas de même des voleurs, qui, dès qu'ils sont découverts, sont punis très-promptement.

Le tribunal pour les causes civiles en premiere instance est tenu par des magistrats appellés assesseurs, qui sont aussi étrangers, & gagés par l'état; il y a outre cela des censeurs & des consuls pour la police & la vente des marchandises. Les premiers font nobles, les autres font citadins. Des commiffaires tirés du corps du fénat font chargés de tenir la main à ce que les loix foient fidélement obfervées dans tous ces tribunaux.

La Banque ou maifon de S. Georges doit être vûe, attendu fa grande réputation. Elle fouffrit un échec confidérable lors de la derniere guerre des Génois avec la Reine d'Hongrie ; cet événement lui a fait perdre de fon crédit, & il n'y a pas apparence qu'elle fe rétabliffe jamais dans un état auffi floriffant qu'elle a été, fur tout quand elle tenoit le premier rang à Gênes. Le gouvernement embarraffé pour conferver fon droit de fouveraineté fur l'ifle de Corfe, le mit en dépôt entre les mains de la maifon de S. Georges, qui fut affez puiffante pour le conferver, jufqu'à ce que la république étant dans un état plus pacifique & plus floriffant, jugea à propos de rentrer dans fes droits, qu'elle a confervés jufqu'à préfent avec différens fuccès toujours très-difpendieux.

Banque de S. Georges. 9. La maifon où fe tient la banque de S. Georges eft affez vafte, la falle principale eft revêtue d'une ancienne
boiferie

boiserie avec des bancs, quelques bureaux & siéges pour placer les magistrats & officiers chargés de l'administration; elle est décorée de quelques statues, & d'inscriptions qui ont rapport aux événemens les plus intéressans, auxquels la maison S. Georges a pris part (*a*).

Logia di Banchi est une grande salle publique où s'assemblent les marchands pour traiter de leurs affaires; l'écusson de la république est peint au plafond, au dessus de la porte d'entrée est un tableau de la Vierge peint à fresque par Pietro Sori de Sienne. L'entrée de cette salle est du côté de la petite place des marchands.

10. Le palais Doria, situé à la porte S. Thomas, est le plus vaste de ces magnifiques édifices qui ornent la ville de Gênes, il fut commencé dans le seiziéme siécle par le célèbre André Doria, dont le nom fait l'honneur de sa patrie & de sa maison; ce palais, par la grandeur & la beauté de ses appartemens, est digne de loger un souve-

Palais particuliers.

―――――――――――

(*a*) Les commissaires députés du Sénat, pour connoître des affaires de la banque S. Georges, portent le nom de provediteurs.

Tome I.   G

rain; il communique à ses jardins qui sont situés de l'autre côté de la rue, par une galerie couverte. La statue de Neptune qui est au-dessus de la grande fontaine du jardin, est celle d'André Doria représenté sous la figure du Dieu des mers, où lui-même avoit dominé si longtemps. L'aspect principal de ce palais est immédiatement sur le port.

Le palais de Marcellino Durazzo est orné d'une riche collection des plus beaux tableaux, non-seulement des grands maîtres d'Italie, mais même des Flamands, tels que Vandick & Rubens, dont on voit des ouvrages admirables; ce qui mérite surtout d'y être vû, c'est le grand tableau de la Madelaine aux pieds de Jesus-Christ chez le Pharisien, peint par Paul Véronese; c'est l'un des plus beaux de ce grand maître & le mieux conservé que j'aie vû. C'est certainement un des plus précieux tableaux du monde; on y retrouve le beau coloris de l'école Venitienne, très-rare à reconnoître, attendu que l'air épais de la mer, & l'humidité âcre qui en est inséparable, ont considérablement altéré les chef-d'œuvres de Paul Véronèse, du Titien, du Tintoret & des autres grands maîtres de cette école qui étoient en grand nombre à Venise, & qui font plus recommandables par leur ancienne réputation que par leur état actuel. On voit dans ce même palais une copie de ce tableau & la feule qui en ait été faite ; parmi les chofes rares & curieufes, on y remarque un bufte antique de Vitellius, d'un beau travail. Je n'entre dans aucun détail au fujet des belles collections de tableaux qui font à Gênes ; M. Cochin en a parlé fort au long, & on ne peut trop inviter les artiftes & les amateurs à les voir ; ils font mieux confervés à Gênes que dans la plupart des autres villes d'Italie ; on y trouve fur-tout des Vandick & des Rubens de la plus grande beauté. Ce palais eft richement meublé, de la conftruction la plus noble ; les périftiles, veftibules, efcaliers, galeries, terraffes, font en beau marbre ; partout il y a des fontaines pour le fervice de la maifon, même fur la terraffe qui eft au haut & qui la termine ; il y a une fontaine pour arrofer les orangers & autres arbuftes qui y font en caiffe ; on a de cette terraffe la vue du port & de la pleine mer. La richeffe de la conftruction & des ameublemens de ces palais annonce l'opulence de leurs poſſeſſeurs.

Palais de Marcellone Durazzo, d'une architecture noble & riche; parmi les peintures dont il eſt décoré, j'ai admiré un très-grand tableau à freſque, peint par Solimene, qui a pour ſujet Achille traînant Hector attaché à ſon char; ce morceau eſt d'une compoſition admirable, la figure d'Achille rend entiérement l'idée qu'Homère a donnée de ce grand guerrier, rien n'eſt plus fier & plus fortement exprimé. Que ce Solimene avoit de génie!

Le palais Brignoletti eſt admirable pour la diſtribution de ſes appartemens, la beauté de ſes tableaux, & la richeſſe de ſes meubles. Il faut ſur-tout voir le Mezzanino ou l'entreſol qui eſt de la propreté la plus recherchée.

Le palais Carrega a une collection de tableaux moins conſidérable, mais tous choiſis & bien conſervés.

Le petit palais Rovere a les meubles les plus riches, & cependant de très-bon goût.

Le palais Giacomino Balbi a une collection très-nombreuſe de beaux tableaux. Dans preſque toutes ces maisons est un concierge ou *guarda roba*, auquel il faut s'adresser & qui les fait voir ; cet homme a le cataloque imprimé ou manuscrit des tableaux ; on donne ces catalogues aux étrangers dans les palais Brignoletti & Balbi. A Gênes, comme dans tout le reste de l'Italie, les appartemens principaux sont à un second très-élevé; le premier n'est qu'un entresol, & le rez-de-chauffée dont les planchers sont très-exhaussés, sert de logement aux domestiques & de desserte à la maison. La partie qui aboutit à des rues marchandes est ordinairement occupée par des boutiques.

Les montagnes des environs de Gênes fournissent une grande quantité de beaux marbres qui servent à construire les magnifiques édifices que l'on admire dans cette ville, que l'on a appellée avec assez de raison un magasin de beaux palais. Car on ne peut pas dire qu'ils ornent la ville où ils sont bâtis. A l'exception de la Strada Nuova que l'on regarde comme la plus belle rue de Gênes, à cause de sa longueur & de sa largeur, & qui par-tout ailleurs ne seroit pas considérable par cette raison, & des rues Balbi & S. Thomas qui ont quelque largeur, & où les bâtimens ont une apparence extérieure qui orne la ville, on ne peut juger des autres palais que par les détails, point du tout par l'enfemble; la plûpart étant fitués dans des rues fi étroites, qu'à peine on peut en appercevoir la hauteur en portant fes regards en ligne perpendiculaire; cependant je ne crois pas qu'il y ait aucune ville en Italie où les maifons foient dans l'intérieur plus belles & plus commodes, & tenues avec autant de propreté.

Police, approvifionnement. 11. La police à Génes eft aſſez bien obfervée dans ce qui regarde l'approvifionnement de la ville, les magiftrats de l'abondance étant obligés de la tenir pourvûe de bled, de vin & d'huile pour un an. Les états de la République fourniſſent peu de bleds, elle en tire ordinairement des plaines fertiles de l'Italie, furtout de la Lombardie, quelquefois il en vient d'Afrique & de Sicile; les côtes maritimes font fertiles en vins d'aſſez bonne qualité & en huiles; la Toſcane & Luques en fourniſſent auſſi. On dit que le prix des denrées eft fixé à raifon de la fertilité de l'année, mais on doit dire plutôt que c'eft à raifon du profit que la République veut en tirer; tous ceux qui n'ont pas des biens fonds qui leur produisent ces denrées ou qui n'ont pas une permission expresse de faire leurs provisions particuliéres, étant obligés de se fournir aux magasins publics; ceux qui tiennent les auberges y sont expressément contraints; ils ne peuvent avoir chez eux aucune provision; voilà ce qui rend en partie les auberges si cheres; outre l'inclination naturelle qu'ont tous les Italiens de tirer des étrangers le plus qu'ils peuvent, en quoi ils semblent avoir hérité de la permission qui fut accordée aux Juifs, & les Génois n'ont jamais été regardés comme gens assez peu attentifs à leur intérêt, pour faire une exception à l'usage général.

Le poisson qui dans toutes les autres villes maritimes est d'une grande ressource à cause de son abondance, est très-rare dans la mer de Gênes; le peu que l'on en pêche n'est pas d'une bonne qualité; mais la volaille & la viande de boucherie y sont très-bonnes; le bois y est cher; il est vrai que l'on n'en fait de consommation ordinaire que pour la cuisine, le climat étant l'un des plus chauds de l'Italie, exposé au midi & au couchant, & à couvert de tous les vents froids, ou par l'Appennin, ou par les Alpes maritimes. Le peuple y vit sobrement, mange beaucoup d'herbages & de fruits en été, & en hyver du poisson sec & des fromages qui se font dans les montagnes ou qui se tirent de Lombardie.

Tous les étrangers qui arrivent à Gênes sont obligés de donner leurs noms & celui de leurs domestiques, qui se portent au palais du doge, où un officier subalterne expédie une permission de séjourner trois jours seulement; après quoi on est obligé de la faire renouveller pour autant de temps, ce qui ne se refuse point, moyennant une légere rétribution.

Les Douanes n'y sont point incommodes pour les voyageurs; en donnant quelque monnoye aux soldats de garde, & aux commis des portes, on passe librement & sans être fouillé; il est, dit-on, défendu d'entrer dans la ville avec des armes à feu; on demande effectivement si on n'en a point, & on se contente de l'assûrance que l'on donne de n'en point avoir.

Revenus & force de la République. 12. Les revenus de la république suffisent à peine à la dépense nécessaire pour son entretien ordinaire, ne montant pas à six millions de livres, avec lesquels elle tient sur pied environ six mille hommes de troupes, repartis tant dans la capitale que dans les autres places de l'état, & surtout en Corse, où la guerre est presque continuelle. Mais la noblesse est d'une richesse immense ; plusieurs Citadins ont fait des fortunes considérables qu'ils entretiennent par le commerce. La plus grande partie de ces richesses sont en argent comptant, placé à gros intérêt sur toutes les banques de l'Europe. Les uns & les autres aident considérablement la république dans le besoin. En 1746, lors de la guerre des Autrichiens, la république arma trente milles de ses sujets, & ce furent les particuliers qui firent en grande partie les frais de cet armement.

Les forces maritimes de cet état ne consistent qu'en quatre galeres & quelques grosses barques armées en course. Depuis le bombardement de 1684 & le traité fait en conséquence avec le roi de France, les Génois ne peuvent en entretenir d'avantage pour la sûreté de leurs côtes ; ce qui est cause qu'ils ne peuvent former aucune entreprise considérable, sur-tout dans l'état actuel des choses, où les puissances dominantes en Europe font nécessairement la loi aux autres. Il n'en est pas de ce siécle comme du XIIe du XIIIe. du XIVe. & même du XVe. où les Vénitiens & les Génois tenoient le premier rang parmi les puissances maritimes & commerçantes. Qu'est devenue la grandeur de ceux-ci, qui ont presque anéanti la république de Venise, fait trembler l'empire de Constantinople, & eu des possessions considérables en Syrie, & dans toutes les échelles du Levant? (*a*)

Environ le milieu du dernier siécle, les Génois firent une tentative, pour rétablir leur commerce dans le Levant; ils frabiquerent de petites monnoies & des étoffes de laine à l'usage des Turcs.

―――――

(*a*) On ne peut pas juger de ce qu'étoit alors la République de Gênes par ce qu'elle est aujourd'hui; qu'elles en étoient la population & les forces dans le quatorzième siécle. S'il est vrai, comme rapportent nos Historiens, que douze mille archers Génois formoient la premiere ligne de l'armée Françoise à la bataille de Crecy, donnée le 26 Août 1346. Si cet état pouvoit envoyer autant de troupes à la solde d'une puissance étrangere, on ne doit plus être surpris de l'étendue de son commerce, de la considération qu'il avoit parmi les puissances maritimes & de ses conquêtes.

VILLE DE GÊNES. 155

Ils envoyerent à Constantinople un vaisseau chargé de ces marchandises dont ils eurent un prompt débit; en mêmetemps ils voulurent avoir comme les autres nations de l'Europe, un Résident reconnu pour veiller à leurs intérêts, & traiter directement avec les ministres de la Porte, & un consul à Smirne; mais le produit de cette entreprise ne suffisant pas, même à l'entretien de leurs ministres, dont les premiers se ruinerent, ils ont abandonné ce projet qui n'a pas été repris; parce que la manufacture est tombée de même que la fabrique des espéces.

13. La noblesse de Gênes est distinguée en portique vieux & en portique nouveau; c'est par ce nom que l'on distingue l'ancienne, composée de 28 familles, de la nouvelle, composée de plus de 400. Quoique ces noms soient odieux dans le centre de la république, où on n'ose pas les prononcer pour ne point exciter de jalousie & de sédition; cependant ils affectent les uns avec les autres des distinctions qui font assez voir que l'ancienne noblesse se regarde comme très-supérieure à la nouvelle; on doit élire le doge à l'alternative dans les deux portiques; & les 400

Noblesse de Gênes.

Sénateurs qui composent le grand conseil sont pris indifféremment dans tout le corps de la noblesse.

Il est rare de trouver un Génois qui dépense tout son revenu ; tel noble qui a trois cent mille livres de rente, n'en dépense pas plus de cinquante mille par an ; aussi, ils ont toujours beaucoup d'argent en réserve, dont ils aident l'état dans le besoin, ou qu'ils employent à ces constructions magnifiques que l'on admire chez eux. Le Seigneur Marcellonne Durazzo a fait bâtir nouvellement à Cornigliano, village sur la riviere du Ponent entre Gênes & Sestri, un palais de la plus grande magnificence, il est tout de marbre ; ce que j'en ai vû de meublé répondoit à la beauté de l'édifice. On dit qu'il avoit destiné à la construction & à l'embellissement de cette superbe maison plusieurs millions qu'il avoit comptant.

C'est une maniere fort noble de répandre dans le public des sommes considérables, qui mettent dans l'isance une multitude de pauvres particuliers, qui se les approprient légitimement, en donnant en échange leur travail & leur industrie à celui qui les emploie pour satisfaire son goût. C'est la plus belle maison qui soit dans les environs de Gênes. Une cour environnée d'une muraille revêtue de pilastres & d'une balustrade de marbre blanc, un grand vestibule soutenu par deux rangs de colonnes, un magnifique escalier, avec un grand salon à deux cheminées, annoncent ce superbe bâtiment; les jardins qui l'accompagnent sont très-grands, & sont terminés par une terrasse, contre laquelle les flots de la mer viennent se briser. On dit que le seul inconvénient qu'ait cette maison est d'être dans un terrain bas & sujet aux brouillards; mais il eût été difficile dans le voisinage de Gênes de trouver assez de plaine pour mettre toutes ces constructions de niveau; ce que vouloit le maître de la maison qui y a fait construire dans un âge avancé, & qui craint la fatigue de monter dans les appartemens hauts de sa maison, ainsi qu'il nous en assura lui-même.

Les autres maisons de plaisance des nobles Génois dont j'aurai occasion de parler, qui sont aux environs de Sestri di Ponente, sont dans un terrain fort inégal.

On voit à Gênes plusieurs fontaines publiques entretenues par un grand aqueduc qui porte l'eau dans les différens quartiers de la ville ; ces eaux se tirent de la montagne voisine, & sont assez abondantes pour fournir à la consommation ordinaire, l'eau y est d'une qualité médiocre, comme toutes celles qui coulent de l'Apennin, remarque que je ferai dans plus d'une occasion.

<small>Usages particuliers.</small>

14. Les maisons sont toutes très-élevées, les appartemens les plus sains sont au troisiéme. Elles sont couvertes de toits plats, quelques-unes sont terminées par des terrasses couvertes de plomb, ou d'une pierre noirâtre appellée lavagna, qui ressemble à l'ardoise, mais beaucoup plus solide, & à peu près de même poids pour le volume. C'est sur ces terrasses, & même sur ces toits, que les femmes, sur-tout celles des marchands & des artisans qui sortent peu, vont prendre l'air pendant la nuit : elles y forment de petits jardins avec des caisses & des pots remplis de fleurs ; j'y ai vû surtout beaucoup d'œillets & de jasmins dans l'arriere saison. Je ne parle pas des orangers & autres arbres de cette espéce que l'on sçait y être très-communs. Quelques géographes, en parlant de ces toîts & terrasses, disent que l'u-

ſage des femmes eſt de s'y laver les cheveux au ſoleil pour les faire jaunir par ce moyen. Ç'a peut-être été la mode autrefois, ce ne l'eſt plus à préſent, & les cheveux jaunes ne ſont pas plus à la mode que ceux d'une autre couleur; il eſt vrai que dans toute l'Italie on peut avoir les cheveux roux impunément, & j'y ai vû une très-grande dame qui, dans un âge déja avancé, conſervoit encore des prétentions à la beauté & à ſes droits, ſe ſervir de poudre tout-à-fait jaune; mes yeux n'étoient pas accoutumés à ce genre de beauté que je trouvois preſque ridicule.

Mœurs de la Nation.

Les théâtres étoient fermés à Gênes pendant le ſéjour que j'y ai fait au mois d'octobre, temps auquel la nobleſſe & les marchands même ſont tous à leurs maiſons de campagne; ainſi je n'en puis rien dire, ils ne paſſent pas pour y être magnifiques ; d'ailleurs l'état faiſant très-peu de dépenſe pour avoir de bons acteurs qui ſe payent très-cher, il n'eſt pas étonnant que les ſpectacles y ſoient médiocres.

15. Les mœurs des Génois n'ont pas une réputation bien admirable en Italie; on connoît le proverbe qui les carac-

térise eux & leurs pays : dans toutes les nouvelles comédies Italiennes, s'il y a un rôle odieux, on l'attribue de préférence à un Génois ; il ne m'appartient pas de décider si le gros de la nation a donné lieu à toutes ces imputations ; ce que l'on voit, c'est que ce peuple a été, même dans le temps de sa plus grande puissance, d'une inconstance qui passoit pour infidélité à tous ses engagemens. Aujourd'hui il est très-content de vivre dans une indépendance qui le laisse le maître chez lui. Le gouvernement aristocratique qui est établi depuis très long-temps & auquel le peuple est accoutumé, est la cause de l'union intérieure de l'état ; il y a eu quelques tentatives faites en différens temps pour l'altérer, mais elles n'ont pas réussi, & la forme de gouvernement établie en 1528 s'est toujours conservée, d'où on peut légitimement conclure que c'est celui qui convient le mieux aux Génois & à leur situation. Il est à croire que les nobles qui possèdent les plus grandes richesses de l'état & qui en sont les maîtres, le conserveront ; les bons marchands qui ont des possessions réelles ou des magasins considérables, sont également intéressés à maintenir la tranquillité intérieure, ne pouvant que perdre beaucoup dans les révolutions ; quant à la populace, aux gens qui ne possédent rien, & qui vivent de leur industrie, & d'un travail journalier, ils sont trop dans la dépendance pour oser rien entreprendre d'eux-mêmes; ils ne seroient à craindre qu'autant qu'ils seroient les instrumens de quelque faction qui auroit un chef accrédité.

Le gouvernement est fort doux à leur égard ; on ne punit sévérement que les vols de quelque conséquence & les crimes publics & crians. On a beaucoup d'indulgence pour tout ce qui n'intéresse pas directement la sûreté des citoyens ou le bon ordre de la république. L'esprit de parti qui caractérisoit autrefois le peuple Génois paroît absolument anéanti, il pourroit cependant se ranimer encore; on a vû en 1746, avec quelle vivacité, du sein de l'abbattement & de la consternation, il passa tout d'un coup à la résolution vigoureuse de chasser un ennemi qui l'avoit poussé à bout, & qui commençoit à lui faire éprouver toutes les horreurs d'un dur esclavage. Il se souvint heureusement qu'il étoit né républicain & libre, & le devint en effet.

Cette révolution heureuse doit être écrite en lettres d'or dans les fastes de la république.

J'ai vû parmi les nobles, des personnages qui paroissoient très-estimables, d'une société douce & aimable ; qualités qu'ils doivent plus à la nature qu'à l'art ; leur éducation ne paroissant pas fort soignée.

Ceux qui ont voyagé, qui ont été dans les négociations, & qui ont vû les cours étrangéres, sont par état plus instruits que les autres ; on en rencontre même qui connoissent bien les poëtes Italiens, & sont versés dans cette partie de la belle littérature ; en général, on peut dire qu'ils ont de l'esprit & de la sagacité, & que s'ils étoient sur un plus grand théâtre, ils déployeroient avec avantage les talens qu'ils ont pour le gouvernement. Les peuples de la domination ecclésiastique aiment à avoir pour légats des cardinaux de cette nation ; ils prétendent que leur administration est exacte & juste, & surtout que les intérêts du peuple sont bien entre leurs mains ; ils entendent toutes les parties de détail qui regardent les approvisionnemens ; ce qui intéresse en général les Italiens qui sont dans l'habitude d'aller tous les jours au marché, & qui sont bien aises d'avoir ces denrées à un prix juste & fixé. Boulongne qui est la ville la plus considérable de l'état ecclésiastique après Rome, préfère les légats Génois à tous les autres, sur l'expérience qu'elle a de leur bon gouvernement.

Cicisbei, ce que c'est.

16. La jalousie dont on taxe les Italiens, est une maladie que l'on croit naturelle à ce beau pays. A en juger par les usages observés par ceux qui sont faits pour donner le ton aux autres, on n'en croiroit rien ; à Gênes les maris paroissent plus commodes qu'à Paris même; on les voit très-rarement chez leurs femmes, & quand on les y rencontre, ils y ont l'air de peu s'intéresser à ce qui se passe. Mais ce que l'on y trouve toujours & à toute heure, enfin ce qui ne quitte jamais les dames, ce sont les *cicisbei* ou galans nécessaires : c'est une affaire de famille que le choix d'un *cicisbeo*. Dès qu'il est question de marier une fille noble, & que les articles du mariage sont arrangés, on songe à la pourvoir, d'accord avec son mari, d'un *cicisbeo* qui soit agréable aux parties contractantes. D'ordinaire ils sont de l'âge du mari, & de son rang, quelquefois plus jeunes. Leur occupation est

d'accompagner par-tout la dame à laquelle ils font attachés, à la meffe, à la promenade, aux affemblées, aux fpectacles; une femme ne va point fans fon *cicisbeo*, il aide même à l'habiller, il eft fon confident néceffaire, & comme il ne va chez elle que pour la fervir, il a droit d'y entrer à toute heure & en tout temps. Cet ufage doit fon origine à la jaloufie des maris, qui choififioient un ami intime de la difcretion duquel ils étoient fûrs, & qui étoit un gardien incorruptible de l'honneur conjugal. Mais comme tout dégénere en abus, ce n'eft plus à préfent la même chofe; il faut que le *cicisbeo* foit auffi agréable à la femme qu'au mari. Une fois choifi, il eft rare qu'on le change ; & fi par la fuite des temps il vient à déplaire à la dame, elle eft fort à plaindre d'avoir à fouffrir néceffairement les affiduités & les foins d'un homme défagréable qui ne la quitte pas plus que fon ombre. C'eft à Luques furtout que le *cicisbeat* eft en très-grand honneur ; il eft commun d'en trouver qui ont quarante à cinquante ans de fervice, & qui font à l'extérieur auffi empreffés de fervir leurs dames que les plus jeunes; l'ufage eft qu'ils accompagnent la dame, même lorsqu'elle va à confesse ; alors ils sont chargés de garder l'éventail, les gants, le livre de prieres & le petit chien.

A Gênes presque tous les carrosses sont à deux places seulement, moyennant quoi personne ne peut être en tiers avec la dame & son *cicisbeo*. Aussi on ne voit jamais deux femmes aller à la promenade. A table le *cicisbeo* est toujours à côté de sa dame ; au jeu il est au moins derriere sa chaise, s'il ne joue pas à côté d'elle ; ceux que j'ai vûs surtout parmi les jeunes gens, ont tous l'air de la bonne amitié & d'une confiance intime. Un étranger admis à ces assemblées & qui veut lier conversation avec une dame Génoise, doit se croire heureux, s'il en trouve quelqu'une dont le *cicisbeo* soit malade ou absent ; alors s'il a le talent de s'énoncer avec agrément, il est sûr d'être bien reçu.

17. Le peuple qui n'entend rien à tous ces raffinemens, n'a point admis les *cicisbei*, & regarde leur établissement parmi ses maîtres comme un très-grand abus. La bonne bourgeoisie même, ce que l'on appelle citadins, ne les souffre pas, & si quelque femme plus déliée que les autres se met sur le ton d'en

Mœurs du peuple.

avoir un, il faut que le mari ait des raisons particuliéres pour le souffrir, & qu'il veuille être en pleine liberté de la part de sa femme; on compte les citadines à *cicisbeo*; combien celles qui n'en peuvent avoir se dédommagent à en plaisanter ? Mais le peuple qui est jaloux sans en rougir, ne les tolere point. De temps en temps les femmes de cet état qui veulent sçavoir ce qui en est donnent lieu à des scènes très-sanglantes. Un *cicisbeo* du bas étage qui s'opiniâtre à exercer son emploi, court risque de la vie, & les loix sont assez favorables au mari que l'on admet à se justifier, en prouvant qu'il a trouvé le *cicisbeo* en flagrant délit, & qu'il a vengé son honneur outragé.

Malgré le cicisbeat, les procès pour fait d'impuissance sont très-communs à Gênes; un homme & une femme qui ne se conviennent pas, portent leur plainte au tribunal ecclésiastique, où moyennant quelque argent, ils trouvent toutes les facilités qu'ils desirent. Delà l'affaire passe au petit conseil & est jugée au souhait des parties. Le mariage est déclaré nul, & chacun recouvre sa liberté toute entiere, & peut passer à un autre mariage qui d'ordinaire réussit.

VILLE DE GÊNES. 167

Il est vrai qu'il faut rendre la dot à la femme ; quelques maris en ce cas aiment mieux ronger leur frein & laisser liberté toute entiere à leurs femmes.

18. Il y a souvent aussi des procès pour fait de divorce. A Gênes comme ailleurs, il faut qu'une femme ait à se plaindre de mauvais traitemens, c'est encore un affaire d'arrangement; on choisit les témoins devant lesquels doit se passer la scène désagréable qui donne lieu à la plainte, & sur leur déposition, le conseil prononce la séparation. Ordinairement on adjuge au mari l'administration des biens de la communauté, & le soin de l'éducation des enfans ; alors la femme n'a pour elle qu'une pension médiocre; mais elle n'est point obligée de se retirer dans une maison religieuse ou chez ses parens, il lui est libre de s'établir où elle veut. Dès que la sentence de divorce est prononcée, le mari n'a plus droit d'être jaloux. Les femmes achetent leur liberté à ce prix & la payent chérement.

Divorces communs.

Celles qui entendent bien leurs affaires, & qui veulent se mettre au-dessus des événemens, après que la dot de leur mariage a été payée, ont soin de se faire donner en paraphernaux, tous les biens qui peuvent leur échoir ensuite, & qui par ce moyen n'entrent pas dans la communauté : celles-là sont les bienheureuses & ne dépendent que de leur caprice. J'ai vû des dames Génoises posséder des fortunes considérables de cette espèce, qui les mettent à même d'avoir des maisons délicieuses sur-tout à la campagne, où elles tiennent un grand état, & reçoivent qui leur plait pourvû que ce soit à leurs frais.

Habitude au jeu. 19. Comme les affaires de la république n'occupent pas tous les patriciens, & qu'il y a peu de charges à distribuer; le jeu est d'une grande ressource pour les occuper ; ils en font l'étude la plus sérieuse, & admettent à leur société quiconque a quelque argent à risquer sur une carte.

Dans ce pays une table de pharaon ou de lansquenet rassemble tous les états ; on y voit confondus la dame titrée, le patricien, le marchand, le religieux, le curé de village, le manant, le mendiant même s'il avoit une pièce d'or à mettre au jeu, & tous jouent avec un acharnement qui fait que le combat ne finit jamais que faute d'espèces.

Il n'y a cependant point d'assemblées publiques de jeu ; le gouvernement ne
les

les tolere pas, les étrangers y feroient admis, & pourroient avoir la fortune pour eux & débanquer un noble Génois; voilà ce que le gouvernement ne fouffre pas, afin que l'or ne forte point du pays; mais les Génois jouent entr'eux autant qu'il leur plaît, parce que ce qui appauvrit un fujet enrichit un autre.

Le gouvernement eft fi exact fur ce point qu'il refufe toute permiffion à la curiofité, machine étrangere, fpectacle qu'il préfume devoir plus emporter d'argent de la capitale qu'il n'y en laiffera. On a tous les jours des exemples de cette économie politique. (*a*)

(*a*) Il y a quelques années que l'ufage avoit prévalu à Génes de fe fervir de porcelaine au lieu de vaiffelle d'argent. Le Sénat qui en prévit les conféquences abufives & ruineufes pour les particuliers & pour l'Etat, non-feulement impofa une forte taxe fur l'entrée de cette marchandife étrangere, mais encore fixa la quantité qu'il étoit permis d'en avoir; tandis qu'il laiffa la liberté entiere d'avoir autant de vaiffelle d'argent que l'on voudroit. En quoi il fe conduifit fort fagement. La vaiffelle d'argent eft une richeffe réelle, & s'il y a du luxe à en avoir en grande quantité, il tourne entiérement au profit de l'Etat. Il n'en eft pas de même de la porcelaine qui n'a aucune valeur intrinféque;

Etat des sciences.

20. Je ne dirai rien de l'état des sciences à Gênes que j'ai tout lieu de croire y être très-négligées. L'esprit le plus orné que j'y aie rencontré est le sérénissime Agostino Lomellini, doge; j'ai vû à Turin M. Gastaldi, envoyé de sa république qui avoit beaucoup de littérature. J'ai eu quelque conversation avec un religieux des écoles pies, chargé de l'éducation d'un jeune seigneur, & que l'on m'avoit annoncé comme un très-habile homme; je ne trouvai en lui

---

son mérite aux yeux de ceux qui aiment à avoir un brillant superflu, consiste autant sa fragilité que dans son éclat. Elle est toujours d'un prix qui ne peut avoir aucune proportion avec sa valeur réelle & son utilité. Ces sortes de marchandises ne sont donc vraiment utiles qu'à ceux qui les fabriquent & les exportent. Si les nobles Génois n'avoint eu en 1746 qu'une grande quantité de porcelaine, elle ne leur eut été d'aucune ressource pour soutenir l'heureuse révolution qui les tira des mains des Autrichiens. La vaisselle d'argent peut se convertir sur le champ en espéces, & acquérir encore plus de prix par ce changement de forme. Il est donc utile d'en laisser un usage illimité aux particuliers qui dans le temps heureux de paix & d'abondance, se plaisent à se donner cette aisance fastueuse, dont le fonds leur reste & passe à leurs descendans avec peu de déchet....

qu'une espéce de béat charmé de faire bonne chere, qui avoit quelque idée superficielle des petits auteurs classiques, & qui sçavoit un peu de Grammaire Latine & Grecque; ils s'accordoient tous à dire que les sciences étoient comme abandonnées dans leur patrie.

Il y a à Gênes, comme dans les principales villes d'Italie, un libraire François; son magasin étoit rempli en grande partie de nos livres de rebut, de nos petits romans, de poëmes communs, & de recueils de vers. En général, les étrangers connoissent peu nos bons livres. Ceux des philosophes modernes, sur-tout les traductions de l'Anglois, y ont grand cours, & y font beaucoup de mal, en ce qu'ils anéantissent l'extérieur même de la religion, auquel on s'en tient assez en Italie.

Les libraires Italiens sont encore plus mal fournis, on n'y trouve pas aisément un livre de goût ou de science.

Quand il leur arrive de faire l'édition de quelque bon livre, on peut le trouver dans sa nouveauté; mais pour peu qu'il ait de date, il est enseveli dans la poussiere du magasin, d'où on ne le peut tirer que par quelque espéce de hazard; il faut cependant excepter les libraires de Turin, Florence, Venife, Rome, Bologne & Naples, qui font intelligens dans leur profeffion, & dont les magafins font en bon ordre.

Extérieur du culte religieux.

21. Il n'appartient à perfonne de prononcer fur l'effentiel de la religion, c'eft-à-dire, fur le culte intérieur de cœur & d'efprit qui feul eft digne du Seigneur; par-tout il trouve des adorateurs fidéles, & on doit croire qu'il y en a autant à Gênes qu'ailleurs.

Cependant il ne faut pas efpérer de trouver dans cette ville, non plus que dans la plûpart de celles d'Italie, cet extérieur refpectable que l'on voit en France, cette exactitude au fervice de paroiffe, & aux inftructions qui s'y font. En général, l'Italien eft exact à entendre la meffe le dimanche, & à dire le chapelet, c'eft fa dévotion dominante; il ne paroît pas qu'on exige de lui davantage, ainfi il remplit aifément fes devoirs dans ce genre. Prefque perfonne n'affifte au fervice de l'églife qui fe fait l'après-midi, même aux jours les plus folemnels.

Les églifes font riches & prefque par-tout magnifiquement décorées; il y a une multitude de monaftères & de couvents des deux sexes. Les confrairies de pénitens de toutes couleurs, y sont multipliées à l'infini ; leur office principal est de faire quelques processions & d'assister aux funérailles des morts ; il y a une multitude d'autres sociétés de dévotion qui ont chacune leur oratoire particulier, où elles s'assemblent le dimanche matin ; toute la superficie de la religion, ce qui est de pompe & de décoration, est très-brillant, & satisfait la curiosité & même la vanité de ceux qui s'y intéressent ; car ces établissemens pieux se font aux dépens des particuliers, qui y contribuent à proportion de leurs facultés, & le plus amplement qu'il leur est possible. Mais la morale foible & très-accommodante qui est suivie dans ce pays, & que l'on a bien de la peine à mettre d'accord avec l'exactitude des préceptes évangéliques, force à penser qu'il n'en est pas du fond de la religion comme de ce qui n'en est que l'accessoire.

22. La plûpart des grands bénéficiers, les évêques, les abbés, sont fort riches & tiennent un rang dans l'état. Mais les ecclésiastiques du second ordre, les véritables ouvriers de la vigne du Seigneur, les seuls auxquels on laisse le

Etat de l'ordre ecclésiastique.

soin d'y travailler, sont dans l'abjection & dans la misere. Il y en a beaucoup, & c'est ce qui contribue à les avilir encore plus ; car ne pouvant faire autrement, ils se chargent des emplois les plus bas dans les maisons des nobles où ils peuvent s'établir & trouver quelque aisance (*a*). Les priviléges de leur état où ils croient jouir d'une indépendance entiere, les rend considérables seulement à leurs propres yeux, car ils sont pauvres & ignorans pour le plus grand nombre, & très-méprisés. Beaucoup de paroisses sont desservies par des religieux, qui attirent à eux tout ce qu'il y a d'utile dans l'état ecclésiastique, & qui se croient très-au-dessus des prêtres séculiers, qu'ils regardent comme des gens inutiles ; ils sont presque seuls en possession d'administrer le sacrement de pénitence, au moyen de

---

(*a*) Ce qui les confirme dans cette idée, c'est que les nobles qui ne veulent pas se mêler des affaires publiques, & que le Sénat pourroit y contraindre à cause de leurs talens, pour se mettre au-dessus de toute recherche, entrent dans l'état ecclésiastique, & dès-lors ils sont dans la plus grande indépendance.

quoi ils jouissent de la confiance des petits & des grands. Ajoutons à cela qu'un religieux est plus à son aise, & plus en état de faire de la dépense, qu'aucun autre ecclésiastique de son rang. Il trouve dans sa maison sa nourriture, son entretien & son logement. Ainsi ce que son industrie lui procure d'ailleurs, il l'emploie à quoi bon lui semble. Il a une grande liberté, sort seul quand il lui plaît, & jouit du respect & de la considération que le peuple est accoutumé d'avoir pour son habit. Il n'en est pas de même du pauvre ecclésiastique qui pour l'ordinaire n'a aucune ressource dans sa famille, & qui ne peut que fournir à peine à sa dépense la plus nécessaire, & dont trop souvent la doctrine & la conduite n'augmentent pas le crédit. Aussi il n'échappe aucune occasion de se procurer quelque argent, sur-tout des étrangers qui vont visiter les églises. Les François sont très-étonnés de voir les sacristains demander sans rougir quelque argent pour boire l'eau-de-vie, c'est leur expression; si on ne leur donne pas assez, ils s'en plaignent avec importunité.

Ils ont une industrie pour multiplier leurs profits, qui prouve leur façon de penser; si dans une église il y a trois ou quatre piéces curieuses, ils font ensorte de les tenir chacune sous clef séparée, & quand on demande à les voir, il faut aller chercher celui qui s'en dit chargé spécialement ; aussi-tôt paroît un autre ecclésiastique mendiant qui d'un air très-empressé vient mettre la curiosité & le goût à contribution.

Ceux de la campagne n'ont pas ces ressources, mais ils ont celles des voyages ; presque tous ces prêtres Italiens que l'on voit courir par les villes de France, sont des montagnes de Gênes. Ils font le tour de la France dans ce pauvre équipage où on les rencontre ; ils amassent l'argent des aumônes qu'on leur fait. Ils le rapportent chez eux, non pour le mettre à profit, mais pour l'employer tout de suite à se divertir tant qu'il dure suivant leur goût dominant; c'est là le but de leur voyage.

Enfin tout ce qui est de petite pratique extérieure de religion est suivi exactement, même avec superstition ; pour peu que l'on connoisse les mœurs & les inclinations de ce peuple, on sçait qu'il allie ces petits devoirs avec toutes ses passions, tout marche ensemble & d'un même pas, on interrompt l'un pour satisfaire l'autre ; le dévot sexe feminin sur-tout entend ce mêlange à merveille. Au son de la cloche pour l'*Angelus*, on voit même les dames Génoises interrompre la partie de jeu ou tout autre plaisir souvent plus vif & plus séduisant, réciter la priere tranquillement, & reprendre immédiatement l'exercice qui les occupoit ; pour allier des sentimens si disparates, il faut tout le flegme des Italiens.

23. L'industrie à Gênes pour certaines parties est dans un état assez florissant ; on sçait que l'on y travaille la soie avec succès ; on compte dans cette ville plus de quinze mille personnes employées à ce travail ; les velours & les damas en sont excellens & renommés ; on y fabrique des bas qui sont beaux & bons ; il y a plusieurs ouvriers en marbre, qui le sçavent bien tailler ; on y trouve des menuisiers-sculpteurs qui entendent parfaitement leur métier, & qui sçavent traiter la partie des ornemens de boiserie avec beaucoup d'élégance & de légereté ; on y fait des fleurs artificielles, connues dans toute l'Europe ; mais cette industrie a passé dans la plûpart des villes de l'Italie, ce qui fait que Gênes n'a plus autant de dé-

Industrie.

H v

bit de cette petite marchandife. Les oranges, les citrons, les limons & les poncires, font une autre branche de commerce affez confidérable ; ils les font paffer crus & confits dans une grande partie de la France. Ils ont auffi des cédrats, fruits de cette claffe dont le parfum eft excellent, mais en moindre quantité qu'à Florence où ils font les meilleurs de l'Italie. Ces arbres toujours verds & chargés en même-temps de fleurs & de fruits, font tout l'agrément de leurs jardins, & y prennent la forme que le propriétaire juge à propos de leur donner.

Les palais & les maifons des nobles font meublés avec beaucoup de magnificence ; s'il y a quelque chofe à dire à ce fujet, c'eft que les meubles y font trop riches ; il eft vrai qu'ils fervent très-rarement, & qu'ils font plutôt deftinés à la parure qu'à l'ufage. Il eft très-rare que les beaux appartemens d'un feigneur Génois foient ouverts & fréquentés, fi ce n'eft dans quelque occafion folemnelle ; telle qu'un mariage, une promotion à quelque charge confidérable dans l'état ; alors on étale tout. Dans ces occafions, il paroît qu'ils illuminent leurs appartemens avec goût.

Les angles des grandes piéces qui font difficiles à éclairer, font garnis de grandes torchères qui portent plufieurs groffes bougies, & qui font un grand effet; ce font ordinairement des ftatues de négres ou autres figures de fantaifie, qui font deftinées à cet ufage; j'en ai vû d'argent, de bronze, de bois doré; elles ont quatre à cinq pieds de hauteur. Ces grands appartemens font prefque toujours libres; les maîtres de la maifon fe contentent de petits logemens reculés qui n'ont d'ordinaire que les meubles néceffaires & prefque toujours fort fimples.

Je dois dire un mot de la façon de s'habiller; cet article eft toujours intéreffant dans un état républicain.

24. Tous les nobles qui ont quelque part à l'adminiftration publique, font vêtus de noir avec le petit manteau de foie, & la perruque longue; tous les gens de juftice, même les plus fubalternes, portent cet habillement. Les dames font vêtues à la Françoife, & fuivent le plutôt qu'elles peuvent les nouvelles modes qui viennent de Paris; comme elles font fort riches, elles ont beaucoup de diamans & d'autres bijoux, & portent de très-belles étoffes; les

Habillement des Génois.

hommes font grande dépense en tabatières qu'ils tirent de Paris, de même que toutes les choses de luxe & de goût.

Les citadines suivent autant qu'elles peuvent les usages des dames Génoises; mais comme elles n'ont pas toutes la chaise à porteurs, quand elles sortent, elles se couvrent la tête & les épaules avec une grande piéce de taffetas noir ou de toile peinte qui leur sert de voile; les femmes du peuple sont vêtues de corsets & de jupes légéres, sans autre coëffure qu'une espéce de voile qu'elles jettent sur leur tête quand elles sortent ; elles portent les cheveux rattachés en rond, au derriere de la tête, avec de grandes aiguilles d'argent ; les négocians, les artisans s'habillent de la couleur qui leur plaît, & sortent tous avec l'épée.

Je ne dois pas oublier de parler ici avec éloge & reconnoissance de M. François Regni, consul de France & directeur de la poste; je l'ai vû chargé des affaires en l'absence de M. Boyer, nommé ministre de France à Gênes. Cet homme sage, prudent & très-poli jouissoit d'une considération distinguée, & méritoit véritablement la confiance que ses supérieurs avoient en lui. Un voyageur doit fouhaiter que les miniftres de fa nation dans les états étrangers, aient un mérite reconnu, & foient aimés & refpectés; il partage en quelque forte avec eux l'agrément dont ils jouiffent; il eft vrai qu'il doit être attentif à foutenir par fa conduite, la bonne idée que le miniftre donne de fa nation.

25. Ce que j'ai vû des maifons de campagne des nobles Génois, me fait croire qu'ils y font beaucoup de dépenfe. Ils y font en habits de couleur & ordinairement fort riches. Sur la riviere du Ponent, du côté de Sefti di Ponente, j'ai vû plufieurs palais dans la plus heureufe fituation; je ne parlerai plus de celui du feigneur Marcellone Durazzo qui eft à Cornigliano; mais il faut voir celui des Lomellini qui eft à Seftri. Il eft orné de belles peintures, les meubles en font beaux, les jardins vaftes & bien entretenus, formés par des bofquets d'orangers & de citroniers, entourés par des paliffades de myrtes de fix à fept pieds de haut, avec des eaux plates & jailliffantes & quelques ftatues de marbre; il y a au-deffus de la maifon dans la montagne, un parc de huit ou dix arpens, planté de grands ar-

Maifons de campagne.

bres, tels que chênes verds, lauriers, ormes; &c, le terreplein eſt formé par des voûtes chargées de terre, conſtruites pour rejoindre les rochers & qui ſoutiennent le ſol; les arbres y ſont très-beaux; on y nourrit du bétail qui y trouve un bon pâturage, ce qui n'eſt pas commun dans ce pays.

Le palais de la marquiſe Lila Mari Spinola, qui eſt ſur la même côte, eſt commode & bien meublé; cette dame en fait les honneurs, ſur-tout aux étrangers, avec beaucoup de nobleſſe. Ses jardins ſont les plus agréables que j'aie vûs dans ce canton, par le ſoin avec lequel ils ſont tenus, la beauté des arbres & des eaux; il y a ſurtout quatre orangers d'une groſſeur & d'une grandeur prodigieuſe; ils forment ſeuls un grand couvert ſous lequel eſt un jet d'eau d'une aſſez belle élévation; un très-joli parterre en terraſſe entouré de berceaux de citroniers & d'orangers; au-deſſus de la maiſon eſt un jardin couvert très-grand; tous ſont entretenus avec autant de propreté que d'élégance; dans les rochers qui couvrent toute cette côte, on voit quantité de figuiers qui fourniſſent abondamment de bons fruits dont on fait une grande conſommation.

Les Doria, les Grimaldi, les Spinola ont aussi de très-belles maisons sur cette côte.

26. Lorsque j'y étois, la mer devint très-grosse pendant la nuit, & faisoit un bruit qui empêchoit de dormir. Le matin elle n'étoit pas moins agitée ; j'allai de bonne heure sur ses bords ; je voyois le flot venir à moi d'une élévation prodigieuse, & qui sembloit devoir couvrir tout le terrain sur lequel je me promenois. Mais quelque furieux qu'il soit, il se brise à l'endroit marqué. Ce bel ordre, cette soumission de l'élément le plus terrible & le plus dangereux, n'est-il pas un miracle continuel de la providence ? L'odeur de la mer étoit alors très-forte, le goût en étoit âcre & sulfureux ; le sable de ces bords est noirâtre, mêlé de quelque petits cailloux blancs, gris & bleuâtres, dont on se sert pour paver les allées des parterres. Je n'y remarquai aucun coquillage ni rien de curieux. Le petit peuple qui par-tout est misérable, étoit assemblé sur ces bords avec des paniers dans lesquels il ramassoit quelques morceaux de bois, des châtaignes qui étoient encore dans le hérisson, & que le flot rejettoit sur le rivage ; ces châtaignes sont en-

Rivages de la mer à Sistri di Ponente.

traînées dans la mer, par les terres qui coulent des montagnes. Quand il y a eu quelques naufrages, ces gens ramaffent quelquefois des effets confidérables ; c'eft ce qui les rend fi attentifs à fuivre les bords de la mer quand elle eft orageufe.

Fauxbourg de S. Pierre d'Arena. Le fauxbourg S. Pierre d'Arena eft magnifiquement bâti ; il eft fitué entre la mer & la montagne dans un espace plein & uni. Il n'eft pas peuplé à proportion de fa grandeur ; il a beaucoup de grands palais dont la plûpart font inhabités. Les Génois ont crû faire beaucoup en donnant aux rues affez de largeur pour paffer aifément une voiture ; cependant il n'auroit tenu qu'à eux de les faire plus larges, ce qui auroit rendu cet endroit beaucoup plus agréable.

Vallée de Polchevera. 28. Au fortir de ce fauxbourg on entre dans la vallée de la Polchevera, ainfi nommée du torrent qui y coule des montagnes de l'Apennin, qui pour l'ordinaire eft à fec, mais qui dans le temps des grandes pluyes ou des fontes de neige fait les plus grands ravages. Le lit en eft fort large ; & tout rempli de cailloux & de fable que les eaux entraînent du haut des montagnes. Ainfi il n'eſt pas poſſible d'avoir un chemin fait pour les voitures. Il arrive que dans les temps d'inondation, le paſſage de Gênes en Lombardie eſt tout-à-fait fermé; il n'y a que les gens à pied qui puiſſent paſſer par un chemin très-difficile, pratiqué ſur la montagne.

La multitude de palais, de belles maiſons de campagne, d'égliſes & de monaſtéres qui garniſſent la côte des deux côtés, forment dans l'eſpace de plus de quatre milles, un ſpectale riche & très-varié. Toutes ces maiſons ſont accompagnées de terraſſes plantées d'arbres ou de vignes en berceau; ce mélange de verdure avec la beauté des édifices dont la plûpart ſont peints, fait le plus grand plaiſir, ſurtout quand on le regarde du bas de l'Apennin. Le tableau eſt auſſi vivant & auſſi agréable qu'on puiſſe l'imaginer, il eſt terminé par la mer. On voit dans le lit du torrent quelques veſtiges de ponts qui ont été conſtruits autrefois pour le traverſer, mais qui ont été renverſés par la force & l'impétuoſité des eaux, rédoublées encore par la quantité de matières ſolides qu'elles entraînent dans les grandes crues.

Montagne de la Bocchetta.

29. Campo Marone, situé à mi côte dans l'Apennin, est le premier village & la première poste. Celle qui la suit & dans laquelle on traverse toute la montagne de la Bocchetta, l'une des plus hautes de celles qui forment la chaîne de l'Apennin, est très-longue. Le chemin est pavé par-tout, très-praticable & point dangereux. Il est étroit comme la plus grande partie des chemins d'Italie, auxquels les anciennes voies Romaines semblent avoir servi partout de modéles. Souvent deux voitures ne pourroient y passer ensemble; mais comme les provisions & les marchandises sont toutes portées par des bêtes de somme, on rencontre très-peu d'autres voitures. La température de ce climat est aussi rigoureuse que celle de la côte de Gênes est douce.

On y voit beaucoup de marronniers, quelques herbages où l'on nourrit du bétail, très-peu de terres cultivées, beaucoup de parties que la rigueur du climat & la stérilité du terrein laissent incultes & inhabitées; le peu de maisons que l'on y rencontre sont presque toutes partie des fiefs que possédent les nobles Génois. L'écusson des armes du maître peint en grand dans l'endroit le plus apparent, indique à qui elles appartiennent (a).

Voltaggio.

30. Au pied de la Bocchetta on trouve la petite ville de Voltaggio située sur le bord d'un ruisseau dans un terrein très-resserré; elle est dominée du côté du couchant, par un petit château à demi-ruiné. La situation ni les bâtimens n'ont rien d'agréable. Elle étoit autrefois la capitale de l'ancien peuple de la Ligurie, connu sous le nom de *Veiturii*. On y a découvert dans les derniers siécles des monumens antiques qui ne permettent pas d'en douter. Cette ville a un noble Génois pour podestat.

───────────────

(a) Cette montagne dans son plus haut point d'élévation a des sources assez grosses qui forment deux ruisseaux, dont l'un roule du levant au couchant, & va dans la mer de Gênes. L'autre du couchant au levant, & qui est le plus considérable, passe à Voltaggio, Serravalle, & se jette dans le Pô. Ces ruisseaux sur lesquels sont bâtis à différentes hauteurs des moulins & autres usines, pourroient contribuer encore à fertiliser une grande partie du terrein de ces montagnes, si elles étoient mieux peuplées, mais les cultivateurs manquent, & les terres sont abandonnées en grande partie.

Serravalle. Serravalle est un bourg dont la situation est assez semblable à celle de Voltaggio. Cette contrée a quelques vallons fertiles & bien cultivés qui doivent fournir assez de grains pour une partie de la consommation du pays.

En suivant le cours du torrent, un naturaliste qui auroit le temps de s'arrêter, jugeroit aisément de la qualité des terres de cette partie de l'Apennin, qui, quoique bonnes pour la végétation, sont très-mobiles, & cèdent aisément à l'effort des eaux qui les entraînent. Il y a des montagnes coupées perpendiculairement dans une très-grande hauteur; on voit par bandes des lits de terre de différentes couleurs vives & si fraîches, qu'il semble que la tranchée vienne d'y être ouverte. Cet effet des eaux est très-remarquable. Le dessus de la montagne est recouvert de bois; mais comme il n'y a point de rochers qui lui servent de noyau; il est à présumer que les pluyes & le cours rapide de l'eau la détruiront insensiblement, ainsi le vallon s'élargira beaucoup; ce que je dis là n'est point une conjecture hazardée; il ne faut que jetter les yeux de ce côté, & on voit, pour le peu qu'il fasse de pluye ou de vent, les terres s'écrouler continuellement, & tomber dans le torrent qui les entraîne avec une multitude de cailloux, des couleurs les plus brillantes, on en voit des rouges, des bleux, des verds, des jaunes, & quelques-uns très-gros; il eſt même à préſumer par ces indications que le fond de ce terrein renferme quelques carrieres de très-beaux marbres.

Si les habitans étoient un peu plus induſtrieux, & vouloient reſſerrer le cours de la riviere le long de la montagne, ils pourroient déjà mettre en culture une quantité d'arpens de terre qui ſeroit très-fertile ; mais qu'ils abandonnent à cette riviere qui s'y écarte dans le temps des inondations, n'ayant rien qui la retienne dans des bornes.

La petite ville de Gavi ſe trouve au pied de ces montagnes ; elle n'a rien de plus remarquable que ſon château, qui eſt ſitué avantageuſement ſur un rocher fort élevé, d'où on peut défendre l'entrée des montagnes. Les Génois ont été quelque temps à croire qu'il étoit imprenable ; mais dans ces derniers temps les Piémontois & les Autrichiens les ont détrompés de cette idée ; la république y entretient un commandant & une petite garniſon.

Gavi.

Delà à Novi on marche par un terrien cultivé & fertile, les chemins sont bordés de châtaigniers & de marronniers, & tout cet espace qui est d'environ quatre milles, participe déja de la bonté de la Lombardie; on s'apperçoit que le climat est plus doux que dans la montagne, & que la végétation y est plus forte.

Novi. Novi est une des villes les plus considérables de la seigneurie de Gênes; elle est peuplée au moins de six mille ames; c'est la premiere place de la république du côté de la Lombardie dont elle fait partie. Sa situation est en plaine au pied de l'Apennin. La forme de la ville est plus longue que large; elle a trois paroisses, dont une est en même temps collégiale, & bien bâtie; celle de S. André est ornée de bon goût. La place est encore entourée de murs flanqués de quelques tours, & défendus par un fossé dans lequel coule un ruisseau bourbeux qui descend de l'Apennin. La république y entretient un gouverneur & une garnison assez considérable; comme frontiere elle est sur le ton d'une ville de guerre. Cette ville est l'entrepôt des marchandises qui passent du Levant en Lombardie & en Allemagne par le port de Gênes, ce qui fait qu'il y a quelques commerçans. Il ne me reste plus à ajoûter sur l'état de Gênes, que quelques réflexions que m'ont inspirées le souvenir de ses révolutions, la position de sa capitale, ses forces actuelles, & son gouvernement.

31. Ce qui a le plus contribué jusqu'à présent à la conservation de cette république, c'est la grandeur & la force naturelle de la capitale, qu'il est très-difficile d'aborder, étant entourée de montagnes escarpées des côtés de Nice & de Sarzane, où il est impossible de faire passer de l'artillerie & des convois considérables parterre. Il reste le passage du Giogo autrement dit la Bocchetta, que l'intérêt du commerce a fait rendre très-praticable ; mais le moindre retranchement un peu défendu peut arrêter un corps considérable dans ces défilés, toujours commandés par les hauteurs qui les dominent ; les passages de Gavi, Serravalle & Voltaggio sont aussi incommodes que difficiles ; il n'y a point de chemins faits dans les vallées ; les torrens qui y coulent y entraînent une quantité de sables & de cailloux, & les rendent impraticables & même très-dangereux, soit dans le temps de la fonte des neiges,

Réflexions sur l'état de Gênes.

soit après les pluyes d'orage, qui souvent tombent dans les montagnes, lorsque le temps est très-serein dans les vallées.

La preuve en est ce qui arriva en 1746, après que les Génois eurent chassés les Autrichiens de chez eux. Un nombre considérale de ceux-ci étoit campé dans le lit de la riviere de Polcheverra qui étoit à sec ; ils furent surpris pendant la nuit par un torrent prodigieux qui fondit tout-à-coup de la montagne, qui entraîna six cens hommes & soixante chevaux dans la mer : événement qui mit le désordre dans l'armée des Autrichiens, & les força d'abandonner tous les desseins qu'ils avoient sur Gênes.

Outre ces avantages, la situation de la ville est sur le penchant d'une montagne fortifiée du côté de terre par trois enceintes de murailles, & très-aisée à défendre du côté de la mer, par les batteries qui sont établies, le peuple nombreux qui l'habite ; cette quantité de nobles qui ont leurs biens & leurs libertés à défendre, les citadins, les marchands, les bons artisans qui sont en grand nombre & qui tous perdroient beaucoup à une révolution, même au changement d'état ; tous ces motifs réunis

nis font la force principale de cette superbe ville, à laquelle on donne ce titre, tant par rapport à la magnificence de ses édifices, qu'à la fierté de ses premiers citoyens, qui croient que rien dans le monde n'est au-dessus d'eux. Il paroît qu'ils sont tous fort attachés à la conservation de l'état, & pour y veiller plus attentivement & être toujours prêts à le servir, ils ne quittent leurs palais que fort rarement, ils ne servent plus dans armées des princes étrangers, ils voyagent peu, & par conséquent ils sont peu instruits; en cas de besoin, ils trouveroient difficilement dans le corps de la seigneurie un homme en état de commander les forces de la république & de veiller à sa défense; il faut qu'ils s'en rapportent à un général étranger, qui a pour conseils quelques-uns des principaux sénateurs qui l'accompagnent; mais peut-il se décider aussi sûrement que s'il connoissoit par lui-même le pays & ses ressources?

Au reste, la position de Gênes qui la fait regarder comme une des clefs de l'Italie, rendra toujours attentifs les autres souverains de cette belle & riche partie de l'Europe, à ce qu'elle ne tombe pas entre les mains d'un prince trop puissant, qui, une fois solidement établi à

Gênes, pourroit avec les forces de ses autres états donner des loix à la majeure partie de ce continent, dont la puissance est trop divisée pour être parfaitement unie ; ainsi l'intérêt général de l'Europe contribuera à conserver la république de Gênes, & à empêcher surtout que la maison royale de Savoie, déja très-puissante en Italie, tant par l'étendue de ses possessions que par la sagesse des princes qui la gouvernent, ne s'empare du petit état de Gênes, au moyen duquel elle pourroit avoir une marine considérable, qui la rendroit formidable à tout le reste de l'Italie, sur-tout à tous les états de Lombardie qui l'environnent....

Je n'ai rien dit des autres parties de la république de Gênes que je n'ai point vûes, y étant allé & en étant revenu par la route dont j'ai parlé & qui est d'environ trente milles ; sur quoi j'observerai que les milles d'Italie, ne sont pas partout de même longueur ; ceux de Piémont, de Gênes, & de l'état de Venise sont plus étendus ; aussi les postes s'y payent-elles plus cher du double que dans les autres états d'Italie.

En quittant les états de la république de Gênes, notre intention étoit d'aller directement à Florence en passant par Plaisance, Parme, Modene & Boulogne.

La journée de Novi à Plaisance est de huit postes qui se font par un pays plat & d'une grande fertilité. On voit sur la route, Tortone, Vogherra & Broni, places de la domination du roi de Sardaige dont j'ai déja parlé ; il me reste à dire que Broni est un gros village connu par ses bouës & ses mauvais chemins ; après en être sorti, on trouve une petite montagne de bouë, qui exerce les postillons & la vigueur de leurs chevaux ; car en tout temps elle est très-difficile à monter.

Castel Sangiovani, petit bourg qui a été autrefois fortifié, auquel il reste encore une enceinte de murailles, des portes & des fossés, est la premiere place du duché de Plaisance appartenant à l'infant duc de Parme. De-là à Plaisance on compte deux postes ou cinq grandes lieues de France.

Après une poste & demie, on trouve la Trébia, riviere auprès de laquelle Annibal défit les Romains l'an 534 de la fondation de Rome, ou 218 ans avant Jesus-Christ. Cette riviere prend sa source dans l'Apennin, à quinze milles au-dessus de Gênes, coule par une partie de la Lombardie, & va se jetter dans le Pô, un peu au-dessus de Plaisance. La plus grande partie de l'année on la passe à gué, & même il lui arrive quelquefois d'être à sec; mais il s'en falloit beaucoup qu'elle fût dans cet état (le 16 Octobre 1761.)

La Trébia. 1. Cette riviere partagée en différentes branches entre san Nicolo & Plaisance, avoit plus d'un mille de largeur & couloit avec la rapidité & le bruit d'un torrent furieux, entraînant tout ce qui se trouvoit sur son passage. Rien n'annonce ses cruës qui dépendent des pluyes qui tombent dans les montagnes. Les gens du pays même en sont surpris, sans pouvoir s'en défendre, ainsi que je le vis par la triste expérience de quelques voituriers qui revenoient de Plaisance. Ils avoient passé une partie de la riviere à gué avec des charriots à bœufs, quand tout d'un coup l'eau les arrêta dans une isle formée par un des bras de la riviere, & les y retint pendant plusieurs jours, sans provisions ni couvert, avec la crainte continuelle que l'eau venant à croître ne les submergeât eux & leurs attelages. C'étoit vraiment une chose digne de pitié de voir ces pauvres gens dans cette situation, sans pouvoir les secourir; car il n'y a ni barque ni ponton pour traverser cette riviere; c'est cependant dans cet endroit même qu'est le grand chemin de Turin à Parme, Boulogne, Florence, Rome & Naples. C'est-là que passoient tous les couriers, avant que les changemens que le roi de Sardaigne a faits dans les monnoies, eussent, en quelque façon, contraint les couriers de France à s'embarquer à Antibes pour passer à Gênes, d'où ils vont encore par mer à Sarzane, où ils prennent terre & gagnent Florence par Pise. Il est étonnant qu'un chemin aussi fréquenté n'ait ni barque réglée ni pont, & qu'une riviere qui ne doit être regardée que comme un torrent, arrête souvent le souverain même du pays, & l'empêche de rentrer chez lui, ou d'en sortir quand il lui plaît.

N'osant donc nous risquer à la fureur de ses flots, & après nous être convaincus de l'impossibilité de la traverser à gué, il fallut rebrousser chemin & venir nous gîter à san Nicolo, petit village éloigné de la riviere d'environ un demi-mille, sur ce que l'on nous assûra que le lendemain les eaux seroient écoulées & que l'on passeroit aisément; mais la pluye ne fit qu'augmenter pendant la nuit, & le matin les eaux étoient si hautes que la riviere paroissoit couvrir plus d'une lieue de terrein en largeur, & s'étendoit jusque dans la ville même de Plaisance, dont elle inondoit une partie. Les montagnes étoient chargées de nuages épais qui annonçoient de nouvelles eaux ; tout cela nous détermina à quitter san Nicolo dans l'après-dîner, & à revenir coucher à Castel san Giovani.

Mais nous laissâmes les bords de la Trebia couverte d'Italiens qui attendoient patiemment que les eaux fussent écoulées avec toute la patience convenable à une nation aussi flegmatique. Comme l'approvisionnement de Plaisance se fait en grande partie par ce côté de la Lombardie où les denrées sont abondantes, cette Ville souffre une sorte de disette dans ces temps d'inondation. Il est étonnant que dans un pays aussi riche & aussi peuplé, on n'ait pas élevé une chaussée, construit des ponts, ou tout au moins établi une barque pour passer cette riviere en tout temps. Rien n'est plus incommode que d'être obligé d'attendre jusqu'à quatre & cinq jours que cette riviere soit guéable pour la pouvoir traverser.

Je ne dirai rien du gîte de san Nicolo. La maison étoit assez bien bâtie, l'étage d'en-haut étoit composé d'une salle & de quatre grandes chambres, mais sans aucuns meubles ni provisions; les gens de ce pays ont un jargon barbare, qui n'est en usage que parmi eux, & ils ont assez de peine à entendre le vrai Italien.

Nous revînmes donc sur nos pas, dans l'intention de passer la nuit à Castel san Giovani, & de voir quelles mesures nous prendrions pour n'être pas obligés de rétrograder plus loin encore. Nous logeâmes à la poste, assez bonne auberge, où nous résolûmes de gagner Milan, après avoir passé le Pô & séjourné à Pavie.

2. Castel san Giovani est la premiere place du duché de Plaisance. Ce bourg est situé dans une plaine très-fertile & assez bien bâti. Quoique de petite étendue, il a une église collégiale sous le vocable de S. Jean, & trois couvents de Capucins, de Récollets & de Carmes. On est étonné comment un si petit endroit peut fournir à l'entretien journalier de deux communautés nombreuses de religieux mendians. Mais c'est la dévotion & la gloire des Italiens que de contribuer à de pareilles œuvres. La

Castel san Giovani.

première chose que l'hôte apprend aux étrangers, c'est que ce petit bourg nourrit trois grosses communautés. La collégiale est assez bien bâtie, le maître-autel est formé par une table soutenue sur quatre pieds, sous laquelle est un grand sarcophage où sont placées des reliques ; tout l'ouvrage est de beaux marbres travaillés d'un bon goût ; je vis le matin dans cette église une espèce de folle que les Italiens appellent *una spiritata*, & que le peuple appelleroit parmi nous possédée ; je l'observai attivement ; le feu lui sortoit des yeux & du visage qui sembloit boursoufflé ; tous ses mouvemens étoient forcés & convulsifs ; elle proféroit de temps en temps des sons inarticulés, & avoit les regards fixés sur un tableau qui étoit vis-à-vis d'elle ; on me dit qu'il y avoit déja long-temps qu'elle étoit dans cet état, qu'elle avoit perdu l'usage de la parole, & qu'elle ne faisoit mal à personne.

C'est dans ces petits endroits que les ecclésiastiques & les religieux tiennent incontestablement le premier rang & y décident de tout. Aussi ceux qui ne cherchent qu'une oisive tranquillité & les aisances de la vie, préférent ces maisons à celles des grandes villes, où il y a plus de bienséances à garder & plus de devoirs à remplir. Les femmes qui habitent ces bourgs, vivent encore suivant l'ancien usage; on les voit peu, ce sont les hommes qui font tout le commerce extérieur. Ce n'est pas qu'elles ne soient très-curieuses de voir les étrangers, & de se faire voir elles-mêmes; mais ou la mere ou le mari les font rentrer sur le champ & ne leur laissent aucune liberté. Il n'en est pas de même de celles de la campagne; on les voit répandues par les champs, & travailler partout, en plus grand nombre, aussi fort & plus constamment, dit-on, que les hommes. Il est nécessaire que les ouvriers soient multipliés dans un climat, où la végétation n'est presque jamais interrompue par la rigueur de l'hyver, & où le terroir très-fertile produit plus d'une récolte par an. Dans tout ce pays les terres se cultivent comme dans la partie de la Lombardie dont j'ai déja parlé; on ménage les eaux de façon à les mettre dans les près & les terres quand on le juge à propos.

MILANOIS.

Milanois. Route de Castel san Giovani à Pavie.

3. RIEN n'est plus riche & plus fertile que le pays que l'on traverse de Castel san Giovani à Pavie ; ce n'est point une grande route, les mêmes chevaux nous conduisirent pendant dix-huit milles sans s'arrêter. On passe le Pô à *Porto Panésé*, à trois milles de Castel san Giovani. Ce fleuve y est très-large & assez profond pour porter les plus grosses barques. De l'autre côté, on entre dans le Milanois appartenant à la reine d'Hongrie. Il y a un Douanier établi plutôt pour faire payer quelques droits aux barques qui montent ou qui descendent le fleuve, que pour inquiéter les voyageurs. On traverse quelques gros villages beaux & bien bâtis ; le peuple y paroît opulent, surtout les jours de fête, où hommes & femmes sont habillés proprement suivant la saison ; ce qui joint à la fertilité du pays, donne par-tout les apparences de la richesse. On voit de temps en temps d'assez grands espaces de ter-

rein, environnés de terres élevées & rejettées en dehors en talus, qui semblent avoir servi à placer des camps retranchés. Il est permis de former ces conjectures dans un pays qui a été si souvent le théâtre de la guerre.

Belgioioso, Marquisat appartenant à la maison de Barbiano, est un bel endroit. Le château est noble & bien bâti partie à l'antique, partie à la moderne.

Les jardins en sont vastes & bien tenus, ouverts de plusieurs grilles de fer peintes en verd, avec les ornemens dorés, à travers lesquelles on apperçoit de belles eaux plates & jallissantes. La façade du côté du jardin est moderne & d'une architecture fort ornée. Les avenues qui y conduisent sont grandes & plantées de beaux arbres. Il y a peu de vûe, parce que ce terrein est plat. Mais on en est dédommagé par le spectacle même du pays qui a un air de fraicheur & d'abondance qui ne peut que plaire. Chaque piéce de terre ou de pré a la forme d'un grand carré entouré d'une haye vive, planté de deux rangs d'arbres, saules, peupliers, ou mûriers, sur le bord d'un fossé où coule un ruisseau. La plûpart de ces arbres servent à soutenir des plants de vigne, de sorte que

Belgioioso

tout le pays reſſemble à un parc. De loin, comme les arbres paroiſſent ſe rapprocher, ils font l'effet d'une forêt alignée & bien percée. Mais il n'y a point de bois dans cette plaine, que les arbres que l'on éleve autour des terres. Sur le bord des chemins on plante des chênes & des ormes qui y croiſſent heureuſement, & que l'on réſerve pour les conſtructions.

Comme le climat eſt aſſez tempéré & que l'on y brûle peu de bois pour ſe chauffer, la tonte de ces arbres qui croiſſent très-vite, ſuffit à la plus grande conſommation; outre cela on fait beaucoup de charbons avec ſes branchages & qui ſuffiſent à l'uſage du peuple pendant l'hyver.

Pavie. 4. Pavie, capitale de la principauté du Pavéſan dans le Milanois, eſt ſituée dans une belle plaine ſur le bord du Teſin, & dans un terroir ſi fertile qu'on l'apelle le jardin du Milanois. Cette ville eſt très-ancienne, & a appartenu aux Inſubriens dans la Gaule Ciſalpine. Suivant le rapport de Pline, Tacite & Strabon, elle fut bâtie par les Léviens & les Mariciens, anciens peuples de la Ligurie, long-temps avant Milan; dans les premieres révolutions qu'éprouva l'empire Romain, elle fut ruinée en partie, mais rétablie assez promptement par les soins de S. Epiphane son évêque. Lorsque les peuples du Nord se fixerent en Italie, & y établirent une domination nouvelle, connue sous le nom de royaume des Lombards, les rois de cette nation établirent le siége de leur empire à Pavie, & donnerent à cette belle & riche plaine de l'Italie située entre les Alpes, l'Apennin, & la mer Adriatique, le nom de Lombardie qu'elle conserve encore.

Vingt rois Lombards regnerent dans ces contrées pendant deux cens ans. Le dernier nommé Didier est connu dans notre histoire par le siége qu'il soutint à Pavie en 755 contre Charlemagne qui le vainquit & détruisit son royaume qu'il soumit à ses loix. Cette ville passa ensuite aux enfans de Charlemagne, & fut le partage des rois d'Italie dont la puissance ne dura pas. Les empereurs d'Allemagne se regardant comme successeurs de Charlemagne, & ayant les mêmes droits que les empereurs d'Occident, prétendirent être les seigneurs souverains de toute l'Italie; c'est en cette qualité que l'empereur Fréderic Barberousse permit à la ville de

Pavie de se gouverner par ses loix ; mais la division s'étant mise parmi les habitans, ils convinrent de se donner à l'église Romaine dans le treiziéme siécle ; ils vécurent quelque temps sous le gouvernement de l'archevêque de Ravanne, légat du S. Siége dans cette partie de l'Italie, qui y exerçoit un empire fort doux, jusqu'au temps où les Visconti s'en emparerent & l'unirent au duché de Milan ; ce fut alors qu'ils la firent fortifier.

Les François, conduits par le général Lautrec, la prirent d'assaut en 1527. En 1734 le Maréchal de Villars s'en empara à la tête des troupes alliées de France & de Savoie.

Description de Pavie. 5. Cette ville est encore très-grande. La plupart des rues en sont alignées, longues & larges. On y voit d'assez beaux bâtimens modernes. On y remarque plusieurs hautes tours quarrées de brique, qui sont encore des restes de constructions Gothiques. On montre même celle où le consul Boëce fut enfermé. Il y a quelques places assez larges. Celle qui est au milieu de la ville est la plus considérable ; elle est entourée d'un grand portique ouvert en arcades, & décorée d'une statue équestre antique que l'on prétend être celle de Marc-Aurele-Antonnin. Elle est de petite maniere; la figure de l'empereur n'a qu'environ quatre pieds & demi de hauteur, & une phisionomie basse & commune. Le cheval est taillé comme un petit roussin fort & rablé. Les Lombards l'enleverent de Ravenne où elle étoit, & la transporterent à Pavie lorsqu'ils s'y établirent: on assûre que les habitans de Ravenne la regrettent encore. Quelques auteurs rapportent que lorsque Lautrec prit Pavie d'assaut, le premier qui escalada la muraille fut un soldat né à Ravenne, qui pour récompense demanda à son général de faire reporter cette statue équestre dans sa patrie d'où elle avoit été enlevée : mais les habitans de Pavie firent tant par leurs cris & leurs prieres, qu'ils obtinrent du vainqueur que la statue resteroit en place, & que le soldat se contenteroit d'une couronne d'or. Le peuple appelle cette statue le *Régisole*.

L'eglise cathédrale sous le vocable de Notre Dame & de S. Pierre est d'une très-ancienne fondation ; elle regarde saint Cire, premier patriarche d'Aquilée & disciple des apôtres, comme son fondateur. Son évêque est soumis immédiatement au saint Siége. On la rebâtit actuellement, le chœur & les deux côtés de la croisée sont finis. L'architecture en est lourde; cependant les chapitaux des deux premiers piliers sont ornés avec assez de goût. Tous les auteurs des descriptions d'Italie, ne manquent pas d'avertir que l'on conserve dans cette église la lance de Roland neveu de Charlemagne. J'ai voulu voir cette piéce antique, qui n'est autre chose que le mât d'une grande barque armé de fer, & qui servoit alors à soutenir un échafaut de construction.

6. Plusieurs des églises qui font un des principaux ornemens de Pavie, doivent leur fondation aux rois Lombards.

Eglise de S. Pierre, in ciel aureo.

Reliques de S. Augustin.

Pertharite a fait bâtir le monastere de sainte Claire. La reine Théodelinde l'église de *santa Maria delle pertiche*; mais la plus célébre de toutes est celle de *sen Pietro in Ciel aureo*, bâtie en l'honneur de S. Augustin par le roi Luitprand, qui en 722 fit transporter le corps de ce saint docteur à Pavie, de l'isle de Sardaigne où il avoit été mis en dépôt, lorsque l'église d'Afrique étant désolée par les Vandales dans le VIe siécle, grand nombre de ses évêques se retirerent en Sardaigne. Cette relique précieuse avoit été cachée avec tant de soin que personne ne pouvoit dire précisément où elle étoit ; on ne sçavoit que par tradition qu'elle étoit à Pavie ; mais sous le pontificat de Benoît XIII on trouva ce corps saint où on imaginoit qu'il devoit être ; & ce pape ordonna à monsignor Fontanini d'en publier la découverte, appuyée des preuves authentiques qui assuroient que c'étoient véritablement les reliques du docteur de la grace. Cette église est tenue par des chanoines réguliers de S. Augustin ; elle est revêtue de marbre blanc, décorée de statues & d'ornemens d'un beau gothique, l'architecture en est légere & très-hardie. On voit dans cette même église, à côté du dégré qui conduit au sanctuaire, le tombeau de Boëce, consul Romain, également célèbre par sa science, son éloquence, sa piété & ses malheurs. On sçait qu'il perdit la tête par ordre du roi Théodoric. Celui du roi Luitprand, avec cette épitaphe modeste, *ici reposent les os du roi Luitprand*: ceux de François duc de Lorraine, & de Richard duc de Suffolck.

L'église des Dominicains est fort

grande & d'une architecture gothique. La chapelle du Rosaire toute de marbre est d'un chef-d'œuvre de la patience & du travail des ouvriers qui l'ont décorée. Les ornemens gothiques y sont entassés ; il faut en voir les détails & non l'ensemble.

Collége.

7. Au dessus de la ville est une place quarrée au milieu de laquelle on voit la statue de bronze du pape Pie V vis-à-vis de la porte principale d'un collége qu'il a fondé ; son nom étoit Ghisleri, il étoit né à Bosco dans le Milanois, d'une très-pauvre famille. Cette statue de taille héroïque, belle & bien jettée est posée sur un piédestal de marbre blanc.

Ce collége subsiste encore pour quarante pensionnaires qui y sont nourris & entretenus sur les revenus de sa dotation; il y a douze autres colléges fondés dans cette même ville, dont l'un des principaux est celui qui porte le nom de Borroméé, fondé par S. Charles. Le bâtiment qui lui est destiné est beau & vaste. Le fronton de la porte est soutenu par des colonnes en bossage, espéce d'ornement qui donne un air trop fort & trop rude à une porte qui sert d'entrée à un sanctuaire consacré aux sciences; on voit dans l'intérieur une grande cour quarrée, décorée de deux rangs de portiques l'un sur l'autre, avec des arcades ouvertes soutenues par des colonnes doublées; l'architecture en est très-élégante. (*a*)

La citadelle bâtie par Jean Galeas de Visconti duc de Milan, lorsque la ville de Pavie se soumit volontairement à sa domination, est un ancien édifice de forme quarrée, flanqué de quatre grosses tours, dont il ne reste plus que les deux qui sont du côté de la ville. Les bâtimens qui subsistent encore servent de casernes aux troupes que la reine de Hongrie y tient en garnison. La partie qui regarde sur la campagne est un grand terre-plein dont le revêtissement est tombé en partie de vétusté, & duquel on a la vûe sur un étendue immense de pays plat. Il ne paroît pas que l'on ait fait aucune réparation à cette citadelle depuis le temps de sa

Citadelle.

―――――――――――

(*a*) Ces treize colléges forment l'Université que l'on croit avoir été fondée par Charlemagne, mais qui doit son rétablissement à l'Empereur Charles IV en 1361.

fondation. Elle eſt ſituée dans la partie ſupérieure de la ville.

{Pont du Teſin.} Le pont du Teſin eſt une des choſes que l'on vante le plus à Pavie ; il eſt très-grand , bâti de briques, & en partie revêtu de marbre ; il a été conſtruit par les ordres du même duc de Milan. Comme il eſt couvert, il ſert en tout temps de promenade aux habitans de la ville , & fait la communication avec un très-grand fauxbourg, fermé de murailles, ſitué de l'autre côté de la riviere. On y voit l'égliſe & le monaſtere de ſaint Sauveur , poſſédé par des religieux de l'ordre de ſaint Benoît ; il a été bâti par l'impératrice Adelaïde.

{Commerce.} 8. Le Teſin eſt large & profond à Pavie ; les groſſes barques de mer y remontent , & y occaſionnent quelque commerce , ſur tout pour l'exportation des denrées du pays qui ſont bien au-deſſus de la conſommation qui s'y peut faire.

Ces denrées ſont les bleds , les chanvres, les fromages & quelques vins communs. Il paroît que la population de cette ville eſt très-médiocre, eu égard à ſon étendue. Je l'ai parcourue un jour de fête , l'après dîner , tems auquel les

Italiens des deux sexes sortent, soit pour aller aux églises, soit pour aller à la promenade. J'ai vû quelques rues principales où il y avoit du mouvement & qui paroissoient peuplées; mais j'ai tenu des quartiers entiers sans rencontrer personne, sur-tout dans la partie supérieure de la ville; il y a entre la ville & la citadelle une très-grande esplanade qui sert de promenade & qui étoit déserte, quoique le temps fût beau. Le côté du pont & le passage de la ville au fauxbourg étoit plus fréquenté.

Le sang m'y a paru assez beau. La jeunesse y a un air de fraîcheur & de santé qui fait plaisir. Le peuple & la bourgeoisie y paroissent très-réservés. Les meres gardent exactement leurs filles; on ne voit point de tête-à-tête aux promenades, ce qui donne lieu de croire que les mœurs n'y sont pas si négligées que dans la plûpart des autres villes d'Italie. Le peuple même, aux jours de fête, y est habillé très-proprement, les étoffes de soie y sont communes.

La Douane y est sévère; il fallut nécessairement ouvrir toutes les malles, il n'y eut pas moyen de gagner le douanier; il est vrai qu'il fit grace en ne visitant pas tous les effets en détail, complaisance dont il se fit payer au moyen de son bulletin, nous entrâmes à Milan sans être inquiétés.

J'avois toujours oui les voyageurs & sur tout les François, se plaindre de la mal-propreté & de la mauvaise nourriture des auberges d'Italie : sans doute que l'on a fait droit sur leurs plaintes, car à présent on n'est fort commodément dans toutes les villes principales, on y fait assez bonne chere. Il est vrai qu'on la paye le double de ce qu'elle coûteroit en France ; ce qui est exorbitant, surtout dans la plaine d'Italie où les denrées sont à un très-bon prix.

Route de Pavie à Milan. Ancien parc des Ducs. Anecdotes sur la prise de François I.

9. La route de Pavie à Milan qui est d'environ vingt milles ou deux postes, se fait par un chemin très-uni. En sortant de Pavie, on entre dans la plaine de Barco. On remarque à droite les restes du grand parc des ducs de Milan, bâti par Jean Galeas Visconti, pour y enfermer des bêtes fauves. Une partie des murs de clôture subsiste encore ils avoient vingt milles de tour. On sçait que c'est dans ce parc que François I. perdit la bataille le 24 février 1525, contre les troupes de l'empereur Charles V.

les V. commandées par le connétable de Bourbon. Après avoir fait trois milles de chemin, on trouve la fameuse Chartreuse de Pavie qui passe communément pour la plus belle du monde; prétention qui peut à mon gré lui être légitimement disputée par celle de Naples.

C'est dans ce monastere que fut conduit François premier après la perte de la bataille de Pavie. Il étoit encore matin, car les religieux chantoient tierce, & en étoient à ce verset du pseaume 118, *Coagulatum est sicut lac cor meum, ego veró legem tuam meditatus sum.* Sur le champ le bon Roi qui sentoit sa triste situation & qui la regardoit plûtôt comme une punition par laquelle Dieu le rappelloit à lui, que comme un malheur du sort, chanta avec les religieux le verset suivant : *Bonum mihi quia humiliasti me ut discam justificationes tuas...* (c'est un bien pour moi d'avoir été humilié, afin que j'aprenne à connoître vos jugemens.) Repartie heureuse de ce bon prince qui prouve ses sentimens de religion & son admirable franchise. Il ne lui manqua pour être le plus grand monarque de son siécle, que d'être plus heureux.

Les Espagnols firent ériger dans l'église de cette Chartreuse une colonne à l'endroit même où le prince s'arrêta pour faire sa priere, avec une inscription fastueuse pour perpétuer le souvenir de leur victoire & de la prise du roi de France. Monument qui a subsisté jusqu'en 1734 que les François, maîtres du pays, firent enlever & détrurire la colonne & l'inscription dont il ne reste plus aucun vestige.

La Chartreuse.

10. Cette Chartreuse, construite avec la plus grande magnificence, a été bâtie par les ordres & aux frais de Jean Galeas Visconti, premier duc de Milan, que l'on peut dire n'avoir rien épargné, pour en faire un monument durable de sa piété. Il fit en mêmetemps la dotation de la Chartreuse pour quarante religieux de chœur, & autant de freres lais pour le service de la maison.

Le portail de l'église est d'une bonne architecture gothique, chargée de beaucoup d'ornemens de sculpture, travaillés avec le plus grand soin. On y remarque des médaillons, des bustes
&

& des statues, qui paroissent être de très-bonne main. Il y a un ouvrage immense dans ce portail, sans cependant qu'il y ait autant de confusion que dans les constructions gothiques ordinaires.

La coupole du dôme orné de galeries à petites colonnades, fait un effet très-agréable & est d'un excellent dessein, eu égard au temps où il a été bâti, de même que les petites galeries de marbre qui couronnent la corniche des murs de l'église.

L'église a trois nefs, construites de marbre blanc, ainsi que le portail, elle est grande & bien éclairée. La voute est peinte en bleu vif & bien conservé, avec des étoiles en or & quelques autres ornemens de même. Chaque colonne qui porte la voute, est accompagnée d'une statue de marbre blanc, posée sur un piédestal de marbre de différentes couleurs, le pavé de l'église est de marbres rapportés qui forment de grands desseins suivis.

Le retable du maître-autel est de marbre blanc; les gradins, le cadre du parement, les côtés & le pourtour, sont enrichis de marbres précieux & de pierres fines, tels que jaspes, agathes orientales, lapis lazuli, améthistes, émeraudes, cristal de roche, jaune & verd antique, qui forment des fleurs & d'autres ornemens très-sagement exécutés & d'un grand éclat. Le tabernacle en dôme est de marqueterie travaillée en argent ; tous ces ouvrages exécutés avec autant d'intelligence que de goût, ont été commencés & sont continués par une famille d'ouvriers établie dans ce monastère, depuis le temps de la fondation jusqu'à présent.

La chaire où se place le célébrant, qui est à côté de l'autel, le pupitre pour le livre des évangiles qui est vis-à-vis, sont travaillés en marbre ; de chaque côté sont les statues des Vertus cardinales de grandeur naturelle, bien exécutées en marbre blanc. Je ne dis rien de l'argenterie qui est sur l'autel ; elle est très-belle, & répond à la magnificence qui regne dans tout cet édifice. Les candelabres de bronze sont d'un fini précieux.

Le maître-autel & la plûpart des chapelles ont pour parement des bas-reliefs en marbre blanc, d'une excellente exécution, & qui forment des tableaux qui ont plus d'expression que l'on ne peut imaginer. Il faut voir sur-tout ceux qui ont pour sujets le Christ enseveli, saint Bruno qui adore la croix, la naissance de Jesus-Christ, l'adoration des rois ; ces différens morceaux sont vraiment d'un travail précieux, & sont conservés avec autant de soin que de propreté. Dans la croisée est un grand tombeau de marbre blanc orné de très-belles sculptures, érigé à la mémoire du fondateur, & à celle de la duchesse son épouse par les Chartreux du monastère ; il y en a quelques autres des princes de la maison Visconti. Autour de l'église sont plusieurs chapelles ornées avec goût, & enrichies de peintures dont la plûpart sont très-bonnes. Camille & Jules Procaccino, Carlo Cignani, le Passignano, le Morazzone, & plusieurs autres bons peintres de l'école Lombarde s'y sont distingués ; Daniel Crespi a fait toutes les peintures du chœur, & a beaucoup travaillé dans l'église & les chapelles ; dans une des chapelles on voit un tableau de ce maître qui représente Jesus-Christ, la Madeleine & Marthe ; le coloris en est beau, & la figure de Marthe si bien exécutée qu'elle fait tort aux deux autres. On voit dans la quatriéme chapelle à droite un très-beau tableau du Guerchin, où sont peints la Vierge, saint Pierre & saint Paul. Un ancien tableau de Pierre Perugin, parfaitement conservé ; il est composé de morceaux différens comme beaucoup de tableaux des anciens maîtres ; le dessein en est roide, mais le coloris en est beau, & il y a d'excellentes parties de détail, sur-tout des têtes & des mains.

Les sacristies renferment une multitude de choses curieuses, que l'on peut regarder comme autant de chef-d'œuvre de l'art. Les boiseries quoiqu'anciennes sont très-bien entendues. La sculpture qui les orne est d'une bonne maniere ; la piéce principale est décorée de statues d'apôtres & de prophêtes, hautes d'environ deux pieds, placées dans des niches & admirablement travaillées.

Les ornemens d'Eglise qui sont dans ces sacristies sont de la plus grande richesse ; on y voit plusieurs calices en or avec des bas-reliefs bien exécutés, des chandeliers, des croix, un soleil en or enrichi de grappes de raisins formées avec des perles ; & travaillé avec autant de vérité que de délicatesse.

On y fait voir quelques tableaux à l'aiguille, un entr'autres qui représente les Juifs ramaſſant la manne. Cet ouvrage eſt parfait dans ſon genre pour l'entente des couleurs, la perſpective & le deſſein, l'aiguille y a exécuté tout ce que l'on pouvoit attendre du pinceau le plus délicat. Il ſeroit difficile de trouver quelqu'ouvrage de ce genre que l'on pût mettre en comparaiſon avec celui dont je viens de parler.

Dans une grande armoire de cette ſacriſtie on conſerve un ancien couronnement d'autel, formé par trois portes gothiques toutes remplies de petits quarrés où ſont des bas-reliefs qui ont pour ſujets différens traits de l'ancien & du nouveau teſtament, dont quelques-uns ſont très-bien rendus. Les ornemens qui les accompagnent ſont du goût de la bonne architecture ; cet ouvrage, tout exécuté avec des os de cheval marin, eſt un chef-d'œuvre de patience & d'adreſſe. Il eſt conſervé dans ſon entier. Dans une des ſacriſties au-deſſus d'une porte, on voit un tableau d'une bonne maniere, dont le ſujet eſt terrible. C'eſt un Juif qui frappe avec un couteau une hoſtie dont il ſort du ſang, & qui lui-même eſt frappé de la foudre au même inſtant.

En général, l'intérieur de cette

église & les sacristies renferment beaucoup de belles & excellentes piéces de peinture, de sculpture & d'orfévrerie, & sur-tout des morceaux rares que l'on ne trouve point ailleurs, conservés avec la plus grande attention ; ce qui ajoûte encore à leur prix. Un frere lais, Vénitien, étoit chargé de faire voir la maison aux étrangers, & s'acquittoit de son emploi avec la modestie de son état, beaucoup de politesse & d'intelligence.

Le cloître est vaste, il est formé par une galerie ouverte, soutenue sur des colonnes de marbre blanc d'une architecture fort simple. Les logemens des religieux sont distribués comme dans les autres Chartreuses autour du cloître ; chaque religieux a deux appartemens, un au rez-de-chaussée, & un autre au-dessus, avec une petite cour & un petit jardin, & un bassin d'eau courante au milieu. Ces religieux vivent dans toute la régularité de leur état ; ils ne voyent personne que leurs parens, & encore avec la permission du prieur. Les cours & les bâtimens extérieurs de ce monastère n'ont rien de magnifique ; mais tout y est bien entretenu & d'une grande propreté ; il paroît que tout s'y fait avec beaucoup d'ordre & de modestie, même de la part des domestiques les plus inférieurs.

Avant la premiere porte d'entrée des lieux réguliers, il y a un corps-de-garde garni d'armes à feu tout autour, où il y a quelques soldats entretenus pour la sûreté de la maison, dont un est toujours en sentinelle, précaution assez sage pour mettre cette riche maison à l'abri de toute insulte. On ne peut y entrer qu'autant que cette sentinelle avertit.

Un voyageur qui voudroit connoître en détail tout ce que cette maison renferme de curieux, doit y rester plus d'un jour ; les Chartreux exercent l'hospitalité avec noblesse.

De cette Chartreuse à Milan, le chemin est d'environ dix-sept milles; on rejoint la grande route à sept ou huit cent pas du monastère ; je ne dirai plus rien de la beauté du pays, dont la fertilité offre par-tout le spectacle le plus intéressant ; je dois seulement ajoûter que le chemin est bordé de plusieurs rangs de grands arbres, & de deux & quelquefois trois canaux qui coulent en sens contraire, qui sont à des niveaux différens, & qui d'espace en espace se subdivisent pour répandre les eaux dans la plaine & y porter la fraîcheur & la fécondité. Ces canaux sont continués jusqu'aux portes de Milan.

Bornes du Milanois. 11. Milan, capitale du duché de ce nom, est après Rome la plus grande ville d'Italie, ce qui lui a fait donner le nom de grande, *Milano la grande.*

Le Milanois est borné au Nord par le Valais, les bailliages des Suisses & le pays des Grisons ; au midi par les états de la république de Génes, au levant par ceux de Vénise, de Mantoue & de Parme, au couchant par le Piémont & le Montferrat. Ce pays est dans la situation la plus heureuse, la plus fertile peut-être, & la plus riche de l'Europe, par rapport à la quantité & à la qualité de ses productions. Il est posé presque à la tête du triangle formé d'un côté par les Alpes, & de l'autre par la chaîne des Apennins ; qui a pour base la mer Adriatique, & qui dans son air renferme la grande & magnifique plaine de Lombardie, de plus de cent lieues de longueur, sur une largeur assez inégale, mais de laquelle on peut se faire une idée, sur les proportions d'un triangle allongé.

MILAN.

Le voifinage des montagnes, furtout dans la partie fupérieure du triangle, fait que la température de l'air n'eft pas auffi douce & auffi égale qu'à la bafe ; ce qui eft caufe encore que l'hyver eft aflez rude à Milan, que l'on y a beaucoup de neiges, & en été de fréquens orages, accompagnés de tonnerres & d'éclairs.

12. Dans les différentes révolutions qui font arrivées dans ce pays, il paroît que c'eft le fort de la ville de Milan qui a toujours décidé de celui du refte du pays; ainfi en en rapportant quelque chofe, on pourra fe former une idée de ce qui y eft arrivé de plus remarquable. Elle fut fondée, au rapport de Tite-Live, l'an 364 de Rome par Bellovefe, neveu d'Ambigatus, Roi de Celtes, qui paffa les Alpes à la tête d'une colonie nombreufe de fa nation & qui forma le premier établiffement des Gaulois Infubriens, dans cette partie de l'Italie. Brenus, roi des Gaulois Sénonois, qui fit enfuite une irruption en Italie, faccagea la ville de Milan, quoiqu'elle fût déja défendue par une bonne muraille, flanquée de trente tours. On fçait comment ce guerrier féroce traita l'Italie & la ville de Rome

Hiftoire de Milan.

même qu'il dévafta plutôt qu'il n'en fit la conquête (*a*). Dans des temps plus heureux, les Romains firent rétablir la ville de Milan, & la porterent à un tel point de fplendeur que les empereurs, pendant plus de trois fiécles, firent fouvent leur réfidence dans les fiécles du bas empire après la divifion de l'empire Romain en deux fouverainetés d'orient & d'occident, nous voyons que les empereurs ont préféré le féjour de Milan aux autres villes de leur domination.

 Quand ils n'y réfiderent pas, ils y tinrent un gouverneur ou lieutenant avec le titre de comte, qui avoit des troupes nombreufes à fes ordres, pour être en état de s'oppofer aux incurfions des barbares dans cette partie de leur empire.

 Ce gouverneur étoit regardé comme

_____

(*a*) Dans la guerre civile entre Othon & Vitellius, Milan, Novarre, Ivrée & Verceil, comme les plus fortes Villes municipales de la Gaule Tranfpadane, furent unies au parti de Vitellius.... *Ut donum aliquod novo principi, firmiffima Tranfpadanæ regionis municipia, Mediolanum ac Novarriam, & Eporediam ac Vercellas adjunxere... Tacit. L. I. Hiftor.*

le général des armées en occident. (*a*)

Attila, roi des Huns, saccagea cette ville lors de son irruption en Italie en 451. Eusebe son archevêque en releva les murailles, & fit rétablir les principaux édifices. Mais environ l'an 570 Alboin, roi des Goths ou Lombards,

―――――

(*a*) Les plus anciens Ecrivains disent que Milan étoit la Métropole de la Vicairie d'Italie; & que le Lieutenant ou Vicaire des Empereurs qui y résidoit, faisoit les fonctions & avoit les droits du Préfet du prétoire dans toute l'Italie, Rome exceptée, & les villes suburbicaires de sa dépendance, dont il sera parlé.... Les beaux temps de cette ville furent à la fin du quatriéme siécle, & l'éloge qu'en faisoit Ausone, lui convient encore à bien des égards.....

Mediolani, mira omnia, copia rerum
Innumeræ, cultaque domus, fœcunda virorum
Ingenia, antiqui mores. Tum duplice muro
Amplificata loci species, populique voluptas
Circus . . . .
Et regio Herculei, celebris sub honore lavacri.
. . . .
Mœniaque in valli formam, circumdata labro
Omnia quæ magnis operum velut æmula formis
Excellunt, nec juncta premit vicinia Romæ.....

étant entré en Italie, prit Milan qu'il traita si cruellement, qu'il fit périr dans un jour trente mille de ses habitans. Ces barbares s'étant ensuite emparés de Pavie, en firent le siége de leur empire, & laisserent Milan dans l'abaissement. Pendant ce temps, les archevêques de cette ville se mirent à la tête de son gouvernement, & se concilierent l'affection du pays, par la protection qu'ils lui accorderent, & le bien qu'ils y firent (*a*). Charlemagne qui détruisit le royaume des Lombards, & dont le gouvernement étoit très-favorable aux ecclésiastiques, donna lieu aux archevêques de Milan d'affermir leur domination, si bien qu'ils jouirent des droits de princes souverains dans presque toute l'étendue de pays qui est entre Gênes & Boulogne. Leur autorité fut portée à un point, qu'ils se re-

―――――――――――――――

(*a*) Belisaire prit Milan sur les Ostrogoths, à la priere de Dacius qui en étoit Archevêque, & il paroît que le Général de l'Empéreur se réposa sur le Prélat du soin de conserver sa nouvelle conquête. Ce qui prouve le crédit des Archevêques, & l'origine de l'espéce de souveraineté qu'ils ont exercée si long-temps sur cette ville & sur-tout le pays....

gardcrent comme indépendans du Pape même, & qu'ils se mirent à la tête des Gibelins en Italie, ce qui n'empêcha pas Fréderic Barberousse de ruiner de fond en comble la ville de Milan en 1162, châtiment qu'elle s'étoit attiré, autant pour avoir insulté vivement l'impératrice que pour avoir donné l'exemple de la révolte à toutes les autres villes de l'Italie ; on prétend qu'il fit passer la charrue sur ses ruines, & semer du sel en mémoire éternelle de l'opprobre, de l'infamie & de la désolation de ce peuple; quelques années après, lorsque cet empereur se fut reconcilié avec le pape Alexandre III. il donna des ordres pour réparer la ville de Milan qui peu-à-peu s'accrut & devint très-considérable. Mais le crédit des Archevêques de Milan tomba avec la puissance des empereurs en Italie.

Les Turriani, famille ancienne & noble, se rendirent maîtres de la ville de Milan & d'une grande partie du pays, où ils dominerent tant qu'ils eurent la force de se maintenir dans leur usurpation.

(*a*) Jean Galeas Visconti dans le qua-

(*a*) Les Visconti sont connus comme grands

torzième siécle s'empara de la souveraineté ; il étoit vraiment digne de regner sur ce beau pays, qui lui doit ses principaux établissemens & sa fertilité ; car d'une plaine occupée en grande partie par des marais incultes & inhabitables, il en a formé un pays délicieux, au moyen des canaux qu'il fit creuser par-tout pour rassembler les eaux & asseinir le pays en le desséchant : entreprise si belle & si nécessaire que tous les souverains de cette contrée l'ont continuée & l'ont portée au point de perfection où elle est aujourd'hui ; en quoi ils ont été imités par les possesseurs & les souverains des différentes provinces & états situés dans la Lombardie.

Louis de France duc d'Orléans, second fils de Charles V. dit le Sage avoit épousé Valentine, fille de Jean Galeas Visconti, duc de Milan. Il fut stipulé dans le contrat de mariage, que si Jean Galeas venoit à mourir sans enfans mâles, ou ses enfans sans

---

seigneurs dès le onzième siécle ; ils ont possédé incontestablement la seigneurie de Milan, depuis le commencement du quatorzième siécle.

postérité, le duché appartiendroit à Valentine ou à ses enfans. Ce qui arriva en effet : Jean Marie & Philippe Marie fils de Jean Galeas étant morts sans enfans légitimes, le duché de Milan appartenoit de plein droit à Charles, fils de Louis de France, duc d'Orléans, & de Valentine Visconti. Mais François Sforce, soldat de fortune, bâtard de la maison de ce nom, qui avoit épousé la fille naturelle de Philippe Marie Visconti duc de Milan, appuyé du crédit de l'archevêque, du parti puissant qu'il s'étoit ménagé, & des prétendus droits de sa femme, s'empara de la souveraineté; Louis XII roi de France, petit-fils du duc d'Orléans & de Valentine Visconti, & en cette qualité seul héritier légitime du duché de Milan fit valoir ses droits avec tant de succès qu'il s'empara de tout le pays ; ce fut par ses ordres que fut construit le canal qui communique de l'Adda à Milan. Il ne conserva pas long-temps ce beau pays qui lui appartenoit & par droit de conquête & par droit de succession; à peine fut-il de retour en France, que les Sforce, appuyés de l'Empereur & des Suisses, chasserent les François.

François I. successeur de Louis XII.

à la couronne de France & héritier de ses droits, revint dans le Milanois, où la bataille de Marignan gagnée contre les Suisses le rendit le maître de tout le pays en 1515. Il ne garda pas long-temps cette conquête ; les Sforces, soutenues de la protection de l'Empereur, rentrerent de nouveau dans Milan. L'amiral Bonnivet y passa avec une armée en 1524 & fut contraint de se retirer presque aussi-tôt.

L'année suivante le roi y alla en personne, & perdit avec la bataille de Pavie l'espérance de jamais rentrer dans ce beau pays ; depuis ce temps le duché de Milan a appartenu à la maison d'Autriche, & la possession lui en a été assûrée de nouveau par le traité de Bade de 1714. En 1734, les troupes confédérées de France & de Savoie commandées par le maréchal de Villars, s'emparerent de Milan qui fut rendu à l'Empereur par le traité de paix de 1736. Il y eut quelques mouvemens de troupes dans le Milanois pendant la guerre qui dura de 1741 à 1748 ; mais comme le roi de Sardaigne & la reine de Hongrie étoient unis ensemble, les troupes confédérées des François & des Espagnols causerent peu de changement dans le

MILAN.

Milanois, où ils ne purent s'emparer d'aucune place favorable. L'action la plus remarquable se passa sur le Tidone qui fut plutôt une retraite honorable pour ces derniers qu'une victoire remportée sur leurs ennemis.

13. La ville de Milan située au 26e. degré 51 minutes de longitude & au 45e. degré 25 minutes de latitude, à une distance d'environ douze milles des Alpes, est bâtie dans un terrein absolument plat. Elle a dix milles de circuit, depuis que Fernand de Gonzague, gouverneur du Milanois pour l'empereur Charles V. fit unir les fauxbourgs à la ville par une seconde enceinte de murailles terrassées, revêtues de bastions d'espace en espace, & défendues par un grand fossé plein d'eau.

Situation de Milan.

Baudrand dans son dictionnaire géographique, & la plûpart des écrivains qui ont fait la description de l'Italie, prétendent que la population de Milan alloit dans le milieu du dernier siécle à deux cens cinquante mille ames. Baudrand même paroît en parler comme témoin oculaire, & dit que c'est la ville d'Italie la plus peuplée après Naples. Il est certain que depuis ce temps jusqu'à nos jours les choses ont bien changé.

Rome & Venise font beaucoup plus peuplées que Milan, & Naples l'eſt quatre fois autant. Milan, quoique fort étendue, ne compte pas cent mille habitans de tout âge & de tout ſexe.

On entre dans cette ville par neuf portes principales, elle eſt diviſée en ſix quartiers, dans leſquels on compte deux cens ſoixante égliſes ou chapelles principales, dont une cathédrale, onze collégiales, ſoixante & onze paroiſſes, trente couvens de religieux, huit maiſons de clercs-réguliers, trente-ſix monaſtères de femmes, & trente deux égliſes de confrairies.

Egliſe Cathédrale. 14. L'égliſe cathédrale ſous le vocable de la ſainte Vierge & de ſainte Thécle, eſt l'une des plus célébres d'Italie par ſes richeſſes & ſa grandeur; elle eſt également reſpectable par ſon antiquité & par le nom de ſaint Ambroiſe qui lui a donné la forme qu'elle conſerve encore, malgré une ſuite de révolutions fâcheuſes. Jean Galeas Viſconti duc de Milan l'a fait rebâtir dans l'état où on la voit, en conſervant pluſieurs monumens antiques que l'on croit inconteſtablement du ſiécle de S. Ambroiſe.

Cet édifice d'architecture gothique étonne par la grandeur de l'entrepriſe

& l'immensité du travail. Il a dans œuvre cinq cens pieds de longueur sur deux cent de largeur. Il est soutenu par cent soixante colonnes de marbre, & partagé en trois nefs fort larges. Les arcs qui soutiennent la grande coupole ont quarante-huit pieds d'ouverture ; il y a cinq autres coupoles qui servent à éclairer la croisée & les nefs. Le pavé qui doit être de marbre n'est pas entiérement achevé.

Cette église, la plus grande d'Italie, après saint Pierre de Rome, n'a rien à l'intérieur qui frappe plus que sa grandeur ; mais ce qui est vraiment étonnant, c'est le travail de l'extérieur, & la quantité de niches, de statues de marbre de toute grandeur dont les murs sont revêtus du bas en haut avec tant de profusion, que la plûpart sont placées de manière à ne pouvoir être vûes. On peut regarder le dessein de cette Eglise comme le comble de la folie en architecture gothique, & je ne crois pas qu'il existe encore un édifice aussi chargé d'ornemens inutiles. Cependant comme ce plan, tout singulier qu'il est, a une sorte de magnificence qui lui est particulière, on l'entretient avec soin, & on y travaille comme si on avoit dessein de le finir. Quoique l'on y soit occupé depuis plus de trois cens ans, la grande coupole n'est point encore achevée, non plus que la quantité d'ornemens qui doivent couronner à l'extérieur cet immense bâtiment. On dit que les échafauts seuls qui sont toujours élevés autour, coûtoient des sommes considérables à entretenir ; mais ce qui manque essentiellement, c'est le portail qui devroit annoncer ce magnifique édifice & qui n'est encore qu'en projet. Il y a seulement cinq portes ouvertes, quatre petites & une grande ; elles sont belles & d'une architecture fort noble dans le goût Grec, & décorés de quelques bas-reliefs. La porte principale est accompagnée de pilastres qui ont sept pieds de diametre.

Il y a plusieurs projets pour l'exécution de ce portail ; les uns pour suivre ce qui est commencé & le continuer dans le goût Grec, les autres pour le construire dans le goût gothique, qui est celui qui paroît le mieux convenir au reste de l'édifice. Mais il n'y a pas apparence qu'il soit jamais achevé. La raison secrette que l'on dit dans le pays, est que les fonds, dont les revenus sont destinés à ces constructions, doivent retourner à certains particuliers, dès qu'elles seront entiérement achevées.

Ces revenus font confidérables & adminiftrés, fuivant le titre de la fondation, par une fociété de nobles Milanois éligibles par le gouvernement municipal; comme tous ont droit à cette forte d'adminiftration qui leur eft utile; c'eft, dit-on, la caufe pour laquelle on ne doit jamais efpérer de voir cette églife achevée dans toutes fes parties. Cependant on y travaille continuellement; mais plus à réparer ce que la fuite des temps, les injures de l'air, & fur-tout les orages fréquens dans le Milanois, alterent ou détruifent, qu'à terminer cette vafte entreprife. Plufieurs de ces ftatues font des plus excellens maîtres. On voit entr'autres dans le chevet du chœur, derriere le maître-autel, le S. Barthelemi écorché qui porte fa peau fur fes épaules, dans le goût à-peu-près que l'on habille Hercule de la dépouille du lion de Némée, ouvrage de Chriftophe Cibo qui étoit deftiné à être mis dans une des niches extérieures; mais qui à raifon de fa beauté, fut placé où on le voit encore; les Milanois ne manquent pas d'affurer qu'ils ont refusé de troquer cette statue poids pour poids contre de l'argent. On en voit une quantité en Italie que je crois fort au-deſſus de celle-là, & que l'on auroit à bien meilleure compte.

Les tableaux & une partie des ornemens intérieurs de cette égliſe ſont autant de trophées érigés à la gloire de S. Ambroiſe. Ceux qui ont été faits dans ces derniers temps ont pour objet ſaint Charles Borromée, Cardinal & Archevêque de Milan, que l'on doit regarder à juſte titre comme le héros de ſon état, pendant le ſiécle qui la vû naître & mourir.

Tombeau de S. Charles Borromée. 15. Le tombeau de ce ſaint eſt dans un ſouterrain ouvert dans le milieu de la croiſée, au bas de l'eſcalier du chœur, & tant par les précieuſes reliques qu'il renferme que par ſa richeſſe, il mérite d'être vû de tout voyageur chrétien qui reſte quelque temps dans cette ville, où tout eſt encore rempli des monumens des vertus de ce héros du chriſtianiſme.

La chapelle où repoſe ſon corps eſt manifiquement ornée & preſqu'entiérement revêtue d'orfévrie. Les cariathides de demi-grandeur, & qui ſemblent ſoutenir la partie inclinée de la voûte qui se termine à un grand œil de bœuf, font des figures symboliques, représentant les vertus de S. Charles, telles que sa justice, sa religion, sa prudence, sa charité; sa science, sa libéralité. Huit bas-reliefs en orfévrie & d'une très-belle exécution, couvrent le reste de la voûte; j'ai surtout admiré ceux où le saint est représenté administrant lui-même les sacremens aux pestiferés dans le Lazaret, & où il est à la tête d'un concile provincial. La tapisserie qui couvroit ce que l'orfévrie laissoit de libre étoit une riche étoffe d'or. L'autel sur lequel on dit continuellement des messes est tout d'orfévrie; c'est derriere cet autel qu'est la châsse où sont les reliques du saint. Elle est enfermée dans une espèce de coffre quarré de bronze damasquiné en argent, & que l'on ouvre par le moyen de deux machines à vis ce qui élevent la piéce qui est du côté de l'autel. Alors on voit la châsse formée de grands morceaux de cristal de roche unis par des bordures d'argent doré, & qui forment ensemble un espace assez grand pour contenir le saint couché dans toute sa longueur; sa crosse entre ses bras, & revêtu de ses ornemens pontificaux qui font blancs, brodés en or. Il a les mains jointes & fon anneau paftoral au doigt. Les pierreries qui ornent la partie fupérieure de la croffe, font d'un grand prix, & ont été données par trois Jouailliers de Milan. La couronne d'or qui eft fufpendue fur la tête du faint & qui eft enrichie de beaux diamans, eft le préfent d'un duc de Baviere. On ne voit à découvert que le vifage, le nez eft prefque entiérement tombé, l'œil gauche eft enfoncé au point qu'il paroît fondu dans la tête. La peau eft fort brune & collée fur les os. Cependant on reconnoît la même forme de vifage, & fur-tout le menton quarré & un peu long dans les comtes Borromei qui vivent encore. Derriere cette chapelle eft un petit cabinet qui fert de facriftie où étoit le premier tombeau du faint.

Ce qui eft vraiment fimple & touchant, c'eft fon épitaphe telle qu'il l'avoit demandée avant que de mourir, & où il eft dit qu'il a voulu être enterré dans cet endroit, afin que les fidéles de fon diocèfe, & fur-tout le dévot fexe, puffent venir plus fouvent prier pour le repos de fon ame. Au-deffus de cette épitaphe eft le feul
portrait

portrait qui ait été fait de lui ; il eſt ſous glace & expoſé à la vénération du public, dans une petite galerie tapiſſée d'une étoffe rouge & or, & éclairée par pluſieurs lampes d'argent. Elle aboutit au petit chœur ſouterrein où l'on fait l'office de nuit pendant l'hyver.

En entrant dans cet endroit, on ſe ſent pénétré d'un reſpect religieux en approchant des triſtes reſtes d'un ſi grand-homme mort à quarante-ſix ans en 1584, victime de ſon zèle & de la plus ardente charité pour le troupeau qui lui avoit été confié, qu'il n'abandonna pas un inſtant, & pour lequel on peut dire qu'il donna ſa vie en vrai paſteur. Un grand dais ſuſpendu à la voûte couvre l'œil de bœuf qui eſt entouré d'une baluſtrade de fer doré & d'une multitude de lampes toujours ardentes. Le cardinal Angelo Maria Quirini, évêque de Breſcia, avoit une dévotion particuliere à S. Charles, & a contribué à la décoration de ſa chapelle. C'eſt ce même cardinal Quirini, ſi connu dans la littérature, autant par ſes connoiſſances particulieres, que par l'affection qu'il avoit pour tous les gens de lettres.

Au-deſſus du maître-autel on voit quelques lampes en forme de croix & toujours ardentes devant une des reliques les plus précieuses de la passion du sauveur ; c'est un des cloux qui ont servi à attacher Jesus-Christ en croix, & qui fut donné à l'église de Milan par l'empereur Théodose. On assure que c'est un de ceux dont on fit un frein au cheval de Constantin, premier empereur chrétien ; deux des quatre ayant été employés à cet usage. Cette relique avoit été négligée jusqu'au temps de saint Charles, qui en fit la translation solemnelle au lieu où elle est à présent exposée ; il indiqua une procession générale qui se fait tous les ans le trois de mai, auquel jour l'archevêque porte le saint clou en pompe. Saint Charles multiplia en quelque façon cette sainte relique, en ayant fait faire plusieurs figures qu'il fit toucher au précieux clou. Il en envoya une en présent à Philippe II roi d'Espagne, alors souverain du Milanois.

La sacristie de cette église renferme un trésor considérable par sa richesse, & fort accrû, dans le siécle dernier, par les présens considérables offerts au tombeau de saint Charles. On y voit plusieurs statues d'argent de grandeur naturelle, entr'autres celles de saint

Ambroise & de saint Charles; du duc Charles Emmanuel, grand pere du roi de Sardaigne regnant, & à laquelle il reſſemble parfaitement, & d'un Caraccioli de Naples ; des chandeliers, des calices, des encenſoirs, & un ſoleil pour expoſer le ſaint ſacrement d'un beau travail & entiérement d'or, de même que la grande croix que l'on porte devant le chapitre lorſqu'il marche en proceſſion. Le catalogue de tous les reliquaires, ſtatues de ſaint & autres piéces de ce genre, ſeroit conſidérable & tiendroit trop de place ici. On doit remarquer un coffre d'or orné de petits bas-reliefs, très-délicatement travaillés, & une paix au-bas de laquelle eſt un ſépulcre, & au-deſſus une Gloire d'Anges, d'un ouvrage fini.

On voit dans le chœur pluſieurs tombeaux des princes ſouverains de Milan, qui n'ont rien de remarquable ; ils ſont moins ornés que celui de Jacques Médici, Marquis de Marignan, frere du pape Pie IV. dont la ſtatue eſt en bronze, accompagnée de quatre autres figures allégoriques auſſi de bronze. Ce Jacques Médici que quelques-uns de nos hiſtoriens appellent Medequin affectoit de prendre le nom de Médicis

& de se dire de la même maison que ceux de Florence, quoiqu'il n'en fût rien; car on dit que son pere avoit commencé par être barbier.

Rit Ambrosien.

• 16. L'office se fait dans cette église avec beaucoup de décence & de piété. On y suit le rit Ambrosien, de même que dans la plûpart des églises séculieres de Milan. Le fonds de la liturgie est le même que celui de l'office Romain; mais la distribution des pseaumes pour les parties de l'office, & des prieres & cérémonies dans le sacrifice de la messe, y sont différentes. Lorsque les papes engagerent toutes les églises d'Occident à se conformer aux usages de l'Eglise de Rome pour la célébration de l'office divin & la récitation du breviaire; l'église de Milan, pour ne rien changer à ses usages, se mit à couvert sous le nom & l'autorité de S. Ambroise. Elle prétend avoir conservé son ancien rit jusques dans la maniere de chanter. Le chant Romain est plus doux & plus grave, l'Ambrosien est plus fort & plus aigu.

C'est encore suivant le rit Ambrosien que le carême ne commence à Milan que le dimanche de la Quadragésime, les quatre jours qui le précédent n'ayant été ajoutés pour compléter les quarante que dans le septième siécle : usage qui attire une multitude d'étrangers à Milan, où les théâtres ne sont fermés, & les plaisirs du carnaval ne cessent que le samedi au soir.

Il en est de même de l'abstinence & des processions des Rogations, ou qui n'avoient jamais été observées dans l'église de Milan, ou qui n'y étoient plus en usage. S. Charles les rétablit, & pour conserver les libertés de son église, il les plaça huit jours plus tard que dans l'église Romaine, c'est-à-dire les lundi, mardi, & mercredi après le dimanche dans l'octave de l'Ascension. Cette cérémonie pieuse commence par la distribution des cendres, qui ne se fait point dans cette église au commencement du carême comme dans l'église Romaine. (*a*)

17. Le haut chapitre de l'église cathédrale de Milan est composée de trente chanoines nommés par l'impéra-

Chanoines. Chapitre. Palais de l'Archevêque.

―――――――――――――

(*a*) L'usage à Milan n'est point de sonner les cloches en volée comme ailleurs ; elles sont suspendues de façon qu'on ne peut que les tinter. C'est sans doute encore une des singularités du rit Ambrosien.

trice-reine de Hongrie duchesse de Milan, parmi lesquels il y en a cinq en dignités, sçavoir un archiprêtre, un archidiacre, un primicier, un prévôt & un doyen ; les quatre premieres dignités, de même que la chaire de théologal, se conferent par l'archevêque qui presque toujours est cardinal. Partie de ses canonicats, sont destinés à des ecclésiastiques qui doivent faire preuve de noblesse, partie à des docteurs en droit canonique.

Il y a outre cela un second collége composé de trente-deux bénéficiers qui forment un chapitre à part, dont les intérêts & les revenus sont séparés de ceux du haut chapitre. Ce collége a la direction du chant & des cérémonies de l'église, & l'inspection sur les chantres & les musiciens.

L'archevêque actuel est le cardinal Joseph Pozzobonelli Milanois. Il a pour suffragant dans son diocèse, Monseigneur Joseph-Mari Marini, religieux de la congrégation des Augustins réformés de Lombardie, évêque de Tagaste *in partibus*.

Le palais de l'archevêché à côté de la cathédrale est un bâtiment très-vaste qui n'a rien de remarquable ; on y conserve une collection considérable de tableaux, parmi lesquels on voit des morceaux distingués des meilleurs peintres de l'école Lombarde ; tels que les Procaccini, & le Morazzone, des tableaux du Guide, du Guerchin, & du Tintoret, plusieurs tableaux des vûes de Venise, par Canalette, fort connu pour son talent dans ce genre ; plusieurs morceaux de Jean-Paul Panini peintre, encore vivant à Rome, décoré du titre de chevalier Romain, & qui est connu par la grande exactitude de ses tableaux de vûes & de perspectives ; il faut que ce peintre ait le *faire* fort aisé ; car quoique ses compositions par leur genre soit extrêmement chargées, on voit partout de ses tableaux. (*a*)

―――――――――――――

(*a*) C'est dans ce palais que S. Charles pendant son Episcopat a tenu six conciles provinciaux qui ont eu un merveilleux succès, sur-tout pour le réglement des mœurs des Ecclésiastiques, & la maniere de les disposer au saint ministère ; ils ont servi de modéles à ceux qui se sont tenus depuis dans l'Occident & sur-tout en France ; c'est de leurs canons que l'on a tiré la plûpart des réglemens concernans la réformation des mœurs, l'administration des

Autres Eglises de Milan.

18. Je n'entreprendrai pas de donner une description de toutes les églises de Milan; je parlerai seulement de celles où j'ai crû remarquer quelque chose de curieux & d'intéressant.

S. Alexandre église de Barnabites; l'architecture en est belle & la construction solide; la voûte & la coupole sont couvertes de peintures encore fraîches, qui, quoique médiocres, ornent bien l'église. Le maître-autel est fort riche; il est tout revêtu de grands morceaux de lapislazuli, d'agates orientales, de calcedoines, de jaspes sanguins, &c. placés par compartimens de différentes formes, & joints ensemble par des ornemens de bronze doré. On ma dit qu'un duc de Mantoue avoit amassé ces pierres précieuses à grands frais; mais ayant eu quelque intérêt à démêler avec l'empereur qui le fit assiéger dans la capitale de ses petits états, un Barnabite, son confesseur, cacha si bien tous ces effets précieux qu'ils échapperent aux recherches du soldat vain-

___

sacremens, la récitation de l'office divin, le gouvernement des hôpitaux, la visite des dioceses, &c. . . . .

queur; la paix faite, le Barnabite les obtint du duc de Mantoue & les fit tranſporter à Milan, où ils ſervent aujourd'hui à orner un autel, dont l'enſemble eſt éblouiſſant; les gradiens, les côtés & le derriere de l'autel, & même les degrés du marchepied, en ſont revêtus.

Santa Maria preſſo ſan Celſo: le portail & l'égliſe ſont revêtus de marbre blanc non poli. On entre par une cour quarrée entourée d'un portique. L'architecture du portail n'a rien de remarquable que pluſieurs morceaux de ſculpture très-baux; les deux ſtatues des Sybilles couchées ſur le fronton, de même que le bas-relief qui eſt au-deſſous, ſont de Fontana; mais ce que j'ai vû ſouvent & toujours avec un nouveau plaiſir, ſont les ſtatues d'Adam & d'Eve par Artaldo Lorenzi Florentin, toutes deux de marbre blanc; la premiere eſt noble, la ſeconde eſt la figure de la beauté même, taillée par les mains des Graces; l'antique n'a rien de plus pur, de plus correct & de plus agréable pour l'expreſſion & le deſſein que ces deux ſtatues qui ſont dans des niches à côté de la porte d'entrée.

Les contours, diſent les artiſtes, en

sont purs & coulans, & je crois que c'est dans ces contours & dans ce bel arrondissement que consistent les graces & la beauté des parties. Voyez tous les antiques Grecs, vous y retrouverez ces agrémens qui étoient ceux de la nature dans ce peuple fameux, & que je crois que l'on y retrouve encore, à en juger par la conformation des peuples qui en approchent.

L'intérieur de l'église dont je parle est décoré d'une belle architecture, & de quelques statues d'une grande beauté, qui sont de Fontana; on doit y remarquer sur-tout les trois statues des prophétes, & celle de la Vierge qui sont aux piliers qui soutiennent la coupole; à main gauche, au bas du degré du sanctuaire, est une image miraculeuse de la Vierge, à laquelle on a grande dévotion. L'impératrice-reine de Hongrie y a fait quelques vœux dans ces derniers temps; elle y a même fait déposer des étendarts enlevés à ses ennemis. Cette dévotion du souverain a beaucoup augmenté celle des sujets.

S. Victor, *San Vittore*: église de moines Olivétains, d'une architecture fort noble, très-bien éclairée, & toute ornée de stucs blancs & or; la construction en est moderne, & du meilleur goût. On prétend que c'est de cette même église que S. Ambroise défendit l'entrée à l'empereur Théodose après le massacre de Thessalonique. On voit dans l'intérieur de la maison plusieurs grandes colonnades qui forment différents cloître à la suite les uns des autres, dont la perspective est très-bien entendue.

Cette congrégation d'Olivétains peu connue en France & qui n'a point de maisons hors de l'Italie, a été établie dans le Siénois en Toscane au commencement du XIVe. siécle par Jean Tolomei, Ambroise Picolomini & Patrice Patrizi, tous trois nobles Siénois. Ils adopterent en 1319 la régle de S. Benoît, & mirent leur ordre naissant sous la protection de la sainte Vierge; c'est la raison pour laquelle ils portent l'habit tout blanc ; le général demeure au Mont-Olivet en Toscane, & a dans sa dépendance quatre-vingt monastères dont les plus renommés sont ceux de Naples & de Boulogne. Dans quelques uns on ne reçoit que des gentilshommes. Chaque maison est gouvernée par un supérieur qui prend le titre d'abbé, & qui est dans l'usage d'officier avec les ornemens pontificaux, quoiqu'il n'ait pas reçu la bénédiction abbatiale. Cet ordre est l'un des plus distingués d'Italie.

Sancta Maria delle Grazié: église de Dominicains bien bâtie ; dans la croisée à gauche, on voit un beau tableau du Titien, qui représente un couronnement d'épines ; il est bien conservé & d'une beauté de coloris admirable. C'est dans cette maison qu'est le tribunal de l'inquisition.

Dans le réfectoire de cette maison au-dessus de la porte d'entrée, on voit le fameux tableau de la cêne, peint en huile à fresque, par Léonard de Vinci ; je remarquerai que ni Richardson qui parle fort au long de ce tableau, & qui rapporte à ce sujet beaucoup d'anecdotes, ni M. Cochin qui paroît l'avoir vû, n'en parlent exactement. Le premier dit qu'il est effacé à plus de moitié, ce qui n'est point vrai, & qu'il est placé si haut qu'on ne peut le voir ; il est au-dessus de la porte du réfectoire qui est d'une hauteur médiocre, & les figures sont de grandeur plus que naturelle, & on les voit très-bien. Il y a des parties mieux conservées les unes que les autres ;

mais il n'y en a point d'abſolument effacées. Le S. Jean n'eſt point appuyé ſur la poitrine du Sauveur, comme le dit M. Cochin : je n'ai pas pris garde s'il avoit effectivement ſix doits à la main comme il l'avance.

Cette grande compoſition eſt digne de la réputation de ſon auteur, & eſt précieuſe par rapport à ſon ancienneté & à ſa conſervation. Il ne paroît pas que l'on ait touché à ce tableau depuis le temps de Léonard de Vinci. On voit dans ce même réfectoire quelques portraits de Viſconti, peints de leur temps.

Sancta Maria della Vittoria, jolie petite égliſe revêtue de marbre blanc. L'architecture en eſt très-bonne. Le tabernacle du maître-autel eſt formé par deux anges qui ſoutiennent un petit temple antique de bronze. Les draperies des anges ſont dorées ; cette idée eſt belle & bien exécutée. Deux grands candelabres de bronze doré d'une belle forme & ornés avec goûts ſont au-devant du même autel. La lampe d'égliſe pendue au-devant du ſanctuaire eſt de bronze & d'une compoſition auſſi ingénieuſe qu'agréable; elle eſt formée par une groupe de trois enfans, dont les jambes font entrelacées & qui foutiennent une couronne de fleurs. Ces différens morceaux paroiffent du même artifte.

Saint Ambroife (fan Ambrogio): poffède les reliques de ce faint & celles de fainte Marcelline fa fœur, dont on voit les tombeaux; elle fut confacrée par faint Ambroife lui-même, fous le titre de faint Gervais & de faint Protais, lors de l'invention des reliques de ces deux martyrs qui y furent placées par le faint évêque, dans un temple qui avoit été autrefois dédié à Minerve. Dans la tribune de cette églife, on voit un ferpent d'airain fort ancien; quelques-uns ont cru que c'étoit un Efculape; d'autres que c'eft la repréfentation du ferpent d'airain élevé dans le défert par ordre de Moyfe. Le petit peuple de Milan croit que c'eft le ferpent même du défert & y a quelque dévotion. On voit dans cette églife la chapelle où faint Auguftin, fon fils Adeodatus, & fon ami Alipius furent baptifés, ainfi que le porte l'infcription qui eft fur l'autel. C'eft dans cette même églife que faint Bernard abbé de Clairvaux, revenant de Rome & célébrant la meffe, délivra du démon une dame d'une naissance illustre. Ce miracle authentique, rapporté par les auteurs contemporains les plus dignes de foi, est une preuve admirable de la présence réelle de Jésus-Christ au sacrement de l'Eucharistie; c'est par son nom auguste & sa vertu toute puissante que saint Bernard força le démon à quitter le corps dont il s'étoit emparé & qu'il tourmentoit de la façon la plus cruelle.

Dans le monastère voisin, tenu par des religieux de l'ordre de Cîteaux, est une chapelle bâtie à l'endroit même où saint Augustin entendit ces paroles, *tolle & lege*, ainsi qu'il l'explique lui-même dans le livre 8e. de ses confessions. Ces monumens respectables sont vraiment dignes de la curiosité d'un chrétien, qui revoit les endroits où se sont opérées de si grandes merveilles en faveur de ses maîtres & de ses docteurs dans la science éminente du salut.

San Nazario, ancienne collégiale : on y voit encore le pavé que fit faire Serène femme de Stilicon, & le tombeau de Jean-Jacques Trivulce, noble Milanois, maréchal de France sous François premier, avec cette épitaphe, *qui numquam quievit, quiescit, tace.* (Celui qui n'a jamais eu de repos, se repose; paix) Il semble que celui qui l'a composée ait eu peur qu'on n'éveillât ce vieux militaire, & qu'on ne le remît en mouvement pour troubler de nouveau sa patrie.

San Lorenzo: église collégiale & paroissiale dont l'architecture est d'une singularité & d'une hardiesse qui étonne; le plan est octogone; quatre des côtés sont des portions de cercle en enfoncement qui forment la croix de l'église, & dans lesquels s'élevent des colonnades à deux ordres l'un sur l'autre qui servent de galeries tournantes. Dans les quatre côtés, qui sont en ligne droite, s'éleve un ordre de colonnes aussi haut que les deux autres & qui porte le dôme. Cette construction singuliere, peut-être unique dans son espéce & hors de toute régle, a sa beauté, & une noblesse qui la rend vraiment digne de l'usage auquel elle est destinée. Un autre mérite encore, c'est qu'une église construite de cette maniere n'a pas besoin d'autres ornemens, pour avoir toujours un air de magnificence.

Dans le voisinage de cette église que l'on prétend avoir été construite sur les ruines d'un temple consacré à Hercule qui fut bâti par l'empereur Maximin,

MILAN. 257

eſt un très-beau reſte d'antiquité compoſé de ſeize groſſes colonnes cannelées, d'une très-belle proportion. Je n'ai pû ſçavoir quelle étoit la tradition du pays ſur ce monument antique, ni à quel uſage il étoit deſtiné; ce qu'il y a de certain, c'eſt qu'il a fait partie d'un édifice très-magnifique & très-vaſte, à en juger par la groſſeur & la beauté des colonnes. (a)

Sancta Catarina in Brera: monaſtére de religieuſes dites, *monaché hu-*

(a) L'inſcription ſuivante gravée ſur une pierre poſée à une des extrémités de la colonnade, ſert au moins à en fixer l'âge....

IMPERATORI. CAESARI. L. AVRELIO. VERO. AVG. ARMENIACO MEDICO. PARTHICO. MAX. TRIB. POT. VII. IMP. IIII. COS. III. P. P. DIVI. ANTONINI. PII. DIVI. HADRIANI. NEPOTI. DIVI TRAIANI PARTHICI. PRONEPOTI DIVI. NERVAE. ABNEPOTI. DEC. DEC.

Auſone dans l'éloge de Milan, ſemble indiquer que cette conſtruction faiſoit partie du magnifique bain d'Hercule, qui donnoit ſon nom à un des quartiers de la Ville.

militaté qui fuivent la régle de S. Auguftin. Leur petite églife eft de la plus grande propreté. La baluftrade qui enferme le maître-autel & les deux chapelles collatérales eft formée par des enfans de bronze d'environ deux pieds de hauteur, qui tiennent dans diverfes attitudes, des vafes de marbre choifi & de différentes formes, d'où fortent des fleurs de bronze doré.

Cette idée bien exécutée eft fort noble. Dans une des chapelles eft un très-bon tableau du chevalier del Caïro, qui repréfente le mariage de fainte Catherine : fujet heureux qui a été traité avec fuccès par tous les peintres de réputation.

San Fedele in Brera : églife de la maifon profeffe des Jéfuites, de l'architecture du Bramante. Le bâtiment du collége qui eft dans le même quartier n'eft point achevé. Le grand efcalier & la colonnade à arcades doubles qui font l'une fur l'autre & qui font finies, font un grand effet. Au bas de l'efcalier eft une ftatue de la Vierge, plus grande que nature, pofée fur un globe de bronze & foulant aux pieds un ferpent qui jette de l'eau par la tête. Si cet édifice étoit fini, il feroit l'un des plus majeftueux de Milan.

Il y a une multitude d'autres églifes dont je ne parle point, & où l'architecture, la fculpture & la peinture étalent leurs beautés. Je dois avertir ici, que l'on m'entendra parler plus fouvent de beaux monumens de fculpture que des autres merveilles des arts que l'on trouve en Italie ; parce qu'ils font moins fujets à s'altérer & que l'on eft plus affuré de les retrouver dans le même état & dans le même endroit.

19. La bibliothéque Ambrofienne, commencée par faint Charles & continuée par deux cardinaux de fa maifon, qui par modeftie ne voulurent ni les uns ni les autres que cet établiffement auffi beau qu'utile portât leur nom, eft fituée dans le centre de la ville. *Bibliothéque Ambrofienne.*

(Avant que d'aller plus loin, je remarquerai que la devife de la maifon Borromei eft le mot *humilitas*, que l'on voit écrit en grands caractères gothiques dans tous les établiffemens qu'elle a faits, ou auxquels elle a eu quelque part.)

Les bâtimens qui lui font deftinés n'ont rien de magnifique : la premiere piéce eft un petit veftibule peu orné, où autant qu'il m'en souvient, est une inscription qui défend sous les plus grandes peines spirituelles & temporelles, de dérober les livres, & même de les transporter ailleurs.

Ensuite est la salle de la bibliothéque qui est un quarré long de soixante pieds sur vingt-quatre de l'argeur & trente-six de hauteur ; une galerie tournante donne la facilité de prendre les livres qui sont dans les tablettes du haut. On prétend que l'on y compte environ trente-huit mille voulumes imprimés.

On y conservent plusieurs recueils de lettres écrites à S. Charles & plusieurs réponses de sa main. Le plus curieux des manuscrits est un recueil en douze volumes fait par Léonard de Vinci, avec plusieurs desseins de ce maître, & un grand nombre d'autres des plus célébres peintres de son temps ou qui l'avoient précédé ; on y voit un volume des anciennes machines de guerre, toutes dessinées par Léonard de Vinci. Il y a plusieurs autres manuscrits anciens & bien conservés ; les cardinaux Borromei n'ayant rien épargné pour enrichir cette collection, & ayant envoyé pour cela en Orient & dans les principaux états de l'Europe, deux hommes en état de répondre à leurs vûes (*a*).

(*a*) Lolgiati & Grazio de Siene furent envoyés, l'un en Europe, l'autre au Levant & en Afie, pour y recueillir les manufcrits qu'ils pourroient y trouver. La collection qu'ils y firent eft précieufe & affez confidérable; on y voit plufieurs manufcrits Coptes, Arabes, Syriaques, Perfans, une quantité de manufcrits Grecs & Latins. Je rapporterai ici le titre de quelques-uns de ces manufcrits qui pourront donner une idée de la collection.... Partie de l'ancien Teftament en lettres unciales, manufcrit Grec, fur velin très-beau du VIIe. fiécle... Les proverbes de Salomon & l'Eccléfiaftique fur velin, du Xe. fiécle...

Un volume de l'hiftoire de Jofephe. commençant au onziéme livre. On croit que c'eft la feconde partie du manufcrit qui eft à la bibliothéque du Roi de France... Les liturgies de S. Jean Chrifoftôme & de S. Bafile, très-ancien manufcrit, bien confervé.....

Eufébe, de la démonftration évangélique, manufcrit imparfait, cependant précieux à caufe de fa rareté. L'échelle de S. Jean Climaque, ouvrage afcétique, manufcrit du Xe fiécle. Les épîtres de Sinefius & quelques-unes d'Hérodien, manufcrit fur foie.... Les Hiftoires de Xénophon, fur foie.... Les œuvres de plutarque en divers manufcrits de différens fiécles, les uns fur foie, les autres fur velin.... Un volume qui comprend les ouvrages de trois auteurs Grecs fur l'aftrologie judiciaire, qui fe font dé-

Salles de l'Académie de peinture & de sculpture. Université.

20. On traverse ensuite une petite cour entourée d'une colonnade, & on

---

guisés sous les noms Arapes d'Apomasar, Mpalis & Rhamulius, sans doute, parce qu'il étoit défendu de leur temps de professer cette science..... Un manuscrit considérable sur soie qui renferme les ouvrages de différens auteurs sur l'art de faire l'or. Ils sont au nombre de dix-sept; les titres principaux sont..... Héliodore à Théodose sur l'art mistique... Hiérothée Philosophe sur l'art divin.... Pelage Philosophe sur l'art sacré & divin,.. La Philosophie mistique de Démocrite sur la confection de l'Azime... Le divin Zosime sur la vertu & l'eau divine....

L'histoire de l'Iliade d'Homere, manuscrit sur velin du XIe siécle avec des miniatures qui représentent les principales actions; les figures sont d'un dessein roide, sans intelligence de lumiere ni de perspective.... Plusieurs beaux manuscrits de Poëtes Grecs,.... Hésiode,.... Eschyle,.... Sophocle,... Euripide,... Pindare,... Licophron,... Moschus,.... Aristophanes,.... Théocrite,... tous ces manuscrits sont Grecs.

Parmi les Latins, les plus remarquables sont... Recueil des différens ouvrages dont le premier est Gennadius sur les dogmes ecclésiastiques.... en caractères Lombards du VIIIe siécle.....

Les commentaires de S. Ambroise sur les évangiles en même caractères & du même siécle... Recueil des pensées & maximes tirées des SS. Peres, très-beau manuscrit du VIIe sié-

trouve les salles de l'académie de peinture & de sculpture. La salle de sculpture contient les plâtres de plusieurs antiques, & des morceaux les plus distingués des grands maîtres d'Italie, de même que quelques cartons ou desseins originaux. La salle de peinture est plus riche ; on y voit quelques originaux des meilleurs peintres. J'y ai surtout admiré un tableau de Fréderic Baroccio, qui a pour sujet une Vierge qui adore l'Enfant Jesus qui vient de naître ; S. Joseph à côté & en contemplation, & au-dessus une Gloire d'Anges : l'air de

---

cle ... Le copiste à la fin du manuscrit essaye de prouver par la combinaison des lettres de ces mots *Gensericus Vandalorum rex*, & par le jeu de mots qu'il en forme, que ce prince est l'Antechrist. ... Description de l'Archipel avec des cartes topographiques peintes en rouge, manuscrit sur soie du XIVe siécle.

L'Histoire des Juifs par Josephe, très-ancien manuscrit latin, sur papier d'Egypte. Virgile manuscrit qui a appartenu à Pétrarque & qui est tout noté de sa main. ... quelques parties des ouvrages de S. Thomas d'Aquin, de sa main même. ....

Traduction de l'histoire de la guerre de Troie, par Darès Phrygien, en vers François, manuscrit du XIe siécle. ....

sainteté & de satisfaction répandu sur le visage de la Vierge qui est de toute beauté, est frappant. La lumiere y est sagement & naturellement distribuée, il n'y a point d'incorrection de dessein, ni de ces bifarreries que l'on trouve quelquefois dans les tableaux de ce maître. C'est l'un des plus agréables que j'aie vûs. Mais ce qu'il y a de plus rare, sont plusieurs tableaux Flamands du premier mérite. Les quatre Élémens peints par Breughel de Velours sont de la plus grande beauté & d'un travail qui étonne.

Pour en bien juger, il faut considérer à la loupe, une multitude de petites figures, symboles de chaque élément, qui sont dessinées correctement, peintes avec la plus grande vérité; & qui cependant échapperoient à la vûe sans ce secours. On prétend qu'il n'existe rien d'aussi beau dans ce genre que ces quatre tableaux.

Derriere ce bâtiment est un jardin de simples à l'usage des étudians en médecine de cette université, où les mêmes fondateurs ont établi seize docteurs-régens qui professent gratuitement les sciences & les arts.

Cet établissement fut formé pour le progrès

progrès des sciences dans le Milanois ; & la collection dont je viens de parler, étoit la plus considérable de l'Italie après celle du Vatican, avant que l'institut de Bologne eût été enrichi par le pape Benoît XIV au point où il est aujourd'hui.

L'aîné de la maison Borromei porte le titre de conservateur perpétuel de cette université ; celui qui en est revêtu est monseigneur Vitaliano Borromei, archevêque de Thèbes *in partibus* & nonce à Vienne fait cardinal à la promotion du 26 Septembre 1766.

Le séminaire des clercs & le collége helvétique, fondés & bâtis par S. Charles, sont deux édifices qui méritent d'être vûs. Les colonnades & les galeries qui ornent les cours de ces deux maisons, sont d'une architecture régulière & noble; les portes d'entrée sont décorées d'une très grande maniere, & annoncent la beauté de ces maisons.

21. Il y a plusieurs établissemens de charité à Milan, pour les malades, les vieillards, les pauvres enfans, orphelins, abandonnés ou inconnus. Celui qui tient le premier rang est le grand hôpital, *lo Spedale Magiore*, dans le quartier de la porte Romaine. Les bâ-

Hôpitaux Lazaret.

timens en font grands, folides & ifolés de tout autre édifice ; la grande cour eft belle, ornée d'un portique à colonnes, d'une bonne architecture & de belle proportion. Les falles de l'hôpital forment deux grandes croix, dans lefquelles les lits font difpofés de façon que l'autel étant au milieu de la croifée, chaque malade peut voir de fon lit le prêtre à l'autel & entendre la meffe. Sous cette grande croifée, font des falles voûtées dans lefquels font établies plufieurs manufactures où fe travaillent les toiles, les étoffes, & ce qui eft néceffaire à l'entretien de l'hôpital.

Dix-huit députés, du corps de la nobleffe, pris dans les fix quartiers de la ville, & nommés par l'archevêque, font à la tête de l'adminiftration de cet hôpital ; douze de ces députés changent tous les ans ; il y a outre cela plufieurs officiers pour la régie des biens & le maintien de la police. Le fpirituel y eft gouverné par quatre curés & quatre vicaires réfidans, fix confeffeurs Capucins, & un pour les langues étrangeres. On entretient dans cet hôpital quatre milles perfonnes, tant malade qu'ouvriers.

Les autres établiffemens de ce genre

sont moins considérables ; ils sont de même gouvernés par des députés pris dans le corps de la noblesse. Dans tous on distribue chaque année un certain nombre de dotes pour marier des filles qui ont été élevées dans les conservatoires ou hôpitaux destinés spécialement à cet usage, & qui toutes sçavent quelques métiers qu'elles y ont appris.

Sous la direction du grand hôpital est le Lazaret ou hôpital des pestiférés, bâtiment immense situé à la porte orientale hors de la ville. Quatre grands portiques soutenus par de petites colonnes demi-gothiques, de douze cens pieds de long chacun, entourent la cour; le long de ces portiques par derriere sont une quantité de petites chambres avec deux fenêtres opposées pour pouvoir en renouveller l'air. Au milieu de la cour, est un autel ouvert sous une espèce de baldaquin octogone, & placé de façon que de toutes les chambres on peut voir le célébrant.

Il y a plusieurs colléges pour l'éducation de la jeunesse ; le premier est tenu par les Barnabites de S. Alexandre ; un des principaux est celui des Jésuites de Brera, où ils ont beaucoup de pensionnaires.

Places.
Statues.
Edifices.

22. La forme de la ville de Milan est ronde, l'église cathédrale est située presque au centre. Au devant est une grande place sans aucun ornement, ni aucun bâtiment remarquable. La place des marchands seroit très-belle, si on n'avoit pas bâti au milieu une grande halle qui la remplit presque entiérement. Un des côtés de cette place est décoré d'une belle architecture & de quelques ornemens de sculpture d'assez bon goût. C'est-là que se tient le tribunal pour la police ordinaire de la ville, de même que les autres tribunaux qui ont pour objet son approvisionnement, la propreté des rues, les réparations publiques. Il y a une quantité d'autres places dont aucune n'est réguliére. Dans presque toutes on tient des marchés deux fois la semaine, où se débitent les denrées de consommation journaliere que les paysans apportent de la campagne. Il y a quelques statues de bronze & de marbre de S. Ambroise & de S. Charles ; mais qui étant la plûpart dans des places trop étroites, font peu d'effet pour la décoration de la ville. On voit aussi quelques statues de la Vierge, élévées sur des colonnes, de grandes croix de pierre travaillées avec soin. La plû-

part de ces monumens ont été placés dans les endroits où saint Charles a signalé son zéle pour la religion, soit en annoçant la parole de Dieu à son peuple, soit en lui adminiſtrant les ſacremens pendant le temps de la peſte, soit en faiſant quelqu'autre œuvre de charité ſignalée.

Les rues qui ſont au centre de la ville ſont étroites, mal alignées, & aſſez mal bâties, mais fort peuplées. C'eſt-là où réſident la plus grande partie des marchands & des artiſans. Celles qui ſont près de la premiere enceinte ſont plus larges & mieux allignées ; on y voit beaucoup de grandes maiſons ou palais. Cette premiere enceinte eſt environnée d'un foſſé rempli d'eau qui communique aux deux canaux, appellés l'un Tiſinella qui répond au Teſin, & l'autre Marteſana qui vient de l'Adda ; c'eſt par le moyen de ces canaux que l'on améne à Milan le vin, le bled, le bois, les charbons, les pierres, les briques, & en général toutes les groſſes proviſions & les matériaux d'un poids conſidérable, qui de-là ſe diſtribuent aiſément dans le reſte de la ville.

Il y a quelques belles maiſons nouvellement bâties entre la premiere & la seconde enceinte; je crois que cette partie de la ville est la plus saine à habiter; les rues y sont fort larges, les maisons n'y sont point entassées, & sont séparées les unes des autres par des jardins & des cours, qui d'ordinaire sont fort grandes.

Théâtre. 23. Le théâtre de Milan qui est situé au centre de la ville, à côté du palais du gouvernement, est fort grand; il a six rangs de loges, mais il est mal orné, & seroit triste & obscur, si les particuliers n'étoient pas dans l'usage de décorer l'intérieur de leurs loges qui sont d'ordinaire fort éclairées. Souvent une seule maison a deux ou trois loges réunies, qui forment une grande pièce bien éclairée, garnie de chaises & de tables à jouer, où on trouve l'agrément du spectacle & celui de la conservation réunis.

Ces loges sont très-dispendieuses, tant pour le prix du loyer, que pour la dépense des rafraîchissemens de toute espèce que l'on y présente à ceux qui s'y trouvent, aux dépens du maître.

Les décorations en étoient très-bien entendus. Des acteurs médiocres y représentoient le même opéra bouffon que j'avois déja entendu à Turin; il s'en falloit beaucoup que l'orcheftre fût auſſi bon que le premier. D'ailleurs, il ne regne pas dans ce théâtre une police auſſi exacte qu'à Turin; le parterre y eſt très-bruyant, ce qui diminue beaucoup de l'agrément du ſpectacle.

Dans tous les théâtres d'Italie, à l'inſtant que le ſpectacle doit commencer, on enleve tous les luſtres, qui ſont au-deſſus du parterre; la ſcène ſeule reſte éclairée, de façon encore que l'on ne voit point de lumieres; elles ſont toutes cachées; cette maniere rend la ſcène plus noble & plus brillante, mais le reſte du théâtre eſt tout-à-fait dans l'obſcurité, ſurtout à Rome, où il n'eſt pas permis d'avoir de la lumiere dans les loges.

24. Le château de Milan ſitué au nord de la ville, eſt connu par la quantité de ſiéges qu'il a ſoutenus. C'eſt un hexagone régulier, formé par ſix baſtions royaux défendus par une muraille terraſſée & revêtue, environnée d'un grand foſſé plein d'eau, avec un bon chemin couvert & quelques ouvrages extérieurs; entre la muraille & les baſtions il y a un ſecond foſſé revêtu & plein d'eau, & un troiſiéme

Château de Milan.

qui environne la partie centrale du château où sont situés l'ancien palais des ducs de Milan, l'église & les logemens des principaux officiers. Il y a dans le centre même de la place une source d'eau vive fort abondante, & qui est d'une grande utilité, tant pour le service de l'arsenal que pour les ouvriers de toute espéce qui y sont établis; il y a toujours une nombreuse garnison; on y travailloit beaucoup au mois de Juin 1762 à monter des canons de bronze sur des affuts; dans l'intérieur du château, il y a une petite colline appellée la Rocchetta, qui domine sur toute la campagne des environs, & sur la plûpart des ouvrages intérieurs & extérieurs du château. Cette place n'est commandée d'aucun côté; elle est bien fortifiée & très-bien entretenue; cependant elle sera toujours de peu de défense, parce qu'elle est très-resserrée, & que rien n'empêche d'aucun côté d'ouvrir la tranchée, & d'en approcher de maniere à la battre en brêche avec avantage. On ne peut y entrer sans une permission particuliere du gouverneur ou de l'officier qui le remplace.

Promenades. 25. La promenade la plus agréable

de Milan est sur les remparts de la ville dont quelques-uns sont plantés d'arbres, & sur l'esplanade qui est entre la ville & la citadelle ; c'est-là où, à vingt-trois heures ou une heure avant le soleil couchant, on voit une multitude de carrosses, en hyver sur l'esplanade, en été sur les remparts qui sont plus élevés & où il y a beaucoup d'air. On se promene peu hors de la ville, parce que le terrein y étant fort gras, il y a beaucoup de boue, ou une poussiere encore plus incommode. En été les magistrats, chargés de la police, ont soin de faire arroser les promenades publiques, usage qui s'observe dans la plûpart des villes d'Italie. Il y a quelques belles rues qui pourroient servir de cours; mais il ne m'a pas paru que l'on tînt à cet usage à Milan, comme dans le reste de l'Italie.

Quant à l'utilité des remparts de Milan pour la défense de la ville, quoiqu'ils soient bien entretenus & entourés d'un fossé plein d'eau ; on sçait qu'ils n'ont jamais empêché le parti dominant dans le pays de s'en emparer dès qu'il s'y est présenté.

26. Malgré toutes les révolutions qu'à essuyées cette grande ville, le peu- *Mœurs & usages en général.*

ple qui l'habite n'en eft pas moins pacifique; auffi dans les derniers fiécles, il n'a pris aucune part aux affaires politiques, & s'eft toujours rangé du côté du plus fort. (*a*) Il eft en général fort adonné aux arts & au commerce. Les mœurs y paroiffent affez réglées. Je crois que les bourgeois & le peuple font encore tyrannifés par la jaloufie qui infectoit autrefois toute l'Italie.

Les femmes y vivent dans une grande retraite & fe mêlent peu des affaires du commerce. Les hommes y tiennent encore un peu du génie de ces anciens Lombards qui fourniffoient des traitans dures & impitoyables au refte de l'Eu-

---

(*a*) En 1754, il y eut une fermentation fi vive parmi le peuple au fujet d'une augmentation confidérable fur le prix du tabac, que le gouvernement fe crût à la veille d'une fédition déclarée; ce font des objets de cette efpece qui font les plus capables d'émouvoir cette nation; parce que dès qu'il eft queftion d'augmenter le prix d'une denrée, d'un ufage journalier & prefque général, il y a de quoi déranger tout le flegme d'un Italien qui vit au jour la journée, qui ne veut rien fe retrancher dans l'ufage du tabac, & fur-tout qui ne veut pas travailler plus qu'à fon ordinaire, pour pouvoir le payer plus cher.

rope. Aujourd'hui ce font les Bergamafques qui tiennent en Italie le premier rang parmi cette efpèce de gens ; ce font eux qui fe chargent des fermes publiques, des douanes & de la perception de prefque tous les impôts ; comme leur nom n'eft pas aimé, ils fe difent tous Milanois ; à Milan même, ce font eux qui font le principal commerce. J'ai vû quelques marchands de ce pays établis à Milan qui me paroiffoient d'un compte exact, mais fort durs & très-défiants, n'ayant aucune confiance à qui que ce foit pour tenir leur argent.

La femme d'un de ces marchands auprès de laquelle j'avois fait quelque emplette, ne put finir le marché qu'après que fon mari eût fait fa méridienne.

Les gros négocians, fur-tout les marchans d'or, d'argent & de foie, fous lequel nom font compris ceux qui font fabriquer ou vendent en gros & en détail des étoffes brodées ou rebrochées, en or & en argent, les jouailliers & les orfévres, tiennent le premier rang entre les commerçans, & forment dans la fociété un ordre mitoyen entre la nobleffe & le peuple, que l'on peut appeller la bonne bourgeoifie, ou, fuivant l'ufage d'Italie, les Citadins ; on doit placer dans ce rang les médecins, les chirurgiens, les apothicaires, les avocats, les notaires, & autres gens de loix qui font fort multipliés dans toutes les grandes villes.

Les médecins tiennent fur-tout un rang diftingué; quelques-uns font décorés du titre de comte & chevalier du faint Empire Romain. Chacun de ces corps a une maifon deftinée à fes affemblées, a fes ftatuts & fes officiers, connus fous les noms d'abbés, fyndics-confervateurs & confeillers.

<small>Tribunaux de juftice.</small> 27. Il a plufieurs tribunaux pour la juftice dont les principaux font:

Le tribunal de la juftice eccléfiaftique pour les caufes civiles & criminelles, tant du diocèfe de Milan, que des autres villes épifcopales qui font fous fa métropole & qui y portent des caufes par appel. Il y a un grand nombre d'avocats attachés à ce tribunal. Les juges ordinaires font des eccléfiaftiques choifis par l'archevêque.

La hiérarchie politique & militaire; celui qui a l'autorité fouveraine, & la furintendance fur tous les tribunaux qui la compofent, eft le miniftre plénipotentiaire de leurs majeftés impériale & royale dans la Lombardie Autrichienne, place occupée actuellement par le comte de Firmian, conseiller d'état & chambellan de leurs majestés (*a*).

Les tribunaux qui en dépendent sont celui des postes, celui de la trésorerie militaire de la Lombardie Autrichienne qui comprend tous les états que l'impératrice-reine de Hongrie posséde en Italie ; la trésorerie générale de la chambre ou des revenus patrimoniaux de l'impératrice; le commissariat général de la guerre, & le tribunal ou audience civile pour les affaires du pays. Chacun de ces tribunaux a ses officiers particuliers qui connoissent de ce qui est de leur ressort. Ceux qui y président sont ordinairement tirés du corps de la noblesse de Milan.

28. La ville de Milan, quoique soumise en tout à la domination de la reine de Hongrie, a un corps de magistrats municipaux, connus sous le nom de décurions, au nombre de soixante, & choisis dans la premiere noblesse. Ces magistrats forment un sénat perpétuel, qui a l'administration de la police, l'en-

Magistrat.

―――――――――――――――――

(*a*) Fait Chevalier de la toison d'or, dans la promotion du mois de Décembre 1763.

tretien des ouvrages publics de la ville, le soin de l'approvisionnement, la faculté de mettre le taux aux denrées de premiere consommation, le droit de commander la milice bourgeoise. Pour veiller exactement au détail de ces différentes parties d'administration, il y a plusieurs *giuntes* ou bureaux qui ont chacun un district marqué & qui sont tenus par des juges & officiers, dont les principaux sont pris dans le nombre des soixante décurions.

La noblesse qui par ce moyen est admise au gouvernement du pays, qui se régit, en quelque sorte, par ses propres loix, ne cherche point à former des établissemens hors de sa patrie & se regarde comme formant une sorte de république, sous la protection de l'impératrice-reine de Hongrie. Cette souveraine fait lever des troupes dans le pays, & en donne d'ordinaire le commandement aux nobles Milanois, qui par ce moyen s'avancent & parviennent à tous les honneurs militaires ; mais pour cela ils ne préferent pas le séjour de Vienne à celui de Milan.

Le duc Serbelloni qui est aujourd'hui feld-maréchal des armées de l'impératrice-reine, a son palais & sa famille réfidente à Milan. Il en est de même de tous les nobles Milanois qui sont employés, soit dans les armées, soit dans les affaires de leur souveraine ; ils ne quittent leur patrie qu'autant que le devoir de leur état les y engage. On peut assûrer que c'est cette sage façon de penser des nobles qui possédent toutes les grandes terres du pays, qui soutient la ville & le duché de Milan dans l'état d'aisance qui y regne.

29. Car les impôts sont très-forts dans toute la Lombardie Autrichienne ; on paye le tiers du revenu qui s'estime non sur le produit annuel, mais sur le prix de la valeur intrinséque des terres ; & suivant le tarif fait en conséquence ; si on ne faisoit pas quelques remises qui sont d'usage, on payeroit la moitié réelle du revenu, attendu les non-valeurs & les pertes qui arrivent par les accidens ordinaires. Outre cela les douanes & les autres droits du fisc rendent beaucoup.

<small>Impôts. Circulation.</small>

Malgré ces charges qui paroissent très-pesantes, le pays est riche; on y vit à bon compte, le cultivateur y est à son aise, bien nourri & bien vêtu ; ce que l'on doit attribuer d'abord à la fertilité prodigieuse des terres qui fournissent abondamment des grains de toute espéce, des vins, des chanvres, des laines ; à la quantité de bétail que l'on y nourrit ; ensuite à la grande consommation que fait la noblesse, soit dans les villes du pays, soit dans ses terres, ce qui occasionne une circulation réglée dans les espéces qui ne sortent point du pays, & qui refluent nécessairement sur le peuple ; enfin à la facilité qu'ont le peuple & tous les propriétaires d'avoir de l'argent comptant pour payer les impôts par le débit assuré des soies, qui ne manquent presque jamais, & qui se vendent toujours argent comptant. Ce sont les marchands de Milan qui d'ordinaire font le prix des soies dans toute la Lombardie, où ils font leurs tournées dans le mois de juillet, temps auquel toutes les soies sont aevidées, & mises en état d'être transortées.

Les troupes que la Reine entretient dans le pays, les officiers qu'elle paye & qui résident chacun dans le lieu de leur destination, augmentent encore la richesse du pays, & y retiennent une partie de l'argent des impôts. Enfin on a le plaisir d'y voir des gens qui paroissent attachés à leur patrie, & qui, quoique éloignés de leur souverain, participent à ses graces, & tiennent chez eux un grand état.

30. C'est la ville d'Italie où les étrangers sont le plus accueillis & trouvent la meilleure compagnie. La plûpart de ceux qui y tiennent le premier rang, soit par leurs emplois, soit par leur naissance & leurs richesses, ont voyagé ou servi dans les armées, sçavent plusieurs langues, sont très-polis & de bonne société. Il est d'usage parmi eux de recevoir au mieux les étrangers qui leur sont recommandés; ainsi un voyageur curieux, outre les objets de curiosité qu'il trouve à Milan, a des ressources infinies dans la société. Dans le printemps & l'automne il y a une multitude de châteaux & de belles maisons peu éloignées de la ville où la plûpart de ces gentilshommes vont passer les beaux jours, & où ils se font un plaisir de conduire les étrangers qui y trouvent nombreuse compagnie.

Accueil pour les étrangers.

La comtesse Simonetta qui a depuis épousé le duc de Modene, la princesse Trivulce, le marquis Litta, la comtesse de Castelbarco, le marquis de Beljoyeuse & plusieurs autres avoient des maisons ouvertes où on étoit très-bien reçû; la maison Litta sur-tout par la quantité de ses domestiques, la magnificence de ses appartemens, le bon ordre qui y regne, semble le séjour de l'abondance & de l'aisance ; les maîtres de la maison n'en sont pas plus vains pour cela ; leur plaisir est de tenir une bonne table & d'y avoir beaucoup de monde qu'ils comblent de politesse.

On ne peut donner trop d'éloges à l'accueil affable que le comte de Firmian fait à tous les étrangers. Cet homme revêtu de l'autorité de sa souveraine dans tous ses états de Lombardie, & qui en est vraiment dignes par ses grands talens & par son attachement à la justice, jouit par son propre mérite de la plus juste considération, & est autant aimé qu'il est estimé ; j'ai peu vû d'hommes de son rang aussi instruits, & en même temps aussi modestes & aussi polis. Heureux les souverains qui sçavent mettre leurs intérêts en si bonnes mains ; c'est le moyen le plus certain d'assûrer leur gloire & le bonheur des peuples qui leur sont soumis.

Monsieur le duc de Modene, gouverneur du Milanois, aussi respectable par sa naissance que par le rang qu'il occupe, est un prince fort affable, qui vit à Milan avec peu de faste. Il a un régiment de cavalerie pour sa garde, qui lui appartient ; mais qui est payé par l'impératrice.

La noblesse Milanoise qui est très-nombreuse, puisqu'on compte trois cens familles nobles résidentes à Milan, est tranquille & contente de son sort ; elle ne craint rien autant que de changer de maître, & sur-tout d'avoir un souverain établi à Milan. Dans la guerre de 1734. lorsque les armées de France & de Savoie réunies s'emparerent du Milanois, ils ne craignoient rien de la France qu'ils sçavoient très-bien n'avoir pas dessein de faire aucun établissement dans leur pays ; mais ils trembloient que la maison d'Autriche ne fût abaissée au point de perdre ses possessions en Italie, & sur-tout le Milanois qui est si fort à la bienséance du roi de Sardaigne, & qui dès qu'il en eût été le maître, n'eût pas manqué de préférer Milan à Turin & d'en faire la capitale de ses états où il auroit résidé ; alors cette liberté dont ils jouissent eût été anéantie ; car, disent-ils eux-mêmes, Dieu nous garde d'un souverain, qui a tous les jours de sa vie, quatre heures où il n'a autre chose à penser qu'à s'occuper des affaires particulieres de ses sujets.

Je finis cet article en disant qu'on ne peut trop publier la politesse, la bonté, & la générosité des gentilshommes de Milan, dont la plûpart vivent vraiment en grands seigneurs. Il est vrai qu'on dit que souvent ils excédent leurs forces, & que plusieurs ont dérangé leurs fortunes par trop de magnificence; mais ce n'est pas aux étrangers à s'en plaindre.

Dévotion extérieure.

31. Les mœurs étant fort réglées, au moins à l'extérieur, il s'ensuit naturellement que tout ce qui a rapport au culte public y est très-respecté; ce que j'y ai vû, c'est que les jours de fêtes les églises y sont très-fréquentées, que le service divin s'y fait avec beaucoup de décence, & que les gens de tout état y assistent avec la modestie & le recueillement qu'exigent & la sainteté du lieu, & la grandeur du Dieu que l'on y adore. Les jours de fêtes principales, il y a dans cette ville une sorte de dévotion que je n'ai remarquée en aucun autre endroit; on voit dans le cours de la journée passer quantité de gens, hommes & femmes par troupes, plus

MILAN. 285

ou moins nombreuses, qui récitent le chapelet à haute voix.

On voit communément une espèce d'hommes d'une conformation fort singulière ; ce sont des nains d'une figure grotesque ; ils ont de grosses têtes avec de grands traits, la taille très-courte & fort grosse & difforme, les cuisses courtes & grosses, & les jambes torses; il est ordinaire d'en voir plusieurs ensemble, hommes & femmes, & plus à Milan qu'en aucune autre ville de la Lombardie, où l'on en rencontre cependant quelques-uns. Cette race est ordinairement très-forte, & suivant les apparences colere & méchante. Il n'est pas à souhaiter qu'elle se multiplie, & je ne sçais comment l'autorité politique permet le mariage entre personnes ainsi conformées : j'ai remarqué en Lombardie les jardins de plusieurs maisons de campagne, ornés de statues taillées d'après ces grotesques ; le goût de ceux qui les avoient fait faire, ne doit pas servir de modéle ; c'est la plus vilaine dégradation de l'espèce humaine.

32. On dit qu'il y a peu de commerce à Milan ; cependant les canaux de l'Adda & du Tesin donnent une grande facilité pour l'importation & l'exporta-

Commerce & industrie.

tion des marchandifes; outre cela l'induftrie y paroît foutenue & en honneur à en juger par la multitude d'ouvriers & d'artifans de toute efpèce, qui y font établies; on y fabrique beaucoup d'étoffes de foie ; il eft vrai qu'elles ont peu de réputation dans les pays étrangers ; il y a quantité d'orfévres qui paroiffent fort occupés, mais qui travaillent avec peu de goût; il s'en faut beaucoup que leurs ouvrages foient auffi finis & auffi élégans que ceux des orfévres de Turin.

On y voit beaucoup de fondeurs & d'ouvriers en cuivre battu, qui fabriquent des lampes, des chandeliers, des buftes, des ftatues, des vafes & autres ornemens d'églife qui fe tranfportent dans le refte de l'Italie, dans les cantons Suiffes catholiques, & même en Allemagne. Il y a plufieurs ouvriers qui taillent le criftal de roche. On y fabrique quantités de caroffes que l'on conduit dans le refte de l'Italie; les ouvriers de ce genre, quoique médiocres, font les plus entendus de l'Italie, & y ont de la réputation; il n'y a pas long-temps qu'il s'eft établi à Rome des carroffiers qui ayent ofé faire des voitures neuves. L'induftrie dans cette partie est bien éloignée de la perfection & de l'élégance où elle a été portée en France.

Les broderies de Milan sont connues dans toute l'Italie, & les ouvriers de cette espèce travaillent avec une promptitude étonnante & avec propreté, quand ils ont des desseins de bon goût. On voit que c'est la nombreuse noblesse qui réside à Milan, qui y fait fleurir l'industrie qui a le luxe pour objet ; ce qui fait en même-temps une branche de commerce fort utile à cette ville par la quantité d'ouvrages qui s'exportent dans le reste de l'Italie.

J'aurois dû mettre à la tête des arts, la peinture, la sculpture, l'architecture & la musique. Mais l'école de peinture est absolument tombée ; la sculpture s'y soutient encore, ne fût-ce que pour continuer la décoration extérieure de la cathédrale ; les bâtimens modernes n'ont rien de frappant. Dans la quantité de musiciens que fournit une si grande ville, il s'en rencontre toujours quelques-uns que l'on juge dignes du titre de *virtuoses*. La gravure n'y a fait aucun progrès ; les graveurs François ont porté leur art à un si haut point de perfection, qu'ils semblent avoir ôté aux autres nations l'espérance de jamais rien faire dans ce genre qui puisse les égaler : aussi leurs productions sont-elles recherchées avec beaucoup de soin dans les pays étrangers ; je dois cependant excepter Rome, Venise & Florence, où on trouve de bonnes estampes, gravées par des artistes Italiens, dont je parlerai.

Mœurs des différens états.

33. Encore un mot sur le fait des mœurs, toujours si intéressant quand on a du bien à en dire. Les sages réglemens de discipline que fit S. Charles pour son clergé, & qui ont servi de modéle au reste de l'Europe catholique ont répandu un germe de bonne éducation qui se soutient encore parmi les ecclésiastiques de ce pays, & sur-tout de la capitale. Ils y sont plus instruits & plus considérés que dans le reste de l'Italie ; ils travaillent avec zéle à l'instruction des peuples, & le clergé séculier n'y est point éclipsé comme ailleurs par les réguliers. Ce sont les ecclésiastiques séculiers qui ont l'administration de presque toutes les communautés religieuses de femmes, des hôpitaux & autres établissemens pieux ; ce qui leur donne une considération certaine dans une ville où ils sont fort multipliés.

Plusieurs

Plusieurs d'entr'eux s'adonnent aux sciences & y ont des succès marqués. Il est vrai qu'ils trouvent dans la forme actuelle du gouvernement ecclésiastique & civil, de la protection & des distinctions qui sont très-capables de faire naître les talens & de les mettre dans tout leur jour. C'est à la maison Borromei que la ville de Milan & tout le pays doivent le goût pour les sciences, l'amour de la discipline, & les beaux établissemens qui les entretiennent.

Les Visconti en desséchant les marais & faisant tirer par tout des canaux, ont fait la richesse réelle du pays, en le rendant habitable, en y assûrant une fécondité presque immanquable ; S. Charles & les cardinaux de sa famille qui lui ont succédé, n'ont pas moins fait en y rétablissant la religion dans sa splendeur, les mœurs dans toute la pureté qu'ils ont pû leur donner, & les sciences qui contribuent au bonheur & à la tranquillité du pays, en ce qu'elles se portent plus sur les objets utiles que sur ceux qui sont de curiosité ou d'amusement, & qu'elles forment tous les jours des sujets en état, par leurs lumieres & leurs travaux, de perfectionner, ou au moins de conferver les établiſſemens utiles, que l'ignorance laiſſeroit bientôt périr.

Fertilité & productions du pays.

34. Le terroir des environs de Milan eſt tel que j'ai déja eu occaſion de le décrire, en parlant de pluſieurs parties de ce beau pays, & en particulier du Paveſan. On y nourrit beaucoup de bétail, & on y fait une quantité de fromages dont la conſommation eſt grande dans le duché; mais dont on en tranſporte encore davantage dans les pays étrangers, où ils ſont connus ſous le nom de fromages de Milan ou de Parmeſan qui eſt de la même qualité; il s'en fait pour un argent immenſe; on m'a aſſûré que le Lodéſan ſeul, qui eſt une petite partie du Milanois, en fait exporter chaque année pour quinze cens mille francs au moins. On peut juger par-là de la quantité du bétail & de ſa qualité, de même que de la bonté des pâturages qui le nourriſſent.

Cependant on ne voit point de grands troupeaux dans la campagne; comme toutes les prairies ſont diviſées en piéces de peu d'étendue, entourées de foſſés pleins d'eau, & de haies vives, garnies de mûriers, d'ormes & autres arbres, il n'eſt point néceſſaire de garder le bétail qui ne peut point s'écarter de l'endroit où il doit paître. D'ailleurs on n'a rien à craindre des loups qui sont fort rares dans un pays où il n'y a point de forêts qui puissent leur servir de retraite.

La partie supérieure du Milanois qui approche du Lac-Majeur & de celui de Côme, produit une quantité de vins de bonne qualité, & fort au-dessus de ceux de la plaine. Les vins d'Aronne & des environs du Lac-Majeur sont les plus légers & les meilleurs du pays. Ces lacs & les rivieres qui en sortent fournissent beaucoup d'excellens poissons. Dans toute la plaine la volaille est abondante & bonne ; les oiseaux de riviere de toute sorte y sont communs ; on transporte par-tout de la marée fraîche qui se tire du golfe de Venise. ainsi on trouve abondamment de quoi servir les tables. L'ancienne cuisine Italienne, si dispendieuse par la quantité de drogues étrangeres, de sucre, de safran, de gingembre & d'épices qu'elle employoit dans ses ragoûts, n'est presque plus en usage ; toutes les bonnes maisons ont des cuisiniers François, qui forment des éléves qui se répandent dans le pays, même dans les auberges qui ont un peu de réputation, où on sert très-proprement. Par le peu que j'ai vû de l'ancienne cuisine Italienne il m'a paru que les ragoûts étoient bien plus mal sains, même que ceux de la nouvelle cuisine Françoise, contre laquelle on a déja tant crié.

LAC MAJEUR.
ISLES BORROMÉES.

35. Les isles Borroméos située, dans le Lac-Majeur, sont un objet qui excite la curiosité de la plûpart des voyageurs.

Route de Milan au Lac-Majeur.

Pour y aller de Milan, on prend un chemin de traverse qui conduit au Lac. De cette ville à Sesto, village sur le bord du Tésin qui sort du Lac un mille plus haut, on compte trente-quatre milles. La partie du Milanois que l'on traverse, quoique très-fertile, ne présente pas un aspect aussi riant que la campagne de Pavie à Milan. A vingt milles, aux environs de Castellanza, le terrein est plus élevé & plus sec; la principale production de cette contrée est le vin qui passe pour le meilleur du Milanois. Les chemins sont bordés presque par-tout de châtaigniers ou marronniers; on en voit même quelques plantations assez considérables. Les mûriers blancs y croissent avec succès & les terres en sont bordées. J'ai vû à Castellanza une grande pepiniere de

Maniere d'elever les mûriers blancs:

mûriers qui appartenoit à un particulier ; une partie étoient replantés en quarrés à deux pieds de roi les uns des autres ; âgés de trois ans, de huit à neuf pieds de haut, la tige ferme & droite, l'écorce fraiche & unie. A quatre ans on les transplante dans la campagne, & on enveloppe la tige de paille ou de joncs secs, presqu'aussi serrés qu'une natte ; on renouvelle cette couverture jusqu'à ce que les arbres soient assez forts pour résister aux vents, aux pluies & au froid ; cette précaution les garantit des chancres, conserve l'écorce, & fait durer l'arbre plus long-temps. On suit constamment cette méthode dans le Milanois, & sur-tout dans la partie qui avoisine le Lac-Majeur & les Alpes, dont la température est à-peu-près la même que celle des provinces du milieu de la France. On y fait beaucoup de soye de bonne qualité.

Sesto est un village assez gros qui n'a rien de plus remarquable que l'oisiveté de ses habitans; c'est-là qu'on s'embarque sur le Tésin pour aller aux isles Borromées. On trouve des barques & des rameurs à choisir, & il ne faut pas s'en tenir à leur mot pour les payer.

Il est important de choisir une bonne barque & la plus large que l'on puisse trouver, car la vague est très-forte sur le Lac, & quand la tramontane souffle, il est dangereux de le traverser.

36. A un mille environ au-dessus de Sesto, on entre par le Téfin dans le Lac-Majeur, dont les eaux sont d'une lympidité admirable; on y voit les plus beaux poissons. Le Lac, à l'endroit où sort le Téfin, n'a guères plus de deux milles de largeur, mais peu après il s'étend beaucoup plus, & en certains endroits il a sept à huit milles de largeur, sur environ vingt de longueur, c'est-à-dire, du Téfin aux frontières des Grisons.

Lac-Majeur.

A cinq milles environ sur le bord occidental du Lac, on voit à mi-côte à gauche, la petite ville d'Arone en Piémont, avec titre de principauté, appartenante à la maison Borromei, célébre pour avoir vû naître dans le château saint Charles Borromée; à la partie supérieure est un séminaire, & dans une petite esplanade pratiquée exprès sur la croupe de la montagne, la statue colossale de saint Charles, faite de cuivre battu; elle a environ soixante pieds de hauteur, non compris

Arone.

N iv

le piédestal, & la tête est assez grosse pour contenir plusieurs personnes. La position de cette petite ville est tout-à-fait riante ; elle reconnoît pour son fondateur le comte Obizon, vivant dans le Xe. siécle. Environ l'an 980 les reliques des saints Martyrs Gratignan & Felin y furent transférées & déposées dans une abbaye de religieux de l'ordre de saint Benoît, nouvellement construite. Le culte des ces saintes reliques y attira un grand concours d'étrangers, & contribua beaucoup à l'aggrandissement de cette ville. Saint Charles fut pourvû de ce bénéfice à l'âge de douze ans en 1550. Lorsqu'il fut cardinal & archevêque de Milan, il renvoya les moines, & donna l'abbaye & ses revenus aux Jésuites avec la direction du séminaire qu'il y établit. En 1674, cette ville fut presqu'entiérement réduite en cendres ; mais la situation en est si agréable & le pays des environs si fertile, qu'elle fut bientôt rétablie & dans un meilleur goût. Ses principaux édifices sur-tout sont d'une architecture très-apparente.

Anghierra. Vis-à-vis sur le bord oriental du Lac dans le duché de Milan, est le comté d'Anghierra, érigé en 1397 par les

Visconti ducs de Milan. Ses possesseurs ont tenu autrefois un rang distingué dans les affaires de Lombardie. La petite ville d'Anghierra, aujourd'hui sur les bords du Lac, en étoit autrefois éloignée d'un mille. On voit sur une élevation qui domine le Lac, les restes d'un ancien château fortifié.

Entre Arone & Anghierra le Lac s'élargit considérablement, & n'a guéres moins de six milles de largeur; mais quand on est plus haut que le village de Belgerati qui est à gauche du Lac, alors il est dans sa plus grande largeur, & va jusqu'au pied des Alpes sur les frontières du Piémond au couchant, & au levant il baigne les frontières du Milanois & des Suisses, dans une étendue de plus de trente milles. Au fond d'un golphe que forme ce Lac au couchant, sont les isles Borromées, au nombre de trois, qui appartiennent à la maison de ce nom, qui à cause de cette possession, a des droits de péage & de pêche dans une grande partie du Lac, droits qu'elle tient en principauté relevant du Piémont (*a*).

―――――――――

(*a*) On a parlé nouvellement d'un échange

Isles Borromées. 37. L'Isola Bella appartient au comte Renati Borromei, l'aîné de sa maison; elle est couverte de jardins en terrasses pallissadées d'orangers, de citronniers & d'autres arbres de ce genre; le cédre & le mirthe les remplacent dans les expositions les moins favorables; le corps de bâtiment qu'accompagnent ces jardins est vaste & d'une bonne architecture; les appartemens en sont grands, nobles & proprement meublés. La galerie & les appartemens sont ornés d'une quantité de tableaux, dont on veut faire passer la plûpart pour des originaux précieux; mais les connoisseurs soutiennent que ce ne sont que des copies dont quelques-unes sont très-bonnes. On y montre entr'autres un petit tableau de la Madeleine, que l'on assûre être du Corrège; mais qui probablement est de quelque bon peintre qui s'est amusé à en faire plusieurs copies que l'on trouve en d'autres endroits, & que l'on donne de même pour l'original.

---

entre l'Impératrice & le Roi de Sardaigne, par lequel cette partie du Piémont est réunie au Milanois, dont elle avoit été autrefois.

Au sortir de la grande galerie on passe sur une terrasse assez longue qui a pour pespective une grande grotte d'architecture rustique ; deux escaliers de chaque côté de la grotte conduisent à une terrasse élevée, ornée de quelques statues & de petits obélisques ; de-là on découvre d'un côté les Alpes qui forment trois rangs de montagnes ; le premier cultivé, le second couvert de bois, & le troisième blanc de neiges ou hérissé de glace. Il fait beau voir cette partie le matin lorsqu'elle est éclairée du Soleil ; ces rochers couverts de glace en réfléchissent les rayons, & se montrent dans un éclat majestueux qui fait disparoître tout ce qu'ils ont d'horrible. De l'autre côté, la vûe s'étend dans un espace immense jusqu'à l'extrémité la plus orientale du lac, & donne du côté du Nord, la vûe d'un long côteau, presque par-tout planté de vignes, & très-peuplé de villages, de bourgs bien bâtis, de quelques petites villes. Le lac lui-même n'est pas moins agréable à voir outre la beauté de ses eaux, & une multitude de grands oiseaux de riviere, on y voit continuellement beaucoup de barques à voile, dont les unes traversent du Milanois en

Suisse ; les autres en reviennent, soit pour les affaires de politique & de commerce, soit pour celles des particuliers ; car c'est la route ordinaire des couriers qui passent de Lombardie en Suisse, & de-là en France, en Angleterre & en Hollande.

De cette grande terrasse qui a de tous côtés des perspectives si agréables & si variées, on peut descendre jusqu'au niveau des eaux du lac par neuf autres terrasses pallissadées d'orangers & de citronniers, que j'ai vû couverts de fleurs & de fruits. Dans le retour, du côté du midi, est un espace considérable, rempli par un grand berceau formé par des orangers & un bosquet des mêmes arbres. Mais ce qu'il y a de plus agréable à mon gré dans le palais de l'*Isola Bella*, est l'appartement du rez-de-chaussée tout en grotte rustique, pavé, revêtu & plafonné de petits cailloux de toutes sortes de couleurs. Il est composé de plusieurs piéces & d'une grande galerie d'où on a la vûe du lac & des autres isles. Cet appartement est destiné uniquement à prendre le frais, & doit être délicieux dans la saison des chaleurs. Rien n'est plus simple & en même temps plus agréable que cette espéce de construction, qui n'exige aucun ornement étranger. Il y avoit seulement quelques statues de grotesques, faites de coquillages & de cailloux de rapport, & très-convenables à cet appartement, le seul de cette espéce que j'aie vû en Italie.

L'*Isola Madré*, située dans ce même lac à un mille plus au nord, n'est pas aussi élégante que la premiere; ses jardins sont dans un goût plus champêtre, quoique fort agréable; ce sont plusieurs grandes terrasses fort longues, où il paroît que l'on a cherché à joindre l'utile à l'agréable. Il y a une espéce de limons d'une grosseur prodigieuse, d'un parfum exquis, & tels que je n'en ai vû nulle part ailleurs de semblables. On est étonné de voir sur des arbres peu élevés, dont les branches sont minces & foibles, une quantité de fruits qui ont un pied de longueur sur sept à huit pouces de diamétre, & d'une couleur éclatante comme l'or; c'est une des plus belles productions de la nature qu'il soit possible de voir. Les oranges de toute espéce & les citrons y croissent à profusion & d'une grande beauté. Le petit port par où l'on aborde, est couvert par un bois de futaye, de lauriers francs fort élevés. A en juger par leur grosseur, il y a long-temps qu'ils y sont plantés. Un peu plus loin, on voit une faisanderie bien peuplée. La maison, quoique logeable, a peu d'apparence. Le comte Frederic Borromée à qui elle appartient, y étoit pour lors. Il a fait construire un petit théâtre d'un très-bon goût avec deux rangs de loges, un orchestre & un parterre, à contenir soixante à quatre-vingt personnes; il y fait représenter les comédies de Goldoni, & quelques-unes des comédies de Moliere ou de Regnard, quand il trouve des acteurs qui sçachent le François. Il faisoit bâtir alors, & il nous dit que c'étoit les commencemens d'une maison d'un meilleur goût que celle qu'il habitoit. Quoique la saison fût déja avancée, les jardins étoient encore couverts de toutes sortes de fleurs comme au printemps.

Ces deux isles situées dans un climat assez rigoureux, que le voisinage des montagnes couvertes de bois, de neiges & de glaces, rendent nécessairement froid, outre cela exposées aux brouillards du lac; étonnent quand on les voit couvertes de beaux arbres qui ne se plaisent que dans les climats les plus chauds de l'Europe, & qui cependant y produisent abondamment les plus beaux fruits. Mais on a attention de les barraquer pendant tout l'hiver; cette opération se fait au commencement de Novembre, & on ne les découvre que lorsque le printemps a bien établi son regne. Au moyen de plusieurs brasiers, on entretient une température douce sous ces barraques, & la végétation s'y fait comme en plein air; on suit la même méthode à Boulogne, à Florence, dans les environs de Rome, qui sont les plus exposés aux vents froids; mais tout ce qui approche de la mer, est par sa situation à l'abri des fortes gêlées qui pourroient nuire à ces arbres.

Il est certain que l'on pourroit avec les mêmes soins avoir en France des jardins aussi agréables, même dans les Provinces septentrionales. J'en ai parlé à plusieurs jardiniers d'Italie qui répondroient du succès, pourvû qu'on leur donnât un terrein à l'abri des vents du Nord. Les bosquets, les pallissades, les berceaux de ces arbres toujours verds, sont, à mon gré, infiniment au-dessus de tout ce que nous avons en ce genre.

La troisiéme isle n'a rien de curieux; elle est comme les deux autres, située sur un rocher, à peu de distance de l'Isola Bella, en tirant au Levant; elle n'a que quelques maisons de paysans, & une Eglise qui est la Paroisse des autres Isles.

Comme elle est fort près de terre, les habitans qui ne s'occupent point à la pêche, vont cultiver les vignes & les champs qui sont sur la côte, & qui dépendent du territoire de ces isles.

La difficulté & la longueur du chemin de Milan au bord du lac, l'ennui de la petite navigation qu'il y faut faire, empêchent plusieurs voyageurs d'aller voir ces Isles; cependant je conseille à tous ceux qui feront le voyage d'Italie de se mettre au-dessus de ce qu'on leur dira à ce sujet pour les en détourner. Ces isles sont vraiment dignes de curiosité, & paroisse ou ornées d'après les belles descriptions que l'on trouve dans le Tasse & l'Arioste, ou en avoir fourni le modéle; elles ont l'air de ces isles enchantées qu'habitoient Alcine, Calipso, ou ces Fées dont les charmes étoient si puissans.

La bonne saison pour y aller est le printemps ou l'automne; la navigation du lac est dangereuse dans le temps des solstices & peu sûre en été, à cause des orages fréquens occasionnés par le voisinage des montagnes, & souvent on y fait naufrage. Je manquerois à la reconnoissance, si je ne parlois pas de la maniere polie & gracieuse dont le comte Fréderic Borromée reçoit les étrangers qui vont visiter son habitation ; il leur en fait lui-même les honneurs avec la plus grande attention, & sa maison répond parfaitement à ses intentions à ce sujet.

Le retour de Sesto à Milan se fait par la même route ; avant que de quitter le lac, on ne manque guére de se fournir des excellentes truites saumonées que l'on y pêche. A la quantité de têtes d'hommes qui sont exposées, d'espace en espace sur des poteaux, on peut juger que les chemins ne sont pas sûrs ; mais les voleurs n'attaquent que les marchands qui sont seuls ou peu accompagnés.

38. Les grands chemins dans tout le Milanois sont bien entretenns & se font comme en France par corvées ; les communautés y sont cantonnées de même ; des bornes plantées de distance en distance, sur lesquelles les noms des villages sont écrits, marquent à chacun la tâche qu'il a à remplir ; il paroît que cet usage est le meilleur : car ce n'est que

Grands chemins. Gouvernemens des villes.

dans ces endroits que l'on trouve des chemins toujours pratiquables

Les Villes du Milanois sont régies, pour ce qui regarde la police & les affaires en premiere instance, par un Podestat ou Juge royal, dont l'administration ne dure que trois ans, & qui est subordonné au Ministre plénipotentiaire de la Reine d'Hongrie, résidant à Milan. Les principales villes, telles que Crémone, Pavie, Lodie, ont un Podestat, les autres n'ont qu'un Juge connu sous le nom de Vicaire.

Autrefois il regnoit un proverbe connu en Italie, que les Gouverneurs du Milanois devoroient le peuple, que les Vicerois de Naples le menageoient, & que ceux de Sicile le rongeoient. Les géographes, les écrivains de descriptions, les compilateurs d'anecdotes qui d'ordinaire se copient les uns les autres, rapportent tous ce proverbe déja ancien, qui autrefois peut avoir eu quelque vérité; mais aujourd'hui la face des choses est totalement changée. Les Gouverneurs du Milanois ont peu d'autorité, encore est-elle contrebalancée par celle du Ministre plénipotentiaire, qui a le secret des affaires, & entre les mains duquel est réellement toute l'autorité. D'ailleurs, il y a beaucoup plus de rélation entre Milan & Vienne qu'il n'y en avoit entre Milan & Madrid ; fous la domination Efpagnole les Gouverneurs étoient abfolus ; la grande affaire alors étoit de conferver la fouveraineté ; le Gouverneur levoit des troupes, les entretenoit avec les revenus du pays & ne rendoit point de compte. Quelle différence entre ce defpotifme & l'adminiftration réglée qui eft fuivie à préfent !

39. Le Milanois s'étend peu loin du côté de la République de Venife ; au fortir de Milan on trouve un chemin uni & droit le long du canal de l'Adda qui conduit jufqu'à Colombarolo, village éloigné de Milan d'une pofte & demie ; cette partie du chemin plantée d'arbres, eft alignée comme une allée de jardin. De-là jufqu'à la Colonica, bourg fur le bord de l'Adda, & du canal qui en eft tiré jufqu'à Milan, on compte dix milles ou une pofte par un chemin moins droit, quoique fort beau. Ce bourg eft fitué fur un côteau au-deffus de l'Adda ; le général Merci y a fait bâtir une très-belle maifon, avec des jardins en terraffe qui m'ont paru fort agréables ; ils aboutiffent fur le bord

Autres parties du Milanois.

du canal, qui dans cet endroit est soutenu par des arcades de maçonnerie élevées de plus de vingt pieds au-dessus du niveau de la riviere & dans un espace fort long ; car il faut soutenir les eaux à cette élevation dans toute la longueur du vallon où coule l'Adda, pour porter ses eaux à la tête de la plaine où Milan est situé ; cet ouvrage est d'une belle exécution, bien entendu & conservé avec soin. L'Adda que l'on passe en bac au bas du canal, est une très-grosse riviere qui coule rapidement. Sur le bord opposé à la Colonica, est un bureau de douane du Milanois, où l'on fait la visite exacte de tous les effets. Le moyen le plus assuré pour être bientôt débarrassé de cette cérémonie ennuyeuse, est de faire une déclaration juste de ce que l'on porte avec soi, marchandises neuves, ou hardes ; si les commis, à l'ouverture des malles, voient que l'on a dit vrai, ils n'arrêtent pas mal-à-propos les voyageurs. Il ne faut cependant pas oublier avec eux ce que l'on appelle la courtoisie.

Au-delà de ce bureau sont les limites du Milanois & du Bergamasque dont je parlerai, quand j'en serai à ce qui regarde la République de Venise. Le canal de Martéſana ou de l'Adda fait le commerce de Milan avec le lac de Côme, les Suiſſes qui l'avoiſinent, & les riches vallées qui ſont ſituées le long de ſon cours.

40. La partie du Milanois que l'on parcourt pour aller de Milan à Plaiſance eſt fort riche. La premiere poſte eſt à Marignano ſur la petite riviere du Lambro, célébre par la victoire que François I, roi de France, remporta au mois de ſeptembre 1515 ſur les Suiſſes alliés de Maximilien Sforce, duc de Milan. La bataille dura deux jours & fut ſi vive, que le maréchal Trivulce qui s'étoit déja trouvé à dix-huit batailles rangées, dit à ce ſujet ce mot ſi connu : « que par-tout ailleurs » ç'avoient été des jeux d'enfans, mais » qu'ici c'étoit un combat de géans. » Cette importante victoire rendit François I maître de tout le Milanois que Maximilien Sforce lui céda. On chercheroit inutilement dans un pays auſſi cultivé quelques veſtiges de retranchemens qui déſignaſſent préciſément le lieu de ſes fameuſes expéditions.

A dix milles plus loin on paſſe à la vûe de Lodi, ſituée dans un des plus riches cantons du Milanois, ſur-tout

Marignan.

Lodi.

par rapport à ses pâturages, dont j'ai déja parlé. Il y a deux Lodi; l'un à droite du chemin en tirant du côté du Tésin est l'ancien Lodi, appellé dans le pays *Lodi vecchio* & par altération *Lodivé*; ville ancienne bâtie par les Gaulois Boyens, qui occupoient une grande partie de la plaine, connue à présent sous le nom de Lombardie; Pompée Strabon, pere du grand Pompée, y conduisit une colonie Romaine, & l'appella de son nom *Laus Pompeïa*. Sur la fin du douziéme siécle, cette ville qui se gouvernoit en république, comme la plûpart des villes de Lombardie, fut détruite par les Milanois; de sorte que ce n'est plus aujourd'hui qu'un gros village, où on dit que l'on voit encore plusieurs restes de constructions antiques fort dégradées.

La ville de Lodi qui subsiste aujourd'hui avec un évêché suffragant de Milan, fut bâtie peu de temps après la destruction de la premiere par l'empereur Fréderic Barberousse, qui lui permit de se gouverner par ses propres loix. Mais quelque temps après les Vestasini, famille noble qui subsiste encore dans le pays, s'en rendirent les maîtres, & y dominerent pendant quelque temps, jufqu'à ce que la puiffance des ducs de Milan les eût forcé de renoncer à la fouveraineté dont ils s'emparerent eux-mêmes.

Cette ville fituée fur une éminence paroît bien bâtie, il y a plufieurs manufactures d'affez belle fayance. Le pays eft arrofé par quantité de ruiffeaux très-poiffonneux qui fervent à former une multitude de canaux dont plufieurs bordent le grand chemin, & font foutenus à différentes hauteurs, pour donner plus de facilité à l'arrofement des terres.

Le village de Zurlefco où eft la pofte fuivante n'a rien de remarquable, non plus que le chemin qui conduit de-là au paffage du Pô, qui termine le Milanois de ce côté, à la vûe de Plaifance. Le pays eft partout également riche & fertile.

DUCHÉ DE MANTOUE.

Mantoue. 41. CE pays a été l'un des plus florissans de l'Italie, tant qu'il a été sous la domination de la maison de Gonzague qui l'a possédé pendant près de quatre cens ans. Il a environ cinquante milles de longueur du levant au couchant; c'est-à-dire du Ferrarois à la partie du Milanois où est Crémone, & quarante de largeur, du Nord au Midi; du Véronois & du Breffan aux états du duc de Modene. Il y a une grande route de Milan à Mantoue & des postes établies pour la communication des deux états qui appartiennent actuellement à l'impératrice-reine de Hongrie, comme héritiére de la maison d'Autriche. Mais la route que l'on prend ordinairement est celle de Vérone, qui n'en est éloignée que de vingt-quatre milles, il y a aussi une grande route ouverte & des postes établies de Mantoue à Ferare.

La ville de Mantoue, située dans le milieu d'un lac que forme le Mincio, est très-ancienne. Strabon & Tite-Live

la

la mettent au nombre de celles que les Gaulois Cénomans poſſédoient dans la Gaule Tranſpadane , & placent le temps de ſa fondation pluſieurs ſiécles avant celle de Rome. Dans la ſuite des temps elle a couru la même fortune que les autres villes de ce pays ; & ce que l'on a dit & répété des unes & des autres eſt l'hiſtoire des révolutions de Mantoue.

Dans l'onzième ſiécle , dans le temps de l'anarchie de la haute Italie , elle étoit ville libre & république. Les plus puiſſans de ſes citoyens s'en rendirent enſuite les maîtres , & y exciterent des troubles continuels juſqu'au commencement du quatorzième ſiécle, que Louis de Gonzague qui poſſédoit déja en propriété pluſieurs grandes terres dans ce pays , tua Paſſerino Bonacorſi, dernier ſeigneur ou tyran de ce pays. Après quoi ayant été fait vicaire de l'empire en Italie , les habitans de Mantoue le reconnurent volontairement pour leur ſeigneur; ce qui fut autoriſé par l'Empereur, qui lui accorda l'inveſtiture de cette nouvelle ſouveraineté à titre de fief de l'Empire. En 1423 l'empereur Sigiſmond donna à ce fief le titre de marquifat. En 1530 l'Empereur Charles V l'érigea en duché pour la maifon de Gonzague, qui en a joüi jufqu'en 1701, que Ferdinand de Gonzague dernier duc de Mantoue, ayant pris le parti de la France dans la grande guerre de la fucceffion d'Efpagne, l'empereur Leopold le mit au ban de l'Empire, & confifqua fes états pour caufe de félonie. Les troupes Impériales s'emparerent de la ville qui fut abandonnée au pillage. Le duc fe retira à Venife où il mourut en 1708 fans laiffer d'héritier en ligne directe; & l'Empereur refufa de donner l'inveftiture de ce fief aux branches collatérales de la maifon de Gonzague; de forte qu'après la mort de Charles VI le duché de Mantoue eft paffé, avec le refte de la fucceffion de la maifon d'Autriche, à l'impératrice reine de Hongrie.

Cette ville quoique très-forte par fa fituation, au milieu des eaux, où on ne peut aborder que par deux chauffées défendues par des ouvrages avancés, & coupées par des pont-levis; entourée d'une bonne muraille flanquée de tours, a fait peu de réfiftance aux armées qui l'ont affiégée. Elle a eu beaucoup à fouffrir des armes de l'Empire en différens temps, fur-tout en 1629 & en 1701. Tant qu'elle a eu des fouverains réfidens qui avoient intérêt d'y entretenir la population, le commerce & l'induftrie qu'ils encourageoient par leur libéralité, & leur protection, elle fe relevoit de fes malheurs, & à la fin du dernier fiécle, on y comptoit encore cinquante mille ames.

Il y avoit un très-grand nombre de fabriques d'étoffes de foie qui fourniffoient à un commerce confidérable, mais depuis ce temps elle fe dépeuple infenfiblement, il y a peu d'induftrie, les Juifs qui y font établis fous la protection du gouvernement, y font le principal commerce, dès-lors ruineux pour les naturels du pays, qui ne peuvent y avoir part qu'à des conditions onéreufes.

Dans la guerre de 1733, les armées combinées des rois de France & de Sardaigne la prirent après quelques jours de fiége; ces événemens n'ont pas contribué à la remettre dans un état plus floriffant. Ainfi; malgré les foins de l'Imperatrice-reine & le zéle du comte

Firmian qui a la principale autorité dans ce pays, cette ville se tirera difficilement de l'état d'anéantissement où elle est tombée.

Il y reste encore de très-beaux monumens de la magnificence de ses derniers souverains qui méritent qu'on se détourne pour les aller voir. Les principaux sont,

Eglises. 42. L'Eglise cathédrale bâtie sur les desseins de Jules-Romain, d'un goût d'architecture très-noble, quoique singulier ; cet édifice fort large pour sa longueur, a sept nefs en colonnades de belle proportion ; cette maniere de construction qui tient de l'antique & du moderne, a un aspect majestueux & imposant. On voit dans les chapelles quelques tableaux précieux, tels que ceux qui ont pour sujets la vocation de S. Pierre & de S. André à l'Apostolat, l'instant de la conversion de S. Paul. Le plus fameux, autant par sa singularité que par la richesse du pinceau, est une tentation de S. Antoine par Paul Veronese. Il n'est composé que de trois figures de grandeur naturelle, le saint, une femme & le diable ; les deux premieres sont d'un caractére vrai, la femme a toute la beauté qu'on peut lui fouhaiter, & eft excellemment peinte, le diable n'eft vû que par le dos. Il y a une eftampe gravée du même fujet traité par un des Carraches, dont l'idée eft à-peu-près la même. Cette églife a pour patron principal S. Anfelme, évêque de Luques qui y mourut en 1006, fon culte y eft très-folemnel. L'évêque, autrefois fuffragant d'Aquilée, réleve immédiatement du faint Siège.

San Andrea, églife ancienne d'une belle conftruction dans laquelle le duc Vincent de Gonzague inftitua en 1608 l'ordre du fang de Jefus-Chrift, qui n'a fubfifté qu'autant que cette maifon fouveraine a duré. On y voit le tombeau de Jean-Baptifte de Mantouan, général de l'ordre des Carmes, plus connu par fes excellentes poëfies Latines que par fes autres ouvrages, quoiqu'il fut bon théologien & philofophe; celui d'André Mantegna, peintre de réputation. Dans les chapelles de cette églife qui font grandes & bien éclairées, il y a quelques peintures à frefque de Jules-Romain, encore affez bien confervées, pour y reconnoître la maniere de ce grand artifte, le plus célébre des éléves de Raphaël. Le coloris en eft fort effacé ; mais on fçait que la fierté du deffein, la belle pofition des figures, & la régularité de l'ordonnance, étoient les parties principales de Jules-Romain, qui avoit parfaitement étudié l'antique qu'il imitoit toujours. Ce maître étoit excellent pour les grandes compofitions dans lefquelles il mettoit un ordre merveilleux fans confufion, donnant à toutes les figures principales de fes tableaux la vérité de caractere & la nobleffe dont elles étoient fufceptibles.

Le palais ducal qui fert aujourd'hui au gouvernement, eft fort vafte & d'une bonne architecture ; il eft orné de quelques peintures à frefque faites par Jules-Romain ou par fes éleves fous fes yeux ; on y remarque par-tout des traits du génie noble & élevé de cet illuftre artifte. Les principales font l'Aurore qui conduit fon char, & quelques autres fujets allégoriques des différens points du jour ; une affemblée des Dieux ; tous ces tableaux font de plafond. On ne trouve pas dans ces ouvrages, ce ton flatteur, ces agrémens simples de la belle nature que l'on admire dans le Guide, le Dominiquin, quelquefois dans les Carraches, fur-tout dans Paul Veronefe; mais on y voit une étude profonde de l'antique, une nobleffe de caractére qui doit être regardée comme la marque diftinctive de Jules-Romain. Jupiter dans l'affemblée des Dieux eft repréfenté avec tout l'appareil de la puiffance & de la majefté même; Apollon eft tout éclattant de la lumiere qu'il diftribue au refte du monde. Venus femble avoir toute la beauté en partage.

43. Mais de tous les édifices publics Palais du T. de Mantoue, celui que l'on vante le plus eft le palais du T. ainfi appellé de fon plan qui reffemble véritablement à cette lettre. L'entrée eft à la partie inférieure du T; l'architecture de la façade & de la cour qui la fuit, eft très-belle.

La ligne perpendiculaire du T eft formée par deux rangs d'appartemens divifés par un grand porche ou galerie mal éclairée qui aboutit à un portique qui eft de toute la largeur du porche. De chaque côté de la ligne tranfverfale du

T, sont trois grandes chambres qui ont leurs vûes sur un jardin en demi cercle de la largeur du T, & dont la grandeur est proportionnée à celle du bâtiment. Cet édifice singulier a été construit & décoré par Jules-Romain qui y a passé la plus grande partie de sa vie, aimé du prince & estimés de ses sujets. C'est-là que l'on voit ses principaux ouvrages.

Dans la premiere chambre à gauche, le tableau du plafond a pour sujet la chûte de Phaéton; la couleur en est encore assez bien conservée, pour juger qu'elle étoit d'un excellent choix, & très-propre à représenter l'incendie général que cet événement dût causer. Tout autour regne une frise de stuc en relief qui représente différents combats d'animaux.

La seconde chambre du même côté est ornée de divers sujets en médaillons, dont le principal est celui des Horaces & des Curiaces.

Dans la troisiéme est l'histoire de Psyché, ou le banquet des Dieux, magnifique tableau de plafond, qui ressemble en bien des choses à celui du petit palais Farnése à Rome; mais qui cependant conserve tout le mérite d'un véritable original. Dans la même chambre est un grand tableau qui a pour sujet, Venus retenant Mars irrité, qui veut poursuivre un homme qui s'enfuit affrayé ; beau sujet qui probablement a donné à Rubens l'idée d'un tableau admirable qui est au palais Pitti à Florence ; mais dont l'exécution est bien plus grande & plus riche.

Dans la premiere chambre à droite sont des frises de relief & en stuc, qui représentent des marches d'armées ; les sujets semblent pris de la colonne Trajanne, & de l'Antonine ; les figures sont de demi-grandeur, le dessein aussi beau que l'antique Grec.

Dans la seconde, un grand plafond qui a pour sujet Jules-César, précédé de ses licteurs ; quelques tableaux en médaillons, entr'autres la continence de Scipion, & de belles frises en stuc.

Dans la troisiéme est le grand plafond qui représente la chûte des géans, ils sont tous de proportion colossale ; parfaitement groupés, & la vérité de l'expression est si frappante qu'en entrant dans cette chambre, on imagine que ces grouppes détachés tombent réellement ; au-deſſus eſt l'aſſemblée des Dieux, préſidée par Jupiter foudroyant ; cette compoſition eſt de la plus grande beauté, les couleurs, surtout celles des corps d'homme, ont cette teinte rougeâtre & déplaiſante que l'on voit dans les plafonds du petit Farnéſe à Rome, ce qui prouve que la maniere de préparer les couleurs étoit la même, puiſqu'elles ont éprouvé la même dégradation.

Cette chambre eſt entourée d'une muraille de briques & d'une architrave de pierre peintes avec une vérité qui fait illuſion.

Cette partie ſupérieure du palais du T eſt encore conſervée avec quelque ſoin, ſans doute par reſpect pour les belles peintures qui la décorent ; mais les appartemens des deux côtés du porche & ceux de la cour qui étoient également ornés de peintures de Jules Romain, fort dans le goût des loges du Vatican, ſont abandonnés à de pauvres gens qui les habitent, & qui laiſſent périr ces chef-d'œuvres.

Les palais des ducs de Mantoue ont autrefois été enrichis des meubles les plus précieux; mais les Allemands dévasterent tout en 1701; à s'en rapporter aux relations anciennes, on peut juger de leur beauté par ceux qui restent au palais Pitti à Florence.

On voit que ces princes n'avoient rien négligé pour faire de leur capitale une des belles villes de l'Italie; la plûpart des rues sont larges, alignées, bien bâties; on y voit de grandes places & assez régulieres; des édifices publics de la plus belle construction; aux avantages de la situation, ils avoient ajouté les secours de l'art, en fortifiant les approches; mais tous leurs soins n'ont pas empêché qu'une puissance étrangere, & plus forte, ne renversât leurs projets, & ne fît un désert de cette ville qui avoit été l'objet de leurs complaisances.

Le lac au milieu duquel elle est bâtie est très-poissonneux; les environs sont fertiles, & fournissent abondamment toutes les denrées de consommation, mais comme le pays est fort plat, ses vûes n'ont pas l'agrément des lacs plus voisins des Alpes. Il s'y forme encore des marais qui rendent les abords difficiles & l'air mal sain, ce qui contribue beaucoup à la dépopulation ; à quoi on doit ajouter que l'induſtrie y ayant été négligée pendant long-temps, elle y eſt entiérement tombée ; rien dans ce genre ne peut remplacer les regards bienfaiſans d'un ſouverain qui encourage les arts & la population, & ſur la protection duquel on peut compter. Quelque attentif que ſoit un miniſtre ; quelque bonnes que ſoient ſes intentions, il ne peut avoir les mêmes ſuccès ni la même confiance. Les peuples ſçavent qu'il peut être déplacé d'un moment à l'autre, & que la protection qu'il accorderoit à un établiſſement dont il connoîtroit l'utilité réelle peut ceſſer dans le temps même où elle lui ſeroit le plus néceſſaire.

<small>Village d'Andés.</small> 44. A deux milles de Mantoue eſt le village d'Andés, patrie de Virgile ; on le nomme aujourd'hui Piétola. Les ducs de Mantoue y avoient fait bâtir *la Virgiliana*, belle maiſon de plaiſance qui a été détruite dans la guerre de 1701.

<small>Abbaye de Polirone.</small> A douze milles de Mantoue, au midi ſur les bords du Pô, eſt la riche abbaye de S. Benoît de Poliron, fondée en 984 par Boniface, marquis de

Mantoue & de Canoſſa, ayeul de la célébre comteſſe Mathilde, qui mourut en 1116 âgée de ſoixante-neuf ans, laiſſant au ſaint-ſiége les grandes & manifiques terres qui font une partie conſidérable du patrimoine de l'égliſe de Rome. Cette princeſſe a été enterrée dans l'égliſe de ce monaſtere ; on voit ſon tombeau dans la chapelle de la Vierge; elle eſt repréſentée à cheval, tenant à la main droite une pomme de grenande; au devant de la grande urne de marbre qui ſert de piédeſtal à la ſtatue équeſtre, eſt gravé ce diſtique.

Stirpe, opibus, forma, geſtis, & nomine quondam
  Inclita Mathildis, hic jacet Aſtra tenens.

(Cy gît l'illuſtre Mathilde, célébre autrefois par ſa naiſſance, ſes richeſſes, ſon nom, ſa beauté, & ſes actions, le ciel en eſt le prix.)

Le pape Urbain VIII a fait tranſporter ſes os à S. Pierre de Rome où il lui a fait ériger le magnifique monument que l'on y voit aujourd'hui. Si quelques ſiécles avant la comteſſe Mathilde, les eccléſiaſtiques eurent des révélations, pendant leſquelles ils avoient vû l'ame de Charles-Martel tourmentée dans les flammes, parce que dans les besoins de la guerre, il n'avoit pas respecté leurs possessions, par la raison contraire les Italiens ont dû placer la comtesse Malthide dans le Ciel.

De l'autre côté du Pô est la petite ville de Guastalla, connue par la victoire que les François y remporterent en 1734 sur les Autrichiens. Elle est le chef-lieu du duché de ce nom, démembré du Mantouan, & cédé par le traité de paix de 1748 à l'Infant duc de Parme.

Fin du Premier Volume.

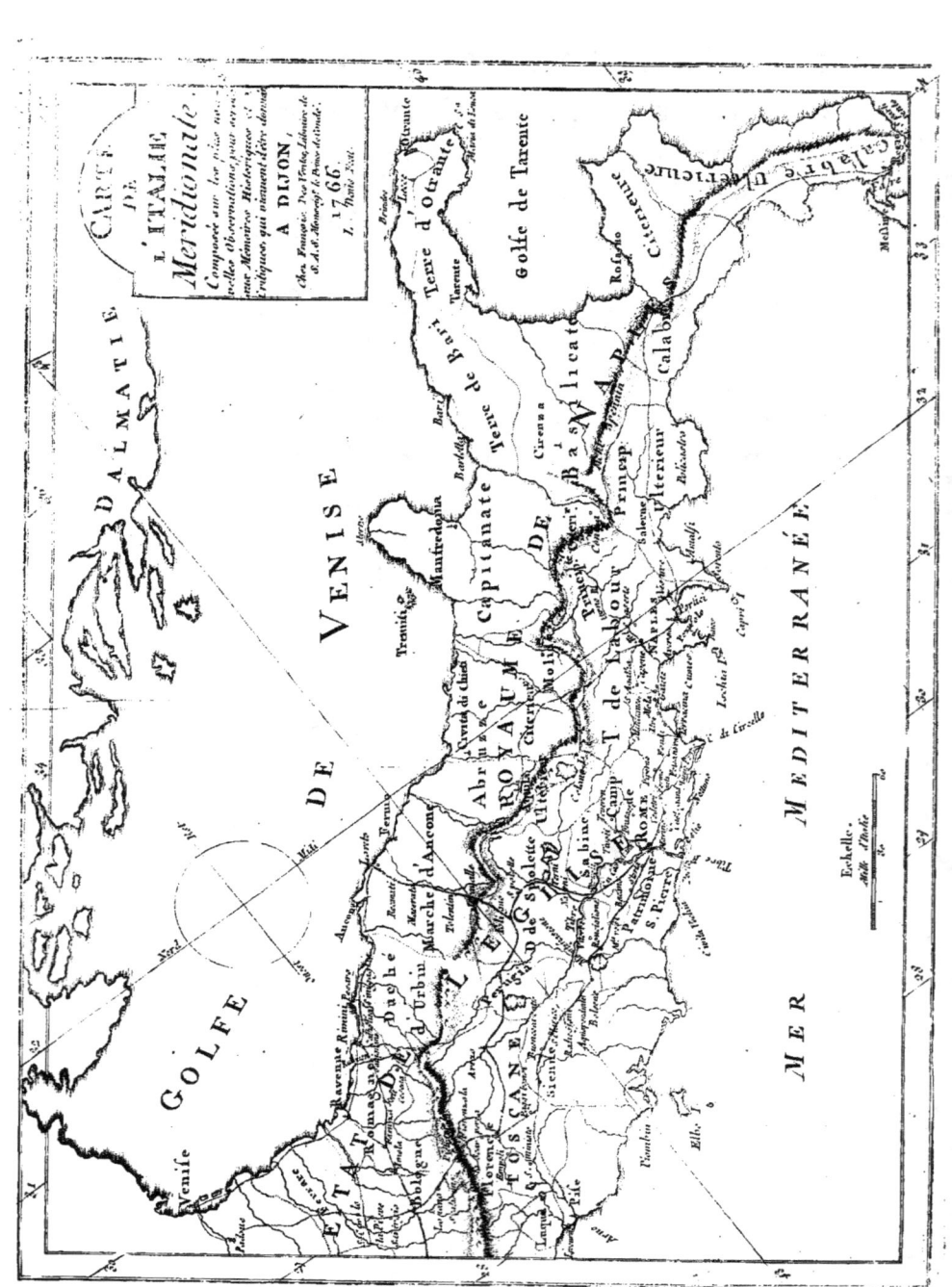

TABLE
DES MATIERES
DU TOME PREMIER.

A.

Académie & Manége à Turin. 51
-- de peinture & sculpture à Milan. 263
Adda, riviere. 308
-- Son canal à Milan. 309
Aiguebelle en Savoye. 11 Eglise collégiale. 11
Combat des François & des Espagnols contre les Piémontois. 12 Pas d'Aiguebelle. 11
Alexandrie, ville, 101. Sa citadelle, ses foires. 102
Amazones de Gênes. Leur armure. 142
Ambrosien (Rit.) 244. Ses Particularités. 245
Andés, patrie de Virgile. 324
Anghierra, petite ville du Milanois. 296
Arone, ville de Piémont sur le Lac Majeur. 295
Arc ou Arche, riviere. 11
Arc antique hors de Suse & son inscription. 28 & 29
Arsenal de Turin. 36
-- de Gênes. 142
Arts à Turin. 89
Asiles, leur abus. 96
Assiette. (Passage de). 25
Asti, ville & comté. 99

Auguftin (S.) fes reliques. 208

B.

Banque de S. Georges à Gênes. 144
Barco (plaine de) 214
Barraut (fort) 9
Bartholi, profeffeur d'éloquence à Turin. 57
Belgerati, village fur le Lac Majeur. 297
Belgioiofo, Château. 203
Bibliothèque Ambrofienne, à Milan. 259
--Ses manufcrits. 261
Bocchetta, Montagne. 186
--Sa température & fes productions. *Ibid.*
--Sources qui en coulent. 187
Borromei de Milan, leur devife. 259
--Cette ville leur doit beaucoup. 289
Bouriers (duc de) mort à Gênes. 136
Broni, village. 195
Brunette, fort du Piémont. 26

C.

Campo Marone, village. 186
Cafcades Source de l'Albane. 6
--De Modane. 17
--Du Lac du Mont-Cenis & fon rocher. 23
Chamberry, fon antiquité. 6. *Civario* des Allobroges. *Ibid.* Sainte Chapelle de cette ville. 7.
    Eglifes. Promenades. Garnifon. 8
Chambre (la) petite ville de Maurienne. 15
Charles (S.) fon tombeau. 238. Ses reliques.
    Comment confervées. 240
Chartreufe de Pavie 216. Son Eglife riche. 217.
    Sculptures & Bas-reliefs. Peintures. 219. Cloître
    & régularité des Religieux. 222

DES MATIERES.

Château de Milan. 271
Castel san Giovani, Bourg du duché de Plaisance. 195 & 199
Chemin coupé dans les rochers, & inscription. 4 & 5
Chemins du Milanois. 305
Cicisbei. 163. Le peuple de Gênes ne les souffre point. 165
Chivas, place forte. 106
Colonica, bourg du Milanois. 307
Commerce du Piémont. 92
Conseil de Gênes & leur convocation. 139 & 141
Corse (Royaume de). Idée des Génois à ce sujet. 125
Couches intérieures des terres dans la montagne de Gênes. 108
Culte religieux à Gênes. 172

D.

Divorces communs à Gênes, & procès pour fait d'impuissance 167
Doge de Gênes. 122
Doire, riviere. 30
Douanes à la Novalèse. 24. A Gênes. 152. A Pavie. 213. A Porto Panese. 202. Au passage de l'Adda. 308

E.

Eaux (conduite des) en Savoye & en Maurienne. 18. Dans le Milanois. 285 & 289
Ecclésiastiques du second ordre à Gênes. 173
Leur industrie & leurs voyages. 175
Eglises à Turin, Cathédrale 38. Consolata, Procession qui s'y fait pour la levée du siége de Tu-

rin. 41. Corpus Domini & miracle qui a donné lieu à sa construction. 43. Sainte Thérèse. 44. Sainte Christine. 45. Saint Philippe de Néry. 46. Saint Maurice. Saint Laurent. 47

A Gênes. S. Laurent Cathédrale. 133. S. Sire. 134. S. Ambroise. 136. De Carignan. 137. Albergo dé Poveri. 137. L'Annonziata. 135. Richelle des Eglises à Gênes. *Ibid.*

A Milan. Le Dôme ou Cathédrale. 234. Saint Alexandre & le Maître-Autel. 248. S. Maria à san Celso. 249. S. Victor. 250. S. Maria delle Grazie. 252. Della Vittoria 253. S. Ambroise. 254. San Nazario. 255. S. Lorenzo. 256. Santa Catarina. 257. San Fedele. 258

Emeraude (plat d') 134

F.

Fabriques différentes à Turin. 92. Du Tabac & des Toiles peintes pour le Piémont & la Savoye. 105

Firmian (le comte) Ministre de l'Impératrice Reine dans le Milanois. 277. & 282

François I. pris devant Pavie. 214

G.

Gavi. Ville & Château de la montagne de Gênes. 189.

Gênes. Ville & République, son origine. 113. Ses révolutions 116. Son gouvernement actuel. 120. Douceur de ce gouvernement 161. Marine. 125. Situation. 127. Port. 128. Ses plus beaux quartiers. 130. Ce qui a contribué à la conservation de cet Etat. 191. Force naturelle de la ville. 192. Police pour son approvision-

nement. 150. Revenus de la République. 152.
Commerce du pays de Gênes. 177. Industrie.
Ibid. Modes à Gênes. 179
Nobles Génois. 155. Leurs richesses. 156. Goût pour les bâtimens. *Ibid.* Pour le jeu. 168. Economie politique. *Ibid.* Maisons de campagne. 181 Beautés de leurs jardins. *Ibid.* De la M. Spinola à Sestri. 182
Goîtres. Leurs causes & leurs effets. 12 & 13
Guastalla. 308
Guer, riviere. 2

H.

Hopitaux à Milan. 265

I.

Jalousie. 163
Industrie des Savoyards. Culture de leur pays. 18
Inscriptions antiques & modernes. 5. 29. 62. & 257
Isere, riviere. Ses environs. 10
Isles Borromées. 293
Isola Bella, Ses jardins. Ses vûes. Son palais. Son appartement en grotte rustique. 298
Isola Madre. Ses jardins. Ses plantations. Ses beaux fruits. Théâtre du comte Fréderic Borromée. 301. Climat de ces isles, maniere d'y conserver les orangers. 302. Saison pour les voir. 304. Leurs beautés. *Ibid.*

L.

Lac Majeur. Son étendue. Ses belles eaux. 295
—De Mantoue. 312.

TABLE

?-Du Mont-Cenis. 24
Lasnebourg, village de Maurienne. 20
Lavanche remarquable à Aiguebelle. 11
Livourno, bourg du Piémont. Ses soyes. 106
Lodi, ville du Milanois. 309
Lombardie (plaine de) son étendue. 224
Lomellini (Agostino) doge de Gênes. 124. &
 170
Luxe à Turin. 94

M.

Maisons à Gênes. Comment bâties. 158
Mantoue, duché. 312. Ville de Mantoue & ses révolutions. 313. Ses Souverains. *Ibid.* Sa situation. 314. Ses Eglises. 317. Palais du T. 319
Marbres du Piémont. 90
--Des montagnes de Gênes. 149
Marignan. 309
Marine de Gênes. 153. Ses forces actuelles. *Ibid.* Projet pour rétablir son commerce dans le Levant. 154
Mathilde (comtesse) son tombeau. 325
Médici (Jacques) Marquis de Marignan. Son tombeau. 243
Milanez. 224. Culture du pays. 230. Son aspect. Ses bornes. 224. Sa fertilité & ses productions. 290
Milan. 224. Les révolutions. 225. Puissance de ses archevèques. 228. Ses souverains différens. 229. Situation de Milan & sa grandeur. 233. Sa population. *Ibid.* Sa Cathédrale 234. Son Chapitre. 245 Colléges. 267. Forme de la ville & ses ornemens. 268. Ses édifices. 269. Théâtre. 270. Promenades. 272. Corps de

magistrature. 277. Impôts & circulation. 279.
Commerce & industrie. 285
Modène (M. le duc de) gouverneur du Milanois. 282. Gouverneurs du Milanois. 306
Mœurs à Gênes. 159
--Des Milanois. 273. 288. Attachement de la Noblesse pour sa patrie. 278. Sa politesse, bon accueil fait aux étrangers. 281
Montagne & village des Ichelles. 3
--De la Crotte. 4
--De la Maurienne. 16
Leurs vûes & états différens. 17. Couvertes de neiges & de glaces autour du Mont-Cenis. 22
Montcallier, ville de Piémont. 97
Mont-Cenis (le) son passage. 21. Pâturages & lac. 22. Sa descente. 24
Montmelian. Ville & citadelle. 9. Vin de Montmelian. 10
Mûriers blancs & leur culture. 1. 93. 98. Bonne maniere de les conserver. 294

N.

Nains communs dans la Lombardie. 285
Novalèse (la) premier village de Piémont. 24
Navarre. Ville. 109
Novi. Ville de l'état de Gênes. Son commerce. 190
Nuage. Réservoirs des pluies. 22

O.

Olivetains. Religieux. 251
Operas bouffons. 90
Ordres royaux en Savoye. 74

P.

Palais du Roi de Sardaigne à Turin. 47. Jardins. 48. Places du Palais. 49
--Du duc de Savoie. 49
--Carignan, à Turin. 58
Palais du Doge à Gênes. 138
--Doria, Durazzo, Brignoletti & autres. 145
--Durazzo à Cornigliano. 156
--Leur magnificence. 178
Palais de l'archevêché à Milan. 246
--Saint Charles y a tenu des conciles. 247
Paraphernaux. Biens des femmes à Gênes. 167
Paſſages difficiles en Maurienne. 16
--De Savoie en Piémont par la gauche du Mont-Cenis. 26
Pas de Suze. 26
Parc ancien près de Pavie. 203
Pavie. Siége des rois Lombards. 204. Priſe par les François. 206. Ses Edifices & Egliſes. 207. Sa Citadelle. 211. Commerce & population. 212
Pétrification trouvée aux environs de Suſe. 29
Peuple de la Savoie & de la Maurienne. 19
Piémont. Son entrée. 25. Sa fertilité. 31, 87
Piémontois, fins joueurs. 82
Pierre (S.) d'Arena, Fauxbourg de Gênes 184.
Place S. Charles de Turin. 60
Pô. Fleuve. 202
Poſcheverra, vallée. 184. Beauté des maiſons qui la bordent. 185
Polironne. Abbaye. 324
Pont de Beauvoiſin. 2
Ponts ſur l'Arc. Leur forme. 16

Porcelaine. Son usage à Gênes. Comment chargé. 169
Portefaix Bergamasques. 129
Précautions pour la sûreté des chemins en Piémont. 78
Prélats à Gênes. 173

Q.

Quiers. Ville. 97

R.

Regni (M. François) Consul de France à Gênes. 180
Religieux à Gênes. Leur crédit. 174
Ris. Ses plantations. Maniere de le cultiver. 110
Rivages de la mer à Sestri. 183. Couverts des gens des environs quand la mer est orageuse & pourquoi. *Ibid.*
Rivoli. Bourg de Piémont & maison Royale. 32
Rue du Pô à Turin. 55

S.

Sacristie de l'Eglise de Milan. 242
S. Jean de Maurienne, ville. 15
S. Michel de la Cluse. Abbaye. 31
S. Sebastien (la Marquise de) seconde femme de Victor Amédée roi de Sardaigne. 33
S. Suaire de Turin. 38. Sa chapelle. 40. Son histoire. 41
Sardaigne (Roi de) ses troupes, ses équipages, sa puissance, ses possessions, population de ses états en Italie. 85 à 88
Savoie. Son entrée. 3
Sciences à Turin. 82

—A Gênes. 173
Scrivia. Riviere. 104
Séminaires à Milan. 265
Serpent d'airain à Milan. 254
Serravalle. Bourg de la montagne de Gênes. 188
Seſſia. Riviere. 107
Seſto, village ſur le Teſin. 294
Soyes de Piémont. 97
Spiritata, ce que c'eſt 200
Stupinigi, maiſon Royale. 67
   Architecture & jardins. 68. Chevaux & chiens du roi de Sardaigne. 69
Sture (la) riviere. 105
Superga (la) égliſe royale. 70
   Pourquoi bâtie. 72
Suze, ville de Piémont. 27. Son égliſe, la porte principale en eſt murée, pourquoi. 28. Son origine. 29
Statues à Turin. De Sainte Théréſe par le gros. 45. De S. Joſeph. 45. De Victor Amédée I. 49
—A Gênes. De S. Alexandre & S. Sebaſtien par le Puget. 137. Groupe de l'Aſſomption. *Ibid*. De S. Barthelemi 137. Des nobles Génois. 139. Du M. D. de Richelieu. 140
—A Pavie. De Marc-Aurele antique. 207. Du Pape Pie V. 210
—A Milan. De S. Barthelemi. 237. d'Adam & d'Eve. 249. Coloſſale de S. Charles. 295

T.

Tableaux à Turin. De Carles Maratte de Solimene, & de Sebaſtien Concha. 46. Du Corrado. 70. Du Franceſchini, 47. Du pa-

lais du Roi. 48. De Charles Vanloo. 68
— A Gênes. De J. C. Proccacini. 135. Du Borzone. *Ibid.* De Rubens & du Guide. 136. Du Pordenone & du Franceschini. 139. De Solimene. 140. De Paul Véronese. 146
— A Pavie de Daniel Crespi & du Guerchin. 219. De P. Perugin. 220
— A Milan. La Cène, par Léonard de Vinci. 252
De Fréderic Barrocci. 263. Les élémens, par Breughels de Velours. 264
— A Mantoue. De Paul Véronese. 316. De Jules Romain. 317
Tanaro. Riviere. 102
Temple antique d'Hercule à Milan. 256
Tesin. Riviere. Ses abords. 112. Son pont à Pavie. 212. Sort du Lac Majeur. 295
Théâtre (grand) de Turin. Sa construction. 51
— De Carignan, à Turin. Ses spectacles. Leur police. 59
Tidone. Riviere. 104
Tortone. Ville. 103
Travaux des François devant Turin en 1706. 73
Trebia (la) riviere. 195
Tribunaux de justice à Turin. 75
— A Chamberi, à Nice, des intendans dans les provinces. 77, 78
— A Gênes. 142
— De justice & de police à Milan. 276
Trivulce (Jacques) Maréchal de France. Son épitaphe. 255
Truites du Lac du Mont-Cénis. 22
Turin. 34. Fortifications. Portes. Citadelle. 36. Comment divisé. 37. Cathédrale. 38. Déco-

Tome I. P.

ration extérieure des maisons. 60. Vieux Turin. 37. Ses avenues du côté de Milan. 105. Idée de la Cour de Turin. 78. Du Roi. Du Duc de Savoye. Des Princesses. 80. Mœurs de cette Cour. 81. Education de la noblesse. 85

V.

Valentin. Château hors de Turin & jardin royal. 62
--Sa belle promenade. 63
Veillane. Ville de Piémont. 32
Vennerie (la) maison royale. 63. Galerie. Orangerie. Chapelle. Jardins. 64 à 67
Verceil. Ville. Ses curiosités. 105
--Manuscrit fort ancien. 107. Evénement singulier. 108. Corps d'André Valla. 110
Victor Amédée Roi de Sardaigne. Son abdication. Il essaye de remonter sur le trône. 32
Vigne de la Reine, maison royale. Belle situation. 69
Villa-Nova en Piémont. 98
Villes du Milanois, leur gouvernement. 306
Visconti, souverains de Milan, ce qu'ils ont fait pour le pays. 289
Vogherra. Ville. 104
Voltaggio. Ville de la Montagne de Gênes. 187
Université de Turin. 55. Bibliothéque. Cabinet d'antiques. Professeurs. 56 à 58

Fin de la Table des Matieres du premier Volume.

Errata du Tome Premier.

Page 46, lig. 11. Philippens, *lisez* Philippins.
Pag. 47, lig. 24 Sardaine, *lisez* Sardaigne.
Pag. 51, lig. 17. Spectateurs, *lisez* Spectacles.
Pag. 74, Note lig. 2. Collierlou, *lisez* Collier ou du lacs.
Pag. 91, lig. 8. Gauldoni, *lisez* Goldoni.
Pag. 114, Note lig. 19. Pofthunius, *lisez* Pofthumius.
Pag. 137, lig. 12. Puger, *lisez* Puget.
Pag. 208, lig. 23. Sen Pietro, *lisez* San Pietro.
Pag. 227, Note lig. 12. *cultaque* lif. *cultæque*.
Pag. 303, lig. 20. paroiffe, *lisez* paroiffent.

AVIS AU RELIEUR.

Pour le remplacement des Titres, Cartes & Tables du Tome premier & suivans.

*A*près le Frontispice du Livre on mettra ;

L'Avertissement des 4 pages.

La table du Discours Préliminaire.

Le Discours Préliminaire.

La Chronologie des Empereurs d'Orient, &c.

La Table des Titres & Piéces du Volume.

La matiere, page premiere, à 326 inclusivement.

Ensuite la premiere Carte Géographique, se développant sur la droite.

La Table générale & l'Errâta.
L'Avis au Relieur.

———————————

La seconde Carte Géographique à la fin du Tome troisiéme, après la page 356, & pour se développer à droite.

www.ingramcontent.com/pod-product-compliance
Lightning Source LLC
Chambersburg PA
CBHW051402230426
43669CB00011B/1737